登顶珠峰(2012年5月19日)

登山途中

珠峰大本营

高山徒步

冰坡行走

过节点

打冰洞

定向越野

扎筏泅渡

岩降

溜索

搭建窝棚

协力过河

结组攀登

荡绳过河

野外生存

滑雪

滑翔伞

潜水

攀冰

徒步穿越

户外运动专业教学训练系列教程

户外运动学

（第二版）

HUWAI YUNDONGXUE

主　　编：董　范　曹志凯　牛小洪

副 主 编：李　伦　黄江华　邓焰峰

刘华荣　李国锋

编写人员：方　垠　马丽娟　陈　晨

宋　红　陈　良　韦德才

时鹏飞　李　扬　德庆欧珠

中国地质大学出版社

ZHONGGUO DIZHI DAXUE CHUBANSHE

图书在版编目（CIP）数据

户外运动学(第二版)/董范，曹志凯，牛小洪主编. —2 版. —武汉：中国地质大学出版社，2014.2 (2020.1 重印)

ISBN 978-7-5625-3315-3

Ⅰ.①户…

Ⅱ.①董…②曹…③牛…

Ⅲ.①体育锻炼-基本知识

Ⅳ.①G806

中国版本图书馆 CIP 数据核字(2014)第 020189 号

户外运动学(第二版) **董范　曹志凯　牛小洪　主编**

责任编辑：段连秀　　策划编辑：毕克成　段连秀　　责任校对：张咏梅

出版发行：中国地质大学出版社(武汉市洪山区鲁磨路 388 号)　　邮政编码：430074

电　话：(027)67883511　　传　真：67883580　　E-mail：cbb @ cug. edu. cn

经　销：全国新华书店　　http://www. cugp. cug. edu. cn

开本：787mm×960mm 1/16　　字数：270 千字　印张：13.75　彩插：8

版次：2009 年 9 月第 1 版　2014 年 2 月第 2 版　　印次：2020 年 1 月第 4 次印刷

印刷：武汉市籍缘印刷厂　　印数：6001—7000 册

ISBN 978-7-5625-3315-3　　定价：39.80 元

如有印装质量问题请与印刷厂联系调换

户外运动专业教学训练系列教程

编 委 会

总序1

户外运动教学是以户外运动项目群所共有的基本知识、技术、技能为主要教学内容，以培养学生参与户外运动及相关竞赛所具有的身体素质、心理品质和适应能力为主要教学目的，帮助学生形成完满人格、全面提高综合素质的系列体育课程，对促进学生成长成才具有独特的、不可替代的重要作用。

户外运动课程系列教材付梓出版，我由衷地感到高兴。这是近半个世纪来，我校体育教师科研团队在董范教授的带领下，在特色体育教育教学领域中取得的最新科学研究成果。这一系列教材的出版，将有助于更多有志于从事户外运动的人士分享我校特色体育教学和科研成果，促进户外运动教学培训进一步规范高效发展。

自建校以来，我校就以特色体育为方向，充分发挥学科专业优势，不断拓展体育教育的内容和途径。2012 年 5 月 19 日 8 时 16 分，我校大学生登山队成功从北坡登上海拔 8844.43m 的珠穆朗玛峰顶峰，成为登上世界最高峰的首支中国大学生登山队，其中我校 2011 级户外运动专业硕士研究生陈晨成为全国第一位登顶珠峰的在校女大学生。当晚，校友、时任国务院总理温家宝向学校表示热烈祝贺，并指出："这给我们一个重要的启示，那就是只要不畏艰苦和挫折，就一定能够达到光辉的顶点，这应该是我们的传统。"2013 年 5 月 4 日，在"实现中国梦、青春勇担当"主题团日座谈会上，陈晨同学作为全国大学生代表，畅谈了她去年登顶珠峰的体会，受到习近平总书记的勉励和肯定。2012 年 9 月，我校承办了中国登山协会主办的“中日韩三国大学生登山交流活动”，在亚洲户外运动界产生了巨大的反响，进一步促进了我校户外运动的国际影响力。

从20世纪80年代开始，我校就把登山训练引入到课堂教学，把登山的基本技术——攀岩，确定为学校体育必修课教学项目；90年代中期，又在国内首创了集体育学、地理学、管理学、气象学、医学等学科为一体的野外生存体验课，引入了智力与体力相结合的体育项目——定向越野。随后，又率先在国内开设了“户外运动”普修课。2005年开始招收全国第一届社会体育专业(户外运动方向)本科生，由此而成为了全国高校户外运动课程和登山户外运动专门人才的“发源地”。经过我校体育教师多年的教学实践、研究与积累，户外运动的教学内容、方法、手段以及组织形式不断完善，逐渐形成了一整套较科学系统的“课内课外相结合”的教学模式和较全面、丰富、前沿的教学内容体系，得到了社会各界的广泛认同。2012年我校体育课部董范教授主持申报，杨汉、刘华荣、牛小洪、冯岩等骨干教师参与的“坚持特色教育，培养拔尖人才——创建登山户外运动教育教学体系的理论与实践”项目荣获湖北省教学成果一等奖。60多年来，我校先后有1万多名学生接受了各类登山户外运动训练，向国家登山、攀岩队输送了多名高水平专业运动员，王富洲、李致新、王勇峰、次落就是其中的杰出代表。

户外运动的发展急需完善的人才培养体系提供理论支撑。面对社会的迫切需求，我校体育教师结合多年来开展户外运动教学的经验和科研积累，编写了一套面向户外运动相关专业的应用型教材。本系列教材内容丰富而系统，涉及户外运动教学的各个方面，具有如下鲜明的教学与实践特征：

(1)体系完整。本系列教材系统总结了我校长期开展户外运动教学与实践积累的经验，吸收了近些年开展户外运动教学、实践与科研取得的最新成果，深入剖析了各户外运动项目之间的知识结构，并进行了有机组合，整个结构体系十分完整。

（2）内容丰富。本系列教材涵盖户外运动下辖的登山、攀岩、野外生存、定向越野、拓展训练等项目课程，内容涉及户外运动教学、训练、活动与赛事组织、营销等各个方面，教材中的很多内容都是我校优秀体育教师对多年教学、训练、实践成果的经验积累，具有较强的借鉴价值。

（3）注重实践。本系列教材在阐述基本理论的基础上，特别注重学生实践技术与技能的培养和锻炼，力求做到不断强化学生的思维能力、动手能力以及创造性解决问题的能力，促进学生理论知识水平和实践操作能力的全面提高，教学实践操作性强。

对从事户外运动教学、实践、训练与科研的高校教师、研究生、本科生而言，本系列教材均有重要的学习指导价值。希望本系列教材的编写能够成为我国更多高水平、高质量的户外运动教材或专业书籍出版的起点，能吸引更多专业人士参与户外运动的科学研究，为促进我国户外运动事业科学、健康、快速发展做出更大的贡献！

中国地质大学校长

2013 年 6 月

总序2

欣闻中国地质大学编写出版户外运动系列配套教材，谨致热烈祝贺。

户外运动是一项新兴的体育运动，是人们休闲娱乐的重要方式。随着我国经济社会的发展，特别是人民生活水平的提高，人们对高质量、有品位、有个性的生活和休闲娱乐方式越来越看重，并一直在努力追寻。户外运动作为一种愉悦身心、锻炼自我、亲近自然的生活方式受到广大群众的青睐。此项运动在全国发展十分迅猛，据了解，目前我国户外运动活动组织形式多达几十种，各类户外运动俱乐部有700余家，每年参与户外运动人数超过5 000万人，已逐渐形成了装备制造与销售、竞赛表演、培训服务等市场，有效刺激了户外运动装备、户外运动服务、户外运动赛事，甚至是旅游等相关产业的发展，成为全民健身运动的重要组成部分和经济社会协调发展的重要促进力量，很好地推动了资源节约型和环境友好型社会的建设，传达了积极健康的生活方式和文明行为观念，为增进人与自然的协调发展和社会的和谐开拓了有效的空间。

促进户外运动健康有序地发展，是全社会非常关注的事情。中国地质大学作为以地球科学为主要特色的重点大学，为我国的登山和户外运动发展做出了卓越的贡献，积累了丰富的成功经验。学校深知该项运动发展离不开高素质专业人才的培育，非常注重规范科学的教材建设，努力改变当前教材和教育教学与蓬勃开展的户外运动及其教育不相适应的状况。多年来，学校一直在酝酿编写户外运动规范教材，总结户外运动实践经验，不断提高户外运动教育教学的针对性和有效性。经过多方面的努力，数易其稿，终于成就了本套系列教材。作者在教材的编写过程中，努力做到体育理论和运动实践的统一，人体运动科学和社会哲学的统一，理念战略和技术方法的统一，全方位、多层次、有重点地展示了户外运动的全貌，有利于广大读者和户外运动爱好者全面系统地掌握户外运动的基本内涵、重大意义、发展趋势、技术要领等知识和技能，从而推动户外运动健康有序地发展。可以说本教材既是开展户外运动教育的好教材，也是广大运动爱好者的理想读物，既有较强的针对性和时效性，又有较强的趣味性和严密的科学性。

与天浮游、幕天席地是古人笃定的最为旷达的生活方式。“天地与我并生，万物与我为一”。处在现代化和都市化进程的人们，在繁缛的生活中向往着奔赴自然。户外运动成为了人们锻炼身体、适意生活、亲近自然、回归自我、愉悦身心的重要方式。而教材的编写和出版发行，必将更大地推动该项运动的科学开展及其理念的普及，推进其大众化、规范化、科学化、系统化。

最后，衷心希望本教材对户外运动及其教学发挥重要的作用，也希望本教材不断完备，臻于至善，为我国户外运动的科学发展做出积极的贡献。

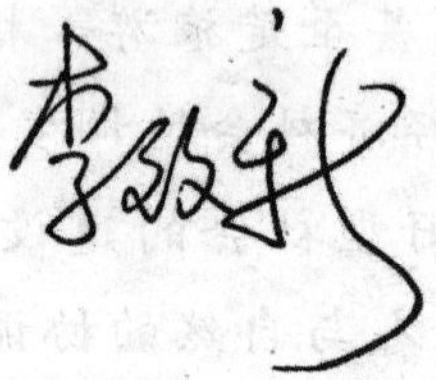

国家体育总局登山运动管理中心主任

中国登山协会常务副主席

2009 年 9 月

前言

自20世纪60年代户外运动进入中国以来，国内的户外运动水平呈不断上升的趋势。由于户外运动自身的特色吸引，国内迅速涌现出大批的户外运动俱乐部，每年都有大量的山地户外运动赛事举行。2005年，中国地质大学(武汉)顺应我国户外运动发展的要求，率先成立户外运动专业，开设户外运动教育课程，发展户外运动教育；并在2007年成立了户外运动专业硕士点，为户外运动事业培养了一批专业人才；2012年5月，中国地质大学登山队成功登顶珠穆朗玛峰，受到了社会各界的关注，同时也对推动高校户外运动发展起到了很好的推动作用。

2008年北京奥运会的成功举办，将我国的全民体育运动推向了一个新的高潮。户外运动作为一种新型运动，得到了越来越多广大群众的关注和参与。各大专院校纷纷开设相关专业，开展户外运动教育教学，目前已形成一定规模。为推动户外运动在高校的发展，培养专门的户外运动专业人才，中国地质大学(武汉)体育课部编写了一套户外运动系列教材，《户外运动学》于2009年首次出版，广泛应用到各高校专业人才培养及相关户外培训中。随着时间的推移，户外运动在我国快速发展，第一版书中的相关内容及数据需要顺应时代的发展进行相应的更新，笔者结合当前户外运动发展、国家登山运动管理中心培训部相关教材及部分网络专业知识，在书中添加了当前时髦的户外运动，如滑翔伞等；添补并详注了相关户外技能的章节，如户外绳结、下降技术与装备等。

本书力求兼顾专业教学培训与普及户外运动知识，可作为户外运动及相关专业的主干教材和其他体育专业学生的普修教材，也可作为社会体育指导员的进修培训教材。同时，对于各地登山协会、户外运动俱乐部、拓展培训中心，以及广大户外运动爱好者，也具有较好的指导作用。

由于时间仓促，本书定会存在诸多缺点和不足，诚望广大读者不吝指正。

作　者

2014 年 1 月

目　录

第一章

户外运动总论

第一节　户外运动发展概述

一、户外运动的起源

户外运动，从字面上解释，就是在户外环境中开展的体育运动。户外运动的英文是“outdoor”。关于户外运动的严格定义，下面将要谈到。

户外运动中包含的内容、技术、技能源自于人类发展的历史，源自于人类劳动生活、生产实践、科学探险，甚至人类战争的需要。人类早期在艰苦的自然环境中为了生存和发展而努力拼搏，为了上山采摘，就创造出攀岩及下降的技能；为了作战和迁徙，就积累了长途跋涉、翻山越岭的“穿越”经验；为了狩猎，就发现了辨路追踪的方法；为了捕鱼和寻找新大陆，就发明了泅渡、舟渡和潜水的本领。其他如负重行军、设计道路、放牧捕鱼、穴居探洞、高山探险、科学考察等活动，在开拓人类生存发展空间的拼搏中，都可以找到户外运动的原始元素。因此，户外运动是从原始的战争、劳动生产、科学探险中提炼出来的体育运动，一旦成为体育运动，它的目的就不再是物质财富的生产，而是促进人自身在身体、心智方面的发展，认识自我、完善自我、挑战自我，不断地注入新的科学文化内涵，提供娱乐和身体锻炼的手段，丰富生活，提升生活质量。随之，也必然地形成了体育运动的管理组织办法、规则、标准、赛制、技术规范等。

二、国外户外运动的发展

户外运动自古有之。直到近代才逐渐发展成为远足、登山、探险等体育项目。其真正成为有目的开展的一组体育训练项目是从二战早期开始的。为了隐蔽和安全进入敌军后方，实行突袭性重点攻击，以保证重大战略目的的成功，英国组织了特种突击队。为了能达到出其不意、攻其不备的目的，他们计划要通过高山峻岭、激流峡谷、浓密丛林等异常困难的路段。为此，英国的突击队创办了“越障训练”科目，其特点是利用各种自然障碍和绳网技术进行训练，目的是提高突击队员执行野外作战任务的能力和团队合作的能力。

后来经过对海员遇难的大量研究发现，遇难人员求生成功的机会与遇难者的生存欲望、信心直接相关，同时也有赖于他们的整体素质，包括身体素质、心理素质和各种野外生存技术及技巧。在此基础上很快发展成为通过体验野外探险对有关人员进行训练的课程。这种提高野外生存能力和生存技能的课程——“拓展训练”(Outward Band)，早期主要是在航海中进行，将受训者置于孤独无援、随时可能遭遇惊涛骇浪的汪洋大海上，一叶孤舟无助地在风口浪尖上四处飘浮，去经受多种意想不到的磨练，以此提升个人潜力及整个团队的合作。后来，在陆地上利用高山、峡谷、激流、丛林、沙漠等困难重重、复杂而又充满种种危险的地理环境，创造出更多不同种类的拓展课程，也就是探险体验课程。由于在这些活动的攀登、通过危险路段、安全保护中经常要使用绳索技术，故有时也称为“绳网教程”。

近几十年来，拓展训练开始出现在人工场地中。分别在模拟高山、峡谷、岩壁、沼泽地、高空架、断桥、绳网或障碍物等场地设施上，精心设计出一个个令人心惊肉跳的惊险项目，通过体验模拟探险，在克服困难的团队努力中，个人的能力和团体合作的能力得到了出乎意料的提高。场地拓展使拓展训练更具有计划性、目的性和操作简便性，可以和理念传播、认知启发、互动教育、体验强化更好地结合起来，把各种活动项目有针对性地与企业文化结合起来，对于团队的沟通建设，提高领导力和执行力具有独到的效果。至今拓展训练发展迅速，从专业的项目训练推广到面向大众的体验式运动。

户外运动以其独特的魅力吸引了越来越多的参与者。新西兰350多万人口中有200万人参加不同形式的户外运动。

尼泊尔是登山徒步旅行者和探险家的乐园，登山运动也在尼泊尔国民中拥有至高无上的地位，政府对登山运动也予以高度重视，把登山作为振兴尼泊尔国家经济、外交、旅游和体育事业发展的重要抓手。这些年以登山探险为目的的旅游产业在尼泊尔蓬勃发展，并发展为该国旅游产业的重要组成部分。现在，尼泊尔政府已经批准了境内326座山对外开放。

美国户外运动联合会报告称：每四个美国人中就有一个户外运动爱好者。2012年美国户外产业给美国带来的经济贡献是7 300亿美元，提供了650万个就业岗位，为联邦和各州带来880亿美元税收，每年为美国带来2 890亿美元的销售收入；户外运动消费在美国个人消费支出总额中占8%，在全美流通的奖金中每12美元就有1美元用于户外运动。户外运动产业已经发展成为部分国家外汇收入的主要来源和经济总量的重要部分。

同时，户外运动也在朝着另一个方向发展，逐步形成新的体育竞赛运动。1973年，一群年青人激烈地争论：长距离自然水域游泳、长距离山地自行车和马拉松比赛中,哪一项是最严酷的体育比赛。争执没有结果,最后12名运动员同意连续参加这三项比赛。这就是历史上的第一次铁人三项赛。随后,在新西兰诞生了平原和山地铁人赛。1980年,包括滑雪、山地跑、激流皮划艇的多项铁人赛正式创办。1983年,Judkrus创办了在新西兰南岛从东海岸披荆斩棘穿越到西海岸的比赛,在这次比赛中首次引进了野外夜间连续比赛的作法和团队赛的概念。

越野挑战赛(Adventure Race)的构思起源于1987年,法国记者热拉尔·菲西在采访阿根廷举行的怀特布雷德环球帆船赛时突发奇想:把麦哲伦环球航行历险的赛事移植到陆地上来,让更多的人能够有机会经历户外探险,并有机会在户外探险中一决高低。他提出了一个在当时惊世骇俗的比赛计划:赛程在7天以上,每组5人,昼夜兼程,按规定通过数个检查站,不得使用任何机械化交通工具等。他拿着这个计划周游世界,寻求支持,尤其是资金赞助。所到之处,常常是令人大为感动,同时被视为疯狂的行为。通过锲而不舍的艰苦努力,历时2年的时间,他终于找到了赞助者。

1989年,为期两周的首届莱德加洛伊斯赛(Raid Gauloises)在新西兰南岛举行,这也是首次国际探险越野赛事。共有30支队伍参加,最终只有6支队伍抵达终点。目前莱德加洛伊斯赛的赛程直线距离至少在数百公里以上,赛期长达10天左右,比赛多半在世界最险峻的地形中进行,每个队由5个参赛者和2个后援者组成,比赛中运动方式包括:徒步、游泳、攀岩、骑马、泛舟等。2002年的莱德加洛伊斯赛行程长达1 000km,最快完成比赛的队伍用了12天时间,在中越边境的山脉与森林中经受了严酷的考验。这项赛事每年举办一次,先进行8～10次预赛,最后由预赛优胜者进行决赛。

1993年,美国人马克·本内特(Mark Burnett)邀请4名海豹特种兵组队参加了莱德加洛伊斯赛。根据这次比赛的经验,他提出了自己的构想,与Discovery频道一拍即合,诞生了艾科挑战赛(Eco-Challenge)。这项赛事在Discovery频道上的频繁演播,促进了此项运动的普及。艾科挑战赛以男女混合组队参赛、24小时不间歇比赛为其特色。首次比赛于1995年4月在美国尤他州举行。艾科挑战赛与Discovery频道、Tristar卫星电视等紧密联系,其赛事收视率高居同类赛事之首。目前艾科挑战赛制定的赛程一般近千公里,赛期10天以上,参赛队伍不多于30支。艾科挑战赛的特点是:设计者除了注重探险越野外,更多地关注文化和生态环境,设计中突出人文因素和风土民情。该赛事每两年举办一次。一度轰动了全世界,号称全球有1亿个家庭观看了电视转播的赛事。后来因运作上的困难,于2004年停办。

1997年,群策业务推广公司、国际管理集团(IMG)和普利斯公关公司得到日本七星烟草财团的支持,在中国举办了七星国际越野挑战赛(Mild Seven Outdoor

Quest)。此赛事为期 4 天，由山地车、皮划艇、团队划船、直排旱冰、越野技能及山地车/跑步交替赛组成，是典型的分段赛。比赛以个人能力为基础，突出团队合作能力。采取团队赛制，每队 4 人，其中必须有 1 名女性。白天比赛，夜间在豪华宾馆休息以恢复体力来日再战。在中国举办了 5 届后移师马来西亚婆罗州的沙巴，每年举办一次，一直延续到 2004 年的第八届。该赛事项目种类多，赛道设计出色，比赛节奏跌宕起伏，强度、难度及娱乐性调整过渡衔接合理，既最大限度地调动了运动员的兴奋性和紧张性，又避免了一些探险越野赛的单调和枯燥。组织周全，规则严密，比赛纪录可比性强，裁判细致严格，形式和方法非常接近其他竞技体育。比赛结果客观反映了参赛队的综合实力，也不时出现令人捧腹的戏剧性场面。惜于 2005 年由于赞助商退出，至今暂时停办。

现在越野挑战赛发展得非常迅速，风靡世界，每年在世界各地有近百个国家举办。近年来诞生了欧洲锦标赛、世界冠军赛等各种形式的知名越野挑战赛近百个。而各种区域性的、赛时较短的(最短为 3 小时)、生动活泼的大小赛事上千，遍及世界六大洲各地。探险越野赛让人精疲力竭，但在广阔的大自然中让人焕发出无限活力。

有趣的是，除了职业选手或经过训练的业余选手参加的专业比赛外，这些比赛大多是大众性的，可以自费自由参加。比赛只是一种形式，重在参与，重在体验，成为一种全面健身的方式，也成为一种时髦高尚的体育消费。

国外山地户外运动赛事有：英国莱德加洛斯赛、澳大利亚艾科挑战赛、阿布扎比国际探险挑战赛、七星国际超越挑战赛、国家地理动感亚洲越野挑战赛、巴西 Ecomotion 探险赛、环勃朗峰山地越野挑战赛、Gold Rush Mother Lode、Xpd Expedition Race 等。

三、国内户外运动的发展

20 世纪 80 年代，随着中国户外资源的对外开放，外国登山者和探险者带来了关于户外运动的新概念。外国人来华进行的山地穿越、徒步旅行、江河漂流、山地自行车、山间滑雪、攀岩等项活动，使国人开始认识到这些令人耳目一新的体育活动。之后一些国内的探险、旅游爱好者开始参与这些活动。1989 年中国第一家从事野外运动的民间社团在昆明成立。

1993 年，中国登山协会在北京主持召开了首次全国野外运动研讨会，对户外(即野外)运动的开展进行了首次研讨和梳理，对户外运动在中国的开展和普及起到了极大的推动作用。其后一些地方也成立了相关的户外运动组织，在困难的条件下积极开展活动，成为户外运动的开路先锋。其中北京的王晓征在有组织、有方向地开展户外活动方面做出了很多努力，后来他在攀登阿尼玛卿峰时不幸遇难。

1998年,中国登山协会又在昆明主持召开了第二届全国野外运动研讨会。

20世纪90年代末期,中国户外运动和户外俱乐部高速发展,已有百余家相关组织相继成立,每到节假日全国各地都有一批批爱好者背上背包,到山里组织各种活动。当时国家体委有关领导指示中国登山协会要组织人员对此项活动进行立项调研,并提出在全国举办野外运动大会的想法。其后中国登山协会组织人员在全国范围进行广泛的调研,在摸清形势、探讨理论、规范运作、促进发展等方面提出了一系列建议,为制定决策提供了依据。2001年中国登山协会提出了"服务、引导、规范"的方针,做了大量户外运动发展的开拓性工作。

1998年起,中国地质大学(武汉)进行了大学生野外生存对大学生综合素质培养的意义的研究,2000年取得令人振奋的成果,很快就得到教育部的认可和批示,并开始在全国范围推广以野外生存为主的户外运动。

进入21世纪后,随着我国经济的持续高速发展,户外运动在中国呈现了井喷式的发展态势,从2002年年产值6 000万元直至2008年突破的30亿元。《2011年中国户外时尚运动用品市场发展报告》显示,我国户外用品行业2011年的市场零售总额已经达到110亿元,同比增长57.82%,有700多个户外品牌参与市场竞争。

户外产品市场的火爆,能够直接反映我国户外人口的快速增长,每年参与户外运动的人群都在增长,大部分发达国家户外运动参与人数占总人口的50%,而在中国即使在户外运动相对发达的北京,也只占0.08%,这种巨大的差异,预示着中国户外运动市场有着极其广阔的发展空间。

目前,随着全民健身意识的不断增强,参与户外活动人群也越来越多,其主要的组织形式有三种:①政府部门组织;②俱乐部组织;③个体自发组织。随着户外运动的普及,它的发展趋势也发生了变化,一是目标人群草根化,由高收入群体向普通大众发展,逐渐成为全民参与的运动;二是行为动机复杂化,由早期的挑战自我、征服大自然的户外活动逐步转化为休闲体验、感悟自然、科考探险、追逐名利等;三是活动形式多元化,户外活动是一个大的运动项目群,很多项目可以单独开展,也可以串联开展。

针对我国目前户外人群的增多,我们以新疆慕士塔格峰为例对其近五年内参与登山的人群做了一项调查,调查结果分析如下:

(1)从2008年北京奥运会珠峰火炬传递后,登山人群急剧增多,登山人群男女比例为3.2∶1。

(2)登山人群来源区域分布主要以东部发达地区为主,其次是登山资源聚集地的西部地区人数较多。

(3)登山人群的女性年龄主要集中在34～37岁之间,平均年龄为35.8岁,平均身高为162.6cm,体重为53.4kg,在攀登慕士塔格峰(7 546m)平均每人有2.1次的登山经历;参与登山的男性年龄主要集中在36～41岁之间,平均年龄为39.3岁,平均身高为175.1cm,体重为72.8kg。

(4)参与登山的人群中,以公务员和国企单位工作人员居多,其次是自由职业者和金融工作者。

第二节 户外运动的理论依据

一、户外运动的定义

户外运动起源于两个结合部:一个是多个体育项目的结合部;另一个是体育、旅游、教育、科学探险的结合部。就像边缘科学一样,是结合、渗透、融汇后而创新的结果,是一组新生的项目群。它应该有新的发展模式。其定义也应在表述各方面特点的基础上,突出界定其本质属性。

经过多年研讨,户外运动的定义、范围日渐明确。1993年王凤桐同志最早提出了探险户外运动是:人类离开正常、现实的生存空间,在其他领域进行的一些带有探险性质的体育活动。同时,严江征同志提出探险活动是:以人力或其他方式进入,穿越严酷自然的活动。2000年初,国家登山中心向国家体育总局有关领导汇报时,把户外运动界定为"在自然环境中进行的和与自然环境直接相联系的体育运动项目群"。其后一些同志又从场地特点、项目涵盖、技术特点、是否使用交通工具等方面提出了一些定义的方法。2001年在李舒平主持的国家体育总局的科研课题立项中提出了户外运动为"人们离开常住地的通常自然环境,针对各种自然条件和人体正常生理极限的挑战而从事一些带有危险性或冒险性的体育运动"的讨论意见。2002年,在修改登山协会章程时,国家登山中心文件起草组对户外运动的定义进行了进一步探讨,提出了与登山相关的户外运动。

户外运动的定义为:"户外运动是一组以自然环境为场地的带有探险性质或体验探险的体育运动项目链"。

这个概念集中地说明了户外运动的基本特点和基本属性。其基本特点是以自然环境为运动场地,包括山地、峡谷、自然水域、丛林、荒漠、海岛、洞穴等。基本属性:一是体育运动,二是探险。这个定义也同时涵盖了体育、旅游、教育、科学探险等方面的要素。在自然环境中进行,则必然有观赏自然风光的旅游成分,体验探险则属于特殊教育方式的一种,以运动为主体则是体育的特征。目前这个定义已为多数研究者、组织者认同。"在自然环境中进行"与"以自然环境为场地"很近似,但在理念取向上有所区别。前者描述了一种客观的自然属性;后者则包含了目的性和主观选择性的含义，阐明了户外运动是一种参与者主动进行的有目的的行为。这个项目群分布很广，分布于陆地、地下、水上、水下、空中等多个领域。目前普遍开展的项目主要是与登山有关的一些项目，大体可以分为山地运动（包括登山、攀岩、攀冰、登山滑雪、绳降、山地纵走、山地自行车、探洞、山地越野等），峡谷运动（包括漂流、溯溪、溪降、攀瀑等），各种地形的穿越，野外生存及野外拓展等几大方面。

有些户外运动发展到一定阶段，部分又搬回到市内或室内，如在人工模拟制造的岩壁上的攀岩，在人工制造的跌水、激流中荡舟等，现在有的地方已经建起户外运动主题公园。美国在城市中进行的都市探险越野赛也取得了很大轰动。这些只是形式及方法上的外延发展，内涵本质并没有改变。到目前为止，绝大多数户外运动还是在自然环境或只能在自然环境中进行。人类社会发展到今天，地球上已无人迹不及的地方，在一定程度上已无险可探。探险的现代含义更多地表现在两个方面：一是体验探险，在体验中去探索人生、感悟自然、提升自己；二是在探险技术上的提高，在探险细节上的发展进步。

二、户外运动的项目分类

户外运动的项目分类，按照组织形式和目的性划分，可分为群众性登山户外运动、探险体验性培训和探险越野赛三大类。按照环境特点和技术特点划分，可分为一个个单个项目（图 1－1），图 1－1 中列出了主要常见的一些户外运动项目作为示例，并不是全部。如穿越可以是山地穿越，也可以是丛林或沙漠穿越，还可以是定点穿越；与攀岩类似的还有攀冰、下降等。而且随着户外运动的发展，也会产生一些新的项目，如最近从国外引进的“猎兔”运动就受到很多爱好者的追捧。

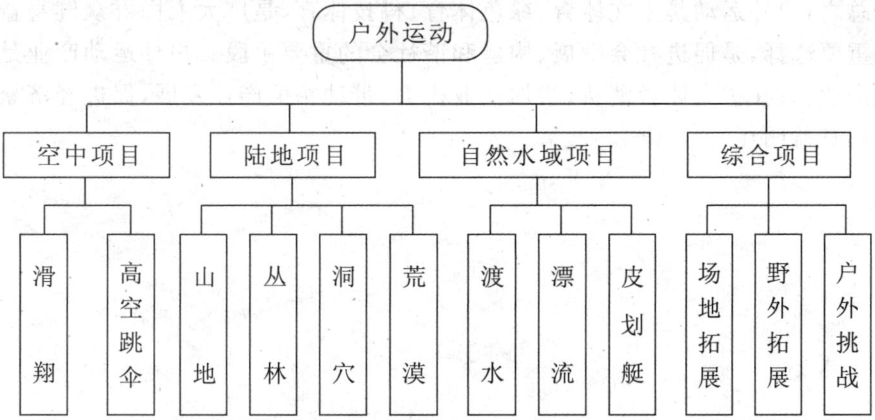

图 1－1　户外运动按照环境特点和技术特点的分类

三、户外运动的特点

(1)户外运动是在自然环境中进行的,有着回归自然、返璞归真的特征。这对于生活城市化的现代人具有独特的吸引力,给人以更自然、更人性化的享受。符合中国“天地人”一体的哲理,培养人与自然协调发展和生态环境保护的观念。

(2)户外运动无一例外地具有不同程度的挑战性和探险性,常具有结果的不可预期性。体验探险可以激发人们的上进心和求知欲,在兴奋和刺激中激发潜能,在磨练中完善人格,提升自己应对挑战、克服困难的信心和勇气。

(3)户外运动尤其是比赛强调团队精神。要求一个团队能统一思想和步调,团结协作,互相帮助,甚至是同生共死,才能取得成功或胜利。在户外运动中所得到的真情实感和友爱将是刻骨铭心、终身难忘的。

(4)户外运动是一门综合性的学问。要求参加户外运动的人具有多方面的科学知识、专门技术、生活技能和各种解决突发问题的技巧。

(5)户外运动对体能具有严格的近于极限的全面要求。“挑战极限,完善自我”是户外运动常用的口号。它不是一场两场、一局两局的比赛,而是动辄一天、两天,甚至是一周、两周、夜以继日的拼搏奋斗。要能跑能攀、能上山能下水、能不睡觉能饿肚子、能抗热能耐寒,总之要有全面的体能和应变能力。

(6)户外运动是体验教育的重要组成部分。通过行万里路得到读万卷书所无法得到的知识和能力,在全面提高人们的整体素质和团队精神上具有不可替代的作用。由此已形成被称为挑战体验培训或拓展培训的系统课程,在团队建设、企业管理、潜能发挥、社区建设、康复治疗等多方面发挥了重要作用,成为体验经济的重要组成部分。

总之,户外运动是人文体育、绿色体育、科技体育,是广大人民群众健身益智的一种重要选择,是促进社会发展、构建和谐社会的重要手段。户外运动产业是一项朝阳产业,它在扩大体育消费,增加就业机会,带动相关产业发展,促进经济繁荣上的作用日益明显。

第二章

山地户外运动

第一节　山地户外运动的起源与发展

山地户外运动的发展，几乎是和“户外运动”同时发展起来的。尽管当时人们没有明确地提出户外运动或者山地户外运动的概念，但按照我们的概念，我们不想把在“户外”进行的活动，如登山封禅、狩猎航海都囊括在我们的“户外运动”或者“山地户外运动”之中，也不想把已经发展成熟的一些在“户外”进行的体育项目，如足球、高尔夫球、登山探险纳入“山地户外运动”，更不想把一些在山区进行的旅游和游戏归为“山地户外运动”。

真正的山地户外运动开始于 1989 年，即被称为“探险越野赛”(Adventure Race，简称 AR 赛)鼻祖的莱德加洛伊斯赛(Raid Gauloises)举行的日子。

当今时代，人们正在尝试用各种方法测试自己的身体和心理极限。20 世纪 70 年代，人们用马拉松来测试。80 年代，开始用铁人三项赛来测试自己。人们只想用更长的距离、更艰苦的历程和更快的速度，来衡量自身的极限。许多人认为像巴黎-达喀尔这样的汽车拉力赛是世界上最艰苦的耐力赛事之一，那些驾驶汽车的人们遭受的苦难和他们驾驶的汽车一样痛苦不堪。法国一位著名的记者兼探险家热拉尔·菲西(Gerard Fusil)，综合了超长距离赛跑和汽车拉力赛在荒野举办的经验，创建了莱德加洛伊斯赛(Raid Gauloises)。在他的设计中，人们不仅需要利用普通的运输工具，而且还包括了利用大自然最原始的一切。Raid Gauloises，是意大利语“法式竞赛”的意思，而用英语翻译的时候，变成了“勇士挑战赛”(Challenge of the Warriors)。这个赛事后来逐渐被人们叫做“探险越野赛”(Adventure Race)，有时也称为“远征越野赛”(Expedition Racing)或者“多项耐力赛”(Multi－sport Endurance Racing)。1989 年，第一届莱德加洛伊斯赛在新西兰举行。30 支参赛队伍在总距离超过 500km 赛程上搏杀了 10 天，这些每队由 4～5 人组成的队伍必须要利用自行车、独木舟和双脚穿越雨林、翻越高山，最终只有 6 支队伍抵达终点。在随后的岁月里，莱德加洛伊斯赛分别于 1990 年到 1995 年，每年一届地转战哥斯达黎加、新喀里多尼亚、阿曼、马达加斯加、婆罗州(印尼和马来西亚)和巴塔哥尼亚(阿根廷)。在这连续7年的赛事中,赛事组织者始终坚持创立者热拉尔·菲西的思想:在多变的地形中模拟探险、高强耐力、定向技术和使用非动力运输工具。

美国人马克·本内特(Mark Burnett)1992年率领"美国的骄傲"队参加了在阿曼沙漠中举行的莱德加洛伊斯赛。随后,马克率队继续参加了1993年、1994年的莱德加洛伊斯赛。1993年,马克和他的队友在马达加斯加的比赛上取得了第九名的成绩,成为完成莱德加洛伊斯赛全程的第一支来自美国的队伍。马克自第一次参加莱德加洛伊斯赛就被这项运动深深吸引,在随后参加比赛的过程中,逐渐形成了他自己关于探险越野赛的思想。1995年,马克决定把探险越野赛带回美国。他和一个叫布莱恩·塔克尔森(Brian Terkelsen)的纽约投资商人,共同策划组织了在尤他州东南举办的一个探险越野赛,取名叫"艾科挑战赛"(Eco - Challenge)。第一届的艾科挑战赛就显示了它与莱德加洛伊斯赛的不同之处:不仅具有更多的团队参赛、更好的组织,而且与电视网络和平面媒体密切合作,大力宣传和打造环境保护的意识和品牌。这项赛事在Discovery频道上的频繁演播,促进了此项运动的普及。艾科挑战赛以男女混合组队、24小时不间断比赛为特色。此后,艾科挑战赛先后转战加拿大、澳大利亚、摩洛哥、阿根廷、马来西亚、新西兰等国,最后一届艾科在2002年斐济结束。

1996年6月,商人比尔·里昂博格博士(Bill Lionberger)和他的合伙人凯伦·利夫赛(Karen Livesay)在新墨西哥州创立了"四季风探险越野赛"(Four Winds Adventure Race)。这个比赛与其他比赛也不相同:它要求参赛者了解沿途居民的文化,而对参赛者的水平要求不高,以达到终点的5名队员的百分比记成绩。目前,"四季风赛"正逐渐走热,操作者为2~4人的参赛队准备了不同的比赛,同时,引导那些热衷于比赛的人们进行露营。

现在国际上流行的AR赛事有以下4种方式。

(1)疾跑探险越野赛(Sprint Adventure Race):通常为3人一组,有时称为非场地铁人三项赛(Off - road Triathlon)。典型的疾跑赛一般为3~8小时,包括山地车、短桨、徒步等,一般比赛距离为100km以内。疾跑赛通常还包含一些临时设定、变化的项目,如颜色球射击、水下障碍等。

(2)短程探险越野赛(Short - course Race):又称为周末赛(Weekender),一般持续1~3天。它一般在周末举行,是为了使人们在体验探险越野赛的魅力或者准备更强更长距离的探险赛的同时,不至于耽误工作。但这决不意味着这种赛事容易,因为它是一个连续30~50小时的不间断比赛。与疾跑赛类似,它一般也是3人一组。但与疾跑赛不同的是,定向技术技能要求很高,而这点,疾跑赛是不需要的。

(3)分段探险越野赛(Stage Race):这种比赛在北美很受欢迎。每天,运动员从一个点出发到达另一个比赛点，而晚上休息。著名的七星越野赛(Mild Seven Outdoor Quest)就是这种类型的比赛。

(4)全尺度探险越野赛(Full - scale Expedition Race)：是这项运动最原始，也是最具有挑战性的比赛。这种比赛需要运动员具备各种探险越野技能，包括定向技能。一般由4个人组成一个队，每队要求有不同性别的运动员。

1997年，群策业务推广(亚洲)有限公司(Promotional Campaingns)，国际管理集团(IMG)和普利斯公关公司(Octagon Prism)得到日本七星财团的支持，在中国举办了中国七星国际越野挑战赛，迄今共成功举办了5届。第一届七星国际越野挑战赛于1997年在中国的西昌举行。这是首次在我国举办的AR赛事。2002年，第六界七星国际越野挑战赛移师到马来西亚婆罗州的沙巴举行。

七星国际越野挑战赛，英文叫 Mild Seven Outdoor Quest，简称 MSOQ。它是一个由4个赛段组成的赛事。由4个队员组成的竞赛组，需要赛完400km的赛程，艰苦程度可想而知。七星赛一般包括山地自行车、山间跑、海或湖的皮船赛、直排轮、独木舟、漂流、跑步、团队两项(A Team Biathlon，交替跑)以及其他一些探险技术项目。马来西亚赛事最显著的赛道变化是增加了更多的水上竞赛项目，并在七星国际越野挑战赛历史上首次安排了海上项目。

我国自己设计组织的第一次全国性越野赛是由中国登山协会于2000年8月22日—24日在吉林举办的"长白参杯全国大学生登山越野挑战赛"。比赛延续3天，有12支队伍参加，全程长约22km。项目包括山地跑、定向越野、岩降、露营。

2001年，中国登山协会在浙江安吉举办了"山地马拉松赛"。

在此基础上，2002年至2005年的连续4年间，中国登山协会在安吉举办了每年一届的"国际山地极限运动挑战赛"。比赛基本采取分段赛形式，时间为2～3天，项目有山地自行车、山间跑、器械攀岩、岩降、溯溪、定点穿越、划筏渡湖、负重跑等。参赛队伍基本保持在20个左右，每组4人，必须包含1名以上异性。在后期的比赛中，设计了一些绳网、障碍等拓展运动的项目。安吉赛与国际上流行的分段赛不同的是：没有采取连续或者闭合的比赛线路，而是因地制宜地根据场地情况，选择性地采取了一些比赛场地，中间用运输工具连接，夜间休息。

2002年11月，中国登山协会在浙江德清举办了"越野挑战赛"。比赛为期2天，共有20支队伍参加，每组4人，项目设计与安吉类似。但是从组织方式上，采取了分段连续的方式，即在第一天结束的地方露营，第二天继续进行比赛。

2003年至2005年，连续3年，中国登山协会在重庆武隆县举办了"中国重庆武隆国际山地越野挑战赛"。比赛采取分段赛方式，时间为2～3天，距离基本都在100km左右。项目有山地自行车、山间跑、暗河穿越、攀岩、岩降、溯溪、溜索、划筏渡湖、漂流、负重跑等，并在适当的地方安排了绳网、障碍等拓展的内容。与安吉比赛相比较,比赛路线更长、连续、技术要求更高、难度更大。同时,邀请了一些国外队参赛,使比赛更加激烈刺激。

2003 年 10 月 17 日—21 日,中国登山协会在四川九寨天堂举办了"2003 年中国九寨天堂山地户外挑战赛"。比赛仍然采取分段赛方式,共有 20 支队伍参加。与以往比赛不同的是:赛区域海拔高,平均海拔在 3 000m 以上;赛程距离长,总距离超过 170km;持续时间长,纯比赛时间为 5 天;项目按日进行,每日一项,有登山攀岩、骑马穿越、自行车越野、草地穿越、黄河逆渡。此比赛是中国登山协会举办户外赛事以来强度最大的一个比赛,被一些参赛选手戏称为"魔鬼赛事"。

此后,中国登山协会在继续进行安吉、武隆比赛的同时,又进行了江西三清山越野挑战赛、贵州梵净山越野挑战赛和新疆帕米尔高原户外挑战赛。

"中坤杯"帕米尔高原户外挑战赛于 2005 年 10 月 27 日—31 日在新疆帕米尔高原举行,比赛为期 4 天。共有 20 支队伍 100 余名运动员参加挑战。比赛分为穿越戈壁、奥依塔克之旅、漫长旅程及感受"冰川之父"慕士塔格冰峰 4 个赛段,每天一个赛段,从海拔 1 300m 攀升至 4 300m。共设置包括越野跑、山地车/赛跑交替、山地自行车、划船、登山、滑沙、越野技能等 10 个项目,赛程总长约 200km。这次比赛是继四川九寨天堂比赛后的又一个在高原举行的高强度越野赛事。比赛仍为分段赛方式,每天一个赛段,连续进行。与九寨比赛不同的是每天的项目有所增加。

随着户外运动在国内的蓬勃开展,"户外运动"的正式立项工作也在紧张进行。2005 年 4 月 29 日,国家体育总局下文,将"山地户外运动"设立为我国正式开展的体育项目。明确其为登山运动属下的二级项目,并把它界定为"山地户外运动",列为我国第 100 项体育竞技项目,其业务由国家体育总局登山运动管理中心管理。同年,中国地质大学开始招收户外运动的本科生,成为国内第一家将户外运动列为本科教育的学校。中国登山协会与有关大专院校、俱乐部、企业等从事户外运动的单位,通过制定标准、资质认证、技术培训、推广活动等形式,将户外运动逐渐推向了一个新的高潮。

今后,中国的山地户外运动将在更加理性、更加规范、更加安全、更加环保的前提下,从以下 3 个层面展开:

(1)户外比赛:属于高水平、带有示范性的竞技层面。国家体育总局、中国登山协会、各省市登山协会、俱乐部等,都可以按照《全国体育竞赛管理办法》及各省区市《体育竞赛管理办法》的规定,组织和参加各类合法的比赛。

(2)户外拓展、游戏类活动:属于带有一定技术内容、有组织的活动层面。主体是各俱乐部、企业、学校等具有一定资质的法人单位。通过对户外线路的勘察和活动的策划组织,在安全的前提下,引领户外爱好者从事具有一定技术水平的户外运动。

(3)户外休闲:属于基本没有技术内容、自发组织或结伴进行的活动层面。由于基本没有技术内容,这个层面的体育属性模糊,与旅游界限不清楚。

上述3个层面的人数,在理论上和实际上都属于三角分布,即第一层面人数最少,第三层面人数最多。

第二节　山地户外运动的理论依据

1. 山地户外运动的定义

在山地进行的一组集体运动项目群,包括山地运动、峡谷运动、荒漠运动和海岛运动。

2. 山地户外运动的场地

山地户外运动的场地要求:①自然场地;②在地形图上等高线自然闭合的区域。如果把这两个基本要求延伸,就导致了另一种户外运动的分支,或者广义的山地户外运动,即“都市户外运动”,利用人工的“自然场地”,如公路、楼、塔等进行的内容近似的运动。

3. 山地户外运动的形式

主要形式是集体运动项目。由于山地户外运动在自然的场地中进行,不可预知的危险和困难很多,为了有效地避免和克服这些危险和困难,在形式上山地户外运动都是集体进行的。

4. 山地户外运动的内容

它包括一组项目。山地户外运动不是指某种单一的运动项目,如山地自行车、漂流等,而是一组项目。这些将在后文详细阐述。

5. 山地户外运动的性质

它的性质就是运动,即以健身和提高竞技水平为目的的活动。因此,山地生产劳动、山间旅游等不以健身和提高竞技水平为目的的活动,均不属于山地户外运动。

第三节　山地户外运动的内容

山地户外运动的内容繁杂,但从基本内容上,包含3个要素:

(1)有垂向运动。既然是“山地”,必须具有垂向运动的内容,如攀岩、登山、岩降等。

(2)有水平运动。即平面上的位移。由于一般山地户外运动的一组项目都是连续进行的,平面上的位移就必不可少。至于是徒步运动,还是器械运动,没有严格的规定。

(3)随机应变能力和克服障碍能力。山地户外运动在自然场地进行,各种突发事件和困难障碍很多,因此在项目的内容上,比较强调这两个能力。在具体内容上,它包括野外生存的内容、障碍赛的内容等多种形式。

按照山地户外运动从事的地形(含都市户外运动),可以分成以下项目:山地运动、峡谷运动、海岛运动、荒漠运动和人工建筑物运动(见表 2-1)。

由于山地户外运动的很多项目都是在各种自然场地克服困难时创立的,因此,具体的项目内容很多,而且发展很快,尤其是在各种专业的技术器械装备研发后,项目发展更多、更快。对于新出现和发展起来的项目,只要符合山地户外运动的概念,都应该逐渐地纳入到本项目中来。

表 2-1　山地户外运动的分类

大　项	系　列	项　目
山地运动	丛林(森林、雨林)系列	滑草、定位与定向、丛林穿越、丛林宿营、丛林觅食、丛林联络、丛林急救、紧急求援等
	岩壁系列	(器械)攀岩、岩降、攀冰等
	其他系列	群众性登高活动
峡谷运动	谷内系列	横渡、溯溪、攀瀑、溪降、漂流等
	谷缘系列	搭索过涧、溜索(飞狐)、悬崖跳水等
海岛运动	荒岛生存系列	觅食(觅水)、海水淡化、宿营、联络、求援等
	滩涂运动系列	滑沙、滩涂运动游戏、结绳负重等
	峭壁运动系列	海上攀岩、悬崖跳水、溜索等
	近岸水域运动系列	木筏环岛、水中滚木等
荒漠运动	沙漠运动系列	滑沙、沙漠穿越、沙漠生存等
	戈壁运动系列	戈壁穿越、戈壁生存等
	荒原运动系列	穿越项目、生存项目等
人工建筑物运动	垂向户外运动	攀楼、攀塔、地下管道攀降等
	水平户外运动	自行车、汽车公路穿越、直排轮公路穿越、公路徒步穿越、地下管道穿越等

山地户外运动的风险级别见表 2－2。

表 2－2　山地户外运动风险级别分类

风险等级	内　容
第一类	初级户外运动，包括户外旅游、远足徒步、健身登山、露营、非山地定向运动
第二类	登山户外运动（3 500m 以下），包括登山、人工场地攀岩及下降、山地穿越、山地定向运动，还包括骑马（普通培训、骑马游玩、盛装舞步）、划船、游泳、拓展运动、自行车旅行、人工场地轮滑、潜水（下潜深度不超过 5m）
第三类	技术型户外运动（3 500m 以下），包括自然场地攀岩与下降、溯溪、场地滑雪、洞穴体验（由相关部门开发的固定路线），还包括帆船、帆板、皮划艇、漂流、野外生存、山地越野轮滑、山地自行车越野、自驾车运动（3 500m 以下）、短途无人区（沙漠、戈壁等）徒步穿越（3 天以内）、潜水（下潜深度不超过 15m）
第四类	高海拔户外运动（3 500～6 000m），包括登山探险、攀岩、攀冰、滑雪运动，以及自行车运动（3 500m 以上至 6 000m）、自驾车运动（3 500m 以上至 6 000m）、长途无人区（沙漠、戈壁等）徒步穿越（4 天及以上）、滑翔伞运动、潜水（下潜深度超过 15m）、马术比赛（竞速赛、绕桶赛）
第五类	高山探险（6 000m 以上），包括攀登运动、高山滑雪、高山滑翔、极地探险，以及洞穴探险（非固定路线）、蹦极、自由式潜水（下潜深度超过 15m，无水下呼吸设备）

第四节　参加山地户外运动的要求

国家体育总局登山运动管理中心、中国登山协会将全国及国际山地户外运动竞赛划分为 A/B/C 三个等级，并分别进行规范管理。山地户外运动的比赛项目设置采取了“3＋X”的形式，“3”是指山地户外运动比赛必备的三个项目，即：登山（包括攀岩、岩降等）、水上竞渡和地理位置变化的定向穿越，“X”是指根据比赛场地情况而设置的项目，主要有山地自行车、山间跑、负重穿越、溯溪、野外生存等项目。由于我国有着丰富的山地和地域文化资源，伴随着山地户外竞赛的广泛开展，其项目的设置更多地偏向于结合当地特色资源设计并开展的户外比赛项目。

目前在我国有着广泛影响力的山地户外 A 级比赛有：中国国际山地户外运动公开赛（重庆武隆）、中国贵州遵义娄山关海龙囤国际山地户外运动挑战赛、丹霞泰宁国际山地户外运动挑战赛、中国百色乐业国际山地户外运动挑战赛、全国山地户外运动锦标赛、中国沂山首届国际百公里山地户外运动挑战赛等。B级比赛有：全国山地户外运动技能挑战赛、全国登山比赛、山地户外运动大赛、中国健身名山登山赛等。C级比赛有：全国露营大会、全国徒步大会、全国群众登山健身大会等。

一、场地要求

山地户外运动场地为自然场地，包括大自然场地和非专用体育场地的人工自然建筑物。这里按照竞赛场地和活动场地（非竞赛场地）进行论述。

（一）竞赛场地

竞赛场地主要根据竞赛项目和自然条件来进行选择。选择竞赛场地的原则如下。

1. 满足竞赛项目的需要

山地户外运动的竞赛项目是“3＋X”，因此，首先要保证有山，有水的，有一定的距离范围。至于采用多大的距离范围，可根据举办的赛事和自然条件具体确定。一般情况下，包括自行车等需要交通工具的项目在内，以 40～80km/天为宜。超强耐力赛，可在此基础上适当增加。

其次，尽量保证比赛有一定的难度、技术全面性和观赏性。一定的难度，是比赛区别于一般活动的特点之一，也可以全面考验运动员的身体素质和技术水平，并可区别出运动队的名次，因此，场地的设置和选择，要充分考虑竞赛路线的难度水平。目前国内的比赛，以 2/3 以上到全部队伍都能完成全部赛程为宜。技术全面性，是山地户外运动区别于其他任何单项体育项目的标志之一，要求运动员不仅具有良好的奔跑能力，而且在攀爬、定向、越野、驾驭交通工具（包括牲畜）、水上技能、随机应变能力、动手能力等多方面都需要有一定的技术水平，因此，场地的设置和选择，需要具备体现运动员全面技术水平的条件。观赏性，是体育运动的生命线，没有了观赏性，体育项目就失去了活力，最终将被淘汰出局。体育项目的观赏性，是与难度和技术水平相关的一个指标，难度越大、技术水平越高，观赏性一般就越强，即所谓的“难能可贵”。此外，山地户外运动由于大多在山地举办，观赏的人群少，这就要求在赛场的选择和设计时，在不影响大局的情况下，尽可能地考虑到把部分项目设置在人群较多的地方，如在横穿城市的河流中设置项目，等等。

2. 便于裁判工作

除了起点、终点的裁判工作外，山地户外运动的场地裁判工作更加突出和重要。由于山地户外运动的竞赛都是采取多项连续的方式进行，一般在换项点，都会设置有裁判。在某项目的途中，也会采取固定占位和巡视的方式进行裁判工作。

因此,选择竞赛场地时,要充分考虑到裁判工作的方便。

3. 对于突发事件及伤害事故能够及时处理和营救

山地户外运动具有难以预测的危险性和伤害事故的突发性,因此救援工作必须及时有效。这就要求在竞赛场地选择时,要充分考虑到营救工作的方便。除了在换项点,有一些医疗救援的人员和工具外,在竞赛途中,尤其是一些危险项目场地,更要布置一些救援措施。对于失踪、迷路的队员,需要搜索和营救。在项目设置的时候,要充分考虑到搜索工作和救援工作的方便。就我国的具体情况而言,山地户外运动的竞赛场地不要偏离公路太远。

4. 便于后勤支持的保障

山地户外运动的后勤支持保障是竞赛组织的一个重要方面,也是选择竞赛场地时需要关注的一个重要方面。后勤支持保护,包括运动员装备器材的搬运、食宿和营养补充等。运动员需要在换项点进行下一项比赛时,有关的比赛装备必须事先有序安置;运动员比赛的起点和终点不一致时,比赛时脱下的衣物需要在终点及时穿上保暖;运动员的个人生活物品需要安排在终点处,以方便运动员的生活,等等,这些均需要后勤的支持安排。因此,如何安排竞赛的后勤工作,并使之在竞赛时充分发挥作用,场地的选择是至关重要的,至少起点、终点和换项点,应该设置在交通工具能方便到达的地方。

5. 便于观看和记者报道

由于山地户外运动在户外进行,观众较少,因此记者的报道就显得特别重要。在设置竞赛场地时,要充分考虑到记者的设备和跟进的速度。在一些以技术为主而速度缓慢的地方,应根据项目特点和角度,考虑设置安全的固定拍摄机位,同时,记者的采访和拍摄不能影响运动员的比赛。满足了这些条件,比赛场地的选择就比较理想。

6. 不影响环保

环保包括两方面:其一,不能因为比赛而人为开辟线路,比如砍伐树木等;其二,不能留下比赛的永久性痕迹,比如永久性岩锥、废弃塑料袋等。这些都可以在选择比赛场地和制定具体竞赛规则时加以避免。

山地户外运动比赛,可根据情况设置路标或者不设。一些需要运动员自己判断前进路线的项目,以及需要运动员根据地图判断方向、距离的项目,就不能设置路标。但是在起终点、换项点、补给点、医疗点以及裁判检查点上,应设置明显的标志。在一些需要限制运动员活动的地方,如溯溪、攀岩范围、隔离区等,都应该有明显的标志。

(二)活动场地

户外运动的活动场地,不需要像竞赛场地那样要求严格。但一般也要遵循以下几个原则。

1.场地的选择与活动队伍的技术水平相适应

户外运动的难度与以下几个因素有关:

(1)需要的技术装备和技术含量。需要的技术装备越多,要求掌握的技术就越多,如保护技术及装备、定向技术及装备等。

(2)与后援的距离。与后援的距离越远,难度越大。户外运动有许多不可预知的危险和突发事件,这就要求进行户外运动的人员或组织者具有一定的户外运动经验,可以在紧急情况时采取应急的措施。距离近,要求户外运动经验相对可以少些,必要时可以依靠后援的力量弥补自身经验的不足;距离远,主要依靠自身的经验和力量,则对户外运动的经验要求就高。

(3)在户外持续的时间和行进的距离。户外持续的时间越长,行进的距离越长,场地的自然形态也就变化越大,同时,对技术、经验、体力和后援的依赖就越大,对进行户外运动队伍的综合素质要求就越高,难度就越大。

(4)对活动区域自然条件的熟悉程度。对自然条件越熟悉,相对未知因素就越少,准备工作就越有针对性,对户外运动的经验依赖程度就越低。

(5)户外运动队伍的构成和技术状况。队伍的平均技术水平越高,难度就相对降低。

因此,进行户外运动的队伍,要根据以上几个因素,选择与自己队伍的技术水平相适应的区域作为活动场地。初学者,一定要选择基本没有技术含量、离居民点或者其他可能后援的单位较近、时间和距离较短、对活动区域的自然状况较熟悉的场地进行户外运动。除了随着户外运动经验的积累,逐渐走向有一定难度的场地外,必要的技术培训是必不可少的,经验的积累与技术水平的提高,并不一定成正比关系。

2.场地的选择要适合活动的要求

户外运动的种类繁多,不同的活动形式对场地的要求也不一样。对于初学者,内容和场地应相对单一,比较容易开展和组织活动。如登山露营,选择一个有山、能够满足露营条件的区域就可以开展。而对于综合、复杂的户外运动,则需要进行长时间的场地选择过程,使场地能够满足活动的需要。

3.便于开展营救工作

除了营救工作的日程安排应与比赛的日程安排协调一致外,更重要的是要留下开展营救工作的方向。这与竞技比赛不同,竞技比赛是在已知的场地进行比赛,出现紧急情况后，救援人员会很明确向何方向展开营救工作。而户外运动，由于参与的人员都在户外，出现紧急情况后，有时很难将出事的时间、地点和状况报告给营救人员。这就要求在选择活动场地时，必须事先将活动的具体日程通知给参加活动的有关人员，即何时在何场地进行哪项活动。如果因为某些原因需要改变日程，也必须在活动前将改变的日程及时通知活动有关的人员。因此，通讯保障工作非常重要。一般对非专业人员，没有通讯保障的场地(至少是每日的出发点和终点应该与后援组或者大本营有通讯的保障)，应该视为开展户外运动的禁区。

4. 不影响环保

除与竞技比赛的环保有相同的含义外，户外活动的环保还包括不要擅自进入自然保护区。户外活动，很少涉及宣传，技术要求可高可低，因此，可选择的替代场地很多，对于进行自然保护的区域，就没有必要擅自进入。

二、运动员训练要求

由于山地运动其自身的特殊性，所以对参加山地户外运动的运动员也有一些特殊的要求，运动员在参加山地户外运动前须从以下几方面开展训练。

(一)身体素质训练

户外运动的起因是耐力赛(Endurance Racing)，因此运动员的身体素质显得特别重要。由于活动或者比赛的时间、路程一般都比较长，因此对运动员而言，耐力比爆发力更为重要。

(1)下肢力量的训练。下肢力量是运动员完成全部活动或者竞赛的基础，走、跑、跳跃、蹬踏自行车等均需要下肢力量。可采取长跑、下肢力量练习(负重蹲起、蹬踏)等方式练习下肢力量。

(2)上肢力量的训练。上肢力量在户外运动中也是非常重要的一个身体素质，攀岩、划船等均需要上肢力量。可采取引体向上、俯卧撑、悬挂、上肢力量训练(如举重、卧推)等方法练习上肢力量。

(3)肩部力量的训练。负重等项目需要很好的肩部力量来完成。一般可采取负重行军的方式进行训练。

(4)腰腹力量的训练。腰腹力量是身体平衡和集中发挥全身力量的重要的联系纽带，腰腹力量好，可以在很多的项目中节省局部力量，取得事半功倍的效果。可采取负重蹲起、仰卧起坐、两头起等方式训练腰腹力量。

(5)心肺功能的训练。长距离的奔跑、大运动量的竞赛，要求运动员一定要有较好的心肺功能。可采取(戴口罩)短跑(缺氧训练)、长跑后加蹬台阶、短距离侧跑(摸线跑)加立卧撑加高抬腿跑组合等方式进行心肺功能训练。一般进行心肺功能的训练，要使自己的心率达到最高(200 次/分以上)，并在短时间(5 分钟)内能降回原心率，方能取得较好的效果。

如果是参加比赛的运动员，训练的量应以等同或者超过竞赛的量以及能及时恢复体力为宜。一般可根据个人身体情况，采取循序渐进、逐渐加量、达到个体力量顶点的方式进行。在参加比赛前，一定要适当减少运动量，把运动状态调节到最佳。最好在教练员的指导下进行身体素质训练，避免一味追求大量高强度等盲目的训练。教练员应根据运动员的身体素质情况，制订符合运动员个体特点的、科学的训练方案，并避免运动员在训练中受伤。

(二)心理素质训练

心理素质，是保证运动员能充分运用和发挥体力和技术优势，完成某一具体技术动作乃至整个活动和比赛的重要的基础和保证。为了有效地发挥每个运动员的体力和技术特长，必须对运动员进行心理素质训练。它可分为专项技术心理训练和竞赛心理训练。

1.专项技术心理训练

它是针对某项特定的技术项目进行的心理训练。户外运动是具有一定危险性的项目。出于对习惯生活的巨大反差、下意识的自我保护心理，运动员在做具有一定危险性的项目时，往往会出现紧张、焦虑、恐惧等心理，导致动作的僵化、变形，从而影响动作的准确性和熟练程度，严重的会导致危险的发生。如进行攀高、竞速、探险项目时产生的恐高、恐速、恐黑等心理。针对这些现象，进行专项的技术心理训练，可以有效地消除运动员的紧张、恐惧心理，从而保证动作的熟练和准确，以及运动员的人身安全。

(1)充分熟悉和了解保护技术措施，可以建立对于技术保护体系的坚强信心。户外运动危险项目中的紧张、焦虑和恐惧等心理，主要原因是出于运动员对保护措施的怀疑。对运动员充分地讲解保护措施的安全指标、操作规范，并让运动员经常性地彼此互相保护，充分地熟悉、了解和体会保护体系的安全性，建立对于保护体系的坚强信心，就可以有效地消除运动员的紧张恐惧心理。

(2)充分熟悉和适应产生紧张、恐惧的场景，可以有效地减少紧张恐惧心理。紧张、恐惧心理的产生，与项目场景和习惯生活环境的巨大反差有很大关系。人们对于司空见惯的事物，往往会产生一定的适应性，所谓“见多不怪”。让运动员经常在可能产生紧张和恐惧心理的场景中进行训练，使运动员对于平常认为“危险”的场景产生适应，就可以有效地减少紧张恐惧心理。

(3)应急能力训练，也可以有效地消除紧张恐惧心理。对于出现的或者可能出现的紧急情况，运动员能够及时采取措施，制止可能发生的危险，也可以使运动员吃一棵“定心丸”，遇事不乱。进行这项训练，一是要求教练员能够及时总结户外运动中出现的紧急情况，给运动员罗列出来并给出应急的措施，加以训练；二是要求教练员能够巧妙地将这些紧急情况合理地安排在训练的课程中，由运动员自己进行应急操作。

2. 竞赛心理训练

它是为了在竞赛过程中完成全部竞赛和争取好的成绩而进行的心理训练。

(1)毅力培养。山地户外运动竞赛是一个较长期的过程。对于如短跑等短过程项目的兴奋、紧张来说，毅力更为重要。山地户外运动比赛又是一个多项目组合的竞赛，疲劳、心理压力以及某些伤病都不可避免，因此，运动员的坚强毅力非常重要。可以通过平时大强度、长距离的训练，以及挫折训练、"魔鬼训练"等方法，提高运动员的比赛毅力。所谓"魔鬼训练"，是在一个合适的场合，教练员利用法律、规则允许的手段，对运动员进行精神和肉体折磨，逼迫其中途放弃的一种训练方式。

(2)好胜心的培养。争取领先、取得好的成绩是一个比赛的精髓所在。除了体力、技术外，好胜心是一个户外运动队伍夺取好成绩的心理基础。在好胜心的驱使下，有了比赛的环境，运动员有可能超水平发挥出其潜在的能力。好胜心的培养可以通过比赛来完成。通过各种形式的比赛，如户外运动赛、唱歌赛、各种训练课程内容的比赛等，建立相应的激励和处罚机制，以激励手段为主，在自信心的基础上，逐渐培养运动员的好胜心。好胜心的培养，与尊重运动员的个性有关。应该注意保护和培养运动员"不服输"的个性，改变懦弱的个性。

(三)技能技巧训练

由于山地户外运动是一个组合项目，涉及的技能技巧很多。下面按照"3＋X"项目的设置，分几个项目简要阐述。

1. 攀爬和下降技能

户外运动的攀爬技能，包括徒手或器械攀岩(瀑)和登山；下降技能包括岩(瀑)壁降、悬空降等。这里只讲一些基本的原则。

(1)攀爬过程中，首先要注意观察攀爬的路线。在岩壁上，因为角度所限，很多地方看不到。观察攀爬路线时，要注意岩壁的角度、支点和自己能够攀越的技术能力。在攀爬时，要注意(四肢中)三点固定、一点移动的方式，并注意固定的三点与移动点的关系，即要使移动的一点变为固定点时，能腾出另一点作为移动点。对于下方保护的攀爬，还要注意及时更换保护点。对于器械攀岩，要注意身体不可过分后仰，应充分利用脚的力量。要注意上升器通过保护点时的换保护，以及保护绳平行通过上升器的绳槽。上升器距安全带的距离，以一臂略长为宜。

攀爬技能技巧的训练，可以在人工岩壁、自然岩壁及攀石壁上进行。对于器械的使用技巧，也应在实际攀爬的过程中进行训练，才能取得好的效果。

(2)这里所说的登山，是指不需要进行攀岩的上身直立的登山。登山技能技巧包括路线选择和登山行走技巧。对于没有规定的路线，路线的选择十分重要，主要考虑穿越的难易以及路线的远近。对于前方路线上具有明显障碍物，或者穿越难度大的地形地物，如灌木林、滑坡物等，应尽可能绕道避开。如果是活动，不需要计时的情况，则应该根据地形的坡度，选择“之”字形路线。行走技巧主要是行走的节奏，以及脚的着力点。登山是一项强度很大而又相对漫长的运动，一定要注意呼吸与步伐节奏的配合，可以根据自己体力的情况，选择一步一呼吸，或者两步、三步一呼吸的方式，并注意在自己体力和地形坡度变化时及时调整。登山时，注意不要大张嘴呼吸，以避免水分的过快流失。脚的着力点，应根据坡度的变化而变化，一般上坡时前脚掌着力，下坡时后脚掌着力，并根据坡度情况调整着力点的大小。

登山技能技巧的训练，也要在实践中进行。

(3)下降技术分悬空下降和岩壁下降。下降技术主要应注意双手的摆放及要领。许多初学者因为心理紧张的原因，经常将后手放置靠前。原则上，前手是掌握平衡的，后手是掌握速度的，而双脚是掌握方向的。对于悬空下降，手的姿势基本相同，双脚自然垂放；对于岩壁下降，则双脚应尽量与岩壁保持垂直，上身与岩壁保持平行。要注意的是：上手不可过分接近下降器，以防手套被下降器卷入；下手的松紧控制下降的速度，不可过紧，尤其是双绳下降，经常需要下手向上送绳索，才可以使身体下降。留长发的女性，应将长发盘起，避免被卷入下降器或者绳索上。

下降技能技巧的训练，可以先在缓坡上进行，待运动员基本掌握要领后，逐步从陡坡、直壁、悬壁下降。

2. 越野技能

山地户外运动的越野技能涵盖的项目最多，包括各种非动力器械、畜力、人力越野。

(1)器械、畜力越野。首要的技能是驾御各种非动力器械、牲畜的技能。户外运动常见的非动力越野器械有山地自行车、直排轮、溜索(飞狐，fly fox)等。牲畜有马(车)、骆驼、牛车、驴车等。其次，一般要求具有修理非动力器械的技术。第三，在需要进行方向和路线的判别的活动或者比赛时，要有定向、定位、计算距离的能力。

这些技能的训练，可分以单项进行。

(2)人力越野(包括负重越野)。简单地说，就是越野跑或者走。在需要进行方向和路线的判别的活动或者比赛时，要有定向、定位、计算距离的能力。同时，应注意根据路线的远近，有计划地分配和节省自己的体力。

可以通过进行定向工具的使用、定向越野或者长跑来训练人力越野技能。

3. (自制)工具渡江(湖)

用船、舟、艇等工具渡湖，第一需要齐心协力，第二需要掌握划桨的技能，第三需要了解影响船舟前进速度的有关因素,第四需要熟悉了解流水的习性。

(1)划桨技能。户外运动中的划桨,一般为在船侧的单、短桨。同样面积的一柄桨,入水后,与水的接触面积越大,对船的动力就越大,同时人需要花费的体力就越大。因此,入水的深浅、划桨的频率,应该根据人的体力情况、战术安排、船身方向调整,以及全队划桨情况来定。另外,桨入水的角度以及划水的角度,也影响船身前进的方向。划桨时,可以采用坐、单腿跪的姿势。手的姿势一般是:靠近水的手执桨的中部,远离水的手执桨的上部,掌心向前。划桨时,桨身垂直或略向前正面入水,双手用力向后划水,上手向前、下压桨柄,下手向上、向后抬起划桨出水。

(2)影响船舟前进速度的有关因素。船舟的前进速度,与动力、船本身的阻力以及风向、水流有关。这里重点谈船本身的阻力问题。

船的阻力与船具劈浪面的面积和船身接触水的面积成反比。也就是说,劈浪面越小、船身接触水面面积越小,船的阻力就越小。因此,尖头船、船头抬起的船,在动力和其他条件相同的情况下要快。如果是船具相同,则运动员在两侧坐的时候,应该略向后坐,以保证船体在行进中"昂首挺胸",加快速度。

(3)流水的习性。一条河流中,在直流河道,总是中部(河中间)的水流最快。而在弯曲的河道中,河曲外侧的水流最快。因此,在漂流、溯流时,充分利用水流的流速是渡河项目的重要技巧。需要注意的是,流速快、河道宽的河流,在河曲的内侧,经常会有大的涡流(漩涡),应注意避开。

渡河项目的训练中,要注意训练运动员的划桨技术和协调一致的频率,同时,经常在各种不同流速的水体中训练,可以有助于渡河项目的技术技能的大幅提高。

(四)应急能力训练

应急能力,是户外运动的特点和魅力之一。除一些突发事件需要运动员的应急能力外,在项目设置上,为了突出户外运动的特点也专门设置一些应急项目,如"搭索过涧"、生存技能、自制工具渡河等。基本要求是,根据已有的条件和装备,创造或者派生出一些条件和装备以解决紧急情况。这种能力需要运动员有较高的创造能力和动手能力。

应急能力的训练,首先是要基本清楚户外可能遇到的紧急情况。利用原始的材料及简单的工具,如刀、绳等,做到应付吃、喝、行军、露营、伤病、联络、发送求救信号等方面紧急情况,以及利用登山的基本技术装备,处理搜索、救援等紧急情况。比如,用简单的刀具和登山绳,自制一副担架;或者利用自然条件,建立露营设施等。

其次,需要有处理紧急情况的方案和技术。有一些固定的模式和技术可以作为训练用。这些模式和技术应该是创造新工具和新的方案的前提。如各种各样的绳结、火和刀的基本功用等。举个例子,火的基本功能为热和光,在氧气不充分的条件下可变为烟。而引火有一些固定的模式，如钻木取火、燧石取火、电极取火、光线聚焦取火、现代取火(火柴、打火机)等。发挥火的作用，就可以加热、取暖、照明、发送信号等。与刀具的刺、切、削、砍功能合并起来，就可以制造简单的捕猎工具，进行捕猎、采挖食物、切割食物、煮食、烧水、搭建营地、照明、烘干衣物、发送信号等工作，如果认识一些草药，还可以进行伤病的医治。像利用树枝、岩石等材料，搭建一个简易帐篷，都有专门的模式和技术。熟悉和掌握这些模式和技术，在此基础上进行创新，要解决某个紧急情况，并不是难事。

(五)团队精神训练

户外运动是集体项目，团队精神尤其重要。某些项目，如渡河是整个集体在一条船上，如果没有团队精神，各划各的，其结果可想而知。由于户外情况复杂，单一的个人不足以抗拒和抵御来自大自然的某些危险和威胁，因此，把户外运动设置为集体项目，团队精神是户外运动的灵魂之一。

对于户外运动的团队精神训练，最好的应该是户外拓展训练。在类似的环境和条件下，利用拓展训练中团队建设的课程进行培训，可以达到明显的效果。

对于参加比赛的队伍，长时间的训练、磨合，生活上互相关心、照顾，也可以达到团队精神训练的目的。

需要特别强调的是，由于男女性别上的差异，女性在从事户外运动这种高强度的运动时，特别需要男性的体贴和照顾。作为比赛来说，一个队伍成绩的好坏，实际上并不取决于队伍的平均实力和水平，而是取决于女性运动员的实力和水平，因此，为了提高成绩，男运动员应该想方设法帮助女运动员克服困难，共同走向终点。

第三章

野外生存

第一节 野外生存的起源及发展

“野外生存”起源于国外特种部队的一种特殊训练科目，目的在于使部队在各种困难、复杂的条件下，保存战斗力，把非战斗减员降低到最低限度。

纵观野外生存的发展历程，我们将其分为三个阶段。

(1)为了生存而不得不进行的阶段。它主要指在人类发展的早期阶段，如狩猎、寻找合适的居住地等。在此阶段，人们是在迫不得已的情况下自发地进行着野外生存活动，其主要目的是生存。

(2)在特殊的时期、特殊的地点，为了特殊的目的而有意识地进行训练的阶段。如战争时期、自然灾害区域、军队、科考队、探险队等。此阶段某些是人们迫不得已的，如灾害；某些是人们主动的、自愿进行的，如具有特殊使命的团体，像军队、探险队等，其目的是多样化的。

(3)为了提高生活的质量和人的素质而进行的阶段。此阶段进行“野外生存”的人们完全是自愿的，且其目的主要是精神方面的，这就使此活动具有了教育的功能。因此，我们可以把此活动作为一门素质教育课程。

野外生存的定义：“野外生存”是指在远离居民点的山区、丛林、荒漠、高原、孤岛等复杂地形的区域，在没有外部提供生命所赖以维持的物质条件下，个人或小集体依靠自己的努力，在不太长的一段时间内，保存和维持生命的基本手段和方法。

“体验”是指在近似的环境条件(如人为创造的环境条件)下的模拟和经历。

第二节 野外判定方向

在野外活动，为防止迷路，正确地判定所在位置和方向，必须掌握定位和测向方法。在自然界，某些动物具有辨别方向的本能，如鸽子，人类的某些成员也具备这种能力，但绝大多数人不具备，或者只有这种潜能，因此野外确定方向主要是依靠经验和工具。

野外判定方向和位置的方法有许多种，这里介绍几种常见的方法。

一、利用罗盘(指北针)判定方向

把罗盘或指北针水平放置使气泡居中，此时磁针静止后，其标有“N”一端所指的方向便是北方。除了能测出正北方向外，罗盘或指北针还可以测出某一目标的具体方位，方法是打开罗盘将照准器对准目标，或将刻度盘上的0刻度对准目标，使目标、0刻度和磁中点在同一直线上，罗盘水平静止后，“N”端所指的刻度便是测量点至目标的方位，如磁针“N”端指向36°。则目标在测量位置的北偏东36°。利用罗盘或指北针辨别方向虽然简单快捷，但需要注意：①尽量保持水平；②不要离磁性物质太近；③勿将磁针的“S”端误作北方，造成180°的方向误差；④掌握活动地区的磁偏角进行校正。

二、利用太阳判定方向

在晴朗的白昼，根据日出、日落就可以很方便地知道东方和西方，也就可以判断方向，但只能是大致地估计，较准确的测定方法有下列几种。

(1)手表测向“时数折半对太阳，12指的是北方”，一般在上午9时至下午4时之间可以很快地辨别出方向，用时间的一半所指的方向对向太阳，12时刻度就是北方(图3-1)。如下午14:40的时间，其一半为7:20，把时针对向太阳，那么12指的就是北方；或者是把表平置，时针指向太阳，时针与12时刻度平分线的反向延伸方向就是北方；或者平置手表，将一根小棍垂直立在手表中央转动手表，使小棍的影子与时针重合，时针与12时刻度之间的平分线即是北方。必须注意：①判定方向时，手表应平置；②在南、北纬20°30′之间地区的中午前后不宜使用，即以标准时的经线为准，每向东15°加1小时，向西15°减1小时。

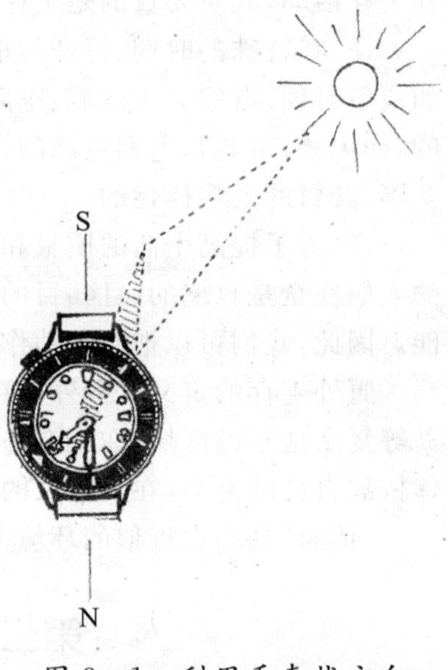

图3-1　利用手表找方向

(2)日影测向为晴天，在地上竖立一根木棍，木棍的影子随太阳位置的变化而移动，这些影在中午最短，其末端的连线是一条直线，该直线的垂直线为南北方向。在一张50cm×50cm的绘图纸上绘制一系列同心圆，同心圆的半径以1cm递增，钉在平板上并水平固定好，将一根12～15cm长的细钢针或针状物垂直插在圆心上。当太阳位置变化时,影子的端点总会与同心圆相交,标绘出这些点,然后把同一个圆上的两点直线相连,把这些直线的中点与圆心相连,这条连线就是南北方向线,圆弧顶的方向为北方。

三、借助月亮判定方向

在夜晚,可以利用月亮进行简单的方向判定。由于月球的公转,所以月亮的形态也随着时间而改变,上弦月时晚上 6 点钟月亮在东,12 点时在西边;下弦月时,晚上 12 点指东方,次日凌晨 6 时指向南;满月时,晚上 6 点在东,12 点在南,次日 6 点在西边;满月时,晚上 6 点在东,12 点在南,次日 6 点在西边(图 3-2)。

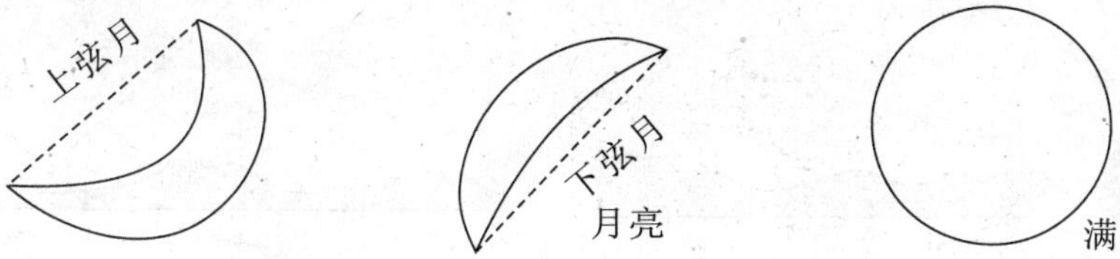

图 3-2 借助月亮判定方向

四、夜间借助星体判定方向

当夜晚时,可根据北极星和南十字星来判断方向。

(1)北极星。北极星位于正北天空,其出露高度角相当于当地纬度,据此可以很快找到北极星。通常根据北斗七星(大熊星座)或 W 星(仙后星座)确定。北斗星为七颗较亮的星,形状像一把勺子,将勺头两颗 A 向 B 连线并延伸约 5 倍处便是北极星。当看不到北斗星时,可根据 W 星,即仙后星座寻找北极星。仙后星座由五颗较亮的星组成,形状像"W"字母,字母的开口方向约开口宽度的两倍距离处是北极星(图 3-3)。

(2)南十字星。在北纬 23°30′以南地区,夜间有时可见南十字星,由四颗较亮的星组成,形同"十"字,在其右下方,由 A 向 B 两星连线长度的四倍半处(无星)为正南方向(图 3-4)。

五、利用地物和植物特征判定方向

有时野外的一些地物和植物的生长特征是良好的方向标志,增加这方面的知识可以帮助我们快速地辨别方向。

(1)地物特征。①房屋:一般门向南开,我国北方尤其如此;②庙宇:通常也是向南开门,尤其是庙宇群中的主体建筑;③突出地物:向北一侧基部较潮湿并可能

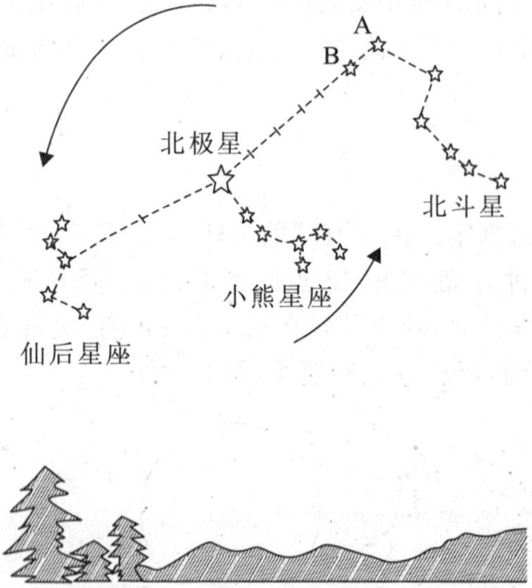

图 3-3　借助北极星判定方向

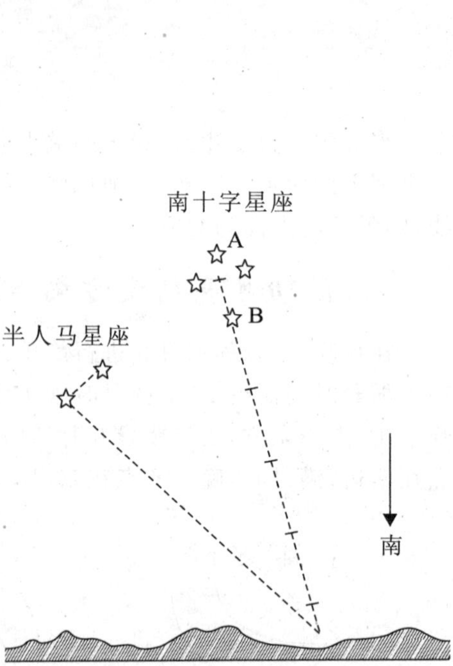

图 3-4　借助南十字星判定方向

生长低矮的苔藓植物。

(2)植物生长特征。①一般阴坡，即北侧山坡，低矮的蕨类和藤本植物比阳面更加发育；②单个植物的向阳面枝叶较茂盛，向北的阴地树干则可能生长苔藓；③我国北方的许多树木树干的断面可见清晰的年轮，向南一侧的年轮较为疏稀，向北一侧的年轮则较紧密(图 3-5)。

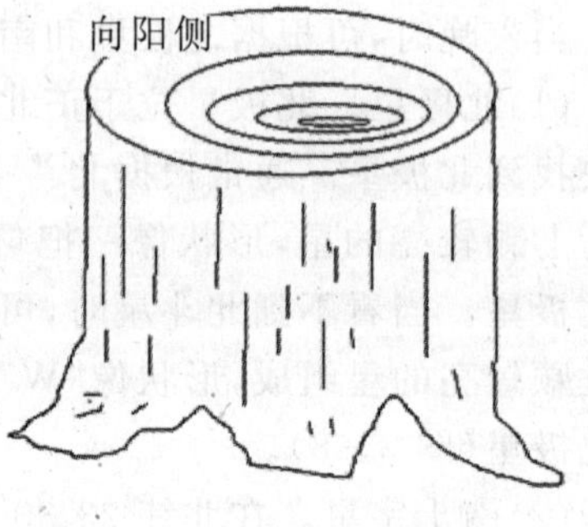

图 3-5　利用植物年轮辨别方向

六、迷失方向

原始森林等一些容易迷路的地形，应在行走的过程中做记号，如用小刀刮树皮、扎红布、插小红旗、做路标等(图 3-6)。

制作路标需注意以下几点：①制作的路标应该在醒目的位置；②路标应有清晰的指向，切忌模糊不清；③确保路标在短期内不会被损坏；④路标的颜色应和大自然的颜色有明显的区别。

如果迷失方向，千万不要慌张，首先应保持镇定、冷静，保持体能，充分应用身边的资源辨别方向，如果确实无法辨别方向，应采取以下措施：①原路返回，直到有清晰方向的地方，再进行下一步活动；②登高望远，寻找标志性的山脉或者建筑物，

插小红旗　　垒石头　　木棒做箭头

图 3－6　迷路时做记号的方法

以确定所处方位及方向;③沿着河流的流向走,如果附近有河流,沿着河流走,很快就会寻找到正确的方向;④顺着小路走,山林中总会有些人为踩出来的小路,顺着小路走也可以顺利摆脱困境。

第三节　野外露营

帐篷露营是野外旅行、登山探险等各种户外活动的主要宿营方式,也是值得积极提倡的宿营方式。它的特点:首先是最贴近自然,没有什么方式比睡帐篷更加贴近大自然的了,想想你身下就是大地而不是什么席梦思、钢丝床及水泥地,打开帐篷门就是自然界的一切,没有任何混凝土建筑遮挡你的视线,这才是真正的回归自然;其二,它是随遇而安的家,只要脚下有 $3m^2$ 的平地,就可以扎下一顶足够二人而居的“家”,而一顶最轻的帐篷仅 1kg 左右,只要有它在身旁,就有了遮阳、挡风、避雨的屋了,还可以帮助躲避风雪、寒流等,它是我们野外旅行的亲密伴侣,有了它我们就可以安心地旅行;其三,它是最经济的宿营方式,在外旅行,最节省住宿费用的就是住宿帐篷,可以算一下,一顶好的帐篷应当在 450 元左右(可住 3 人),爱惜地使用至少可用 50 次(晚)以上,那么一次的人均成本仅为 3 元左右,3 元一晚的房费不是很便宜吗,因而住宿帐篷既划算又卫生。当然,这些好处的代价就是要预先投资和花力气背带。

一、营地的选择

宿营营地的选择及其建设是关系到全部人员休息的大问题,但营地的选择很讲究,以下是选择营地时应注意的事项。

(1)近水。露营休息离不开水,近水是选择营地的第一要素。因此,在选择营地时应选择靠近溪流、湖潭、河流边,以便取水。但决不能将营地建在河滩上,因为有些河流上游有发电厂，在蓄水期间河滩宽、水流小，一旦放水时将涨满河滩；还有一些溪流，平时水量小，一旦下暴雨，就有可能发大水或山洪暴发，所以一定要注意防范这种问题，尤其在雨季及山洪多发区。

(2)背风。在野外扎营，不能不考虑背风问题，尤其是在一些山谷、河滩上，必须要选择一处背风的地方扎营。还要注意帐篷门的朝向不要迎着风。同时背风也是考虑到用火的安全与方便。

(3)远崖。扎营时千万不能将营地扎在悬崖下面，这样很危险，一旦山上刮大风时，有可能将石头等物刮下，造成伤亡事故。

(4)近村。营地应靠近村庄，如果有什么急事可以向村民求救，在没有柴禾、蔬菜、粮食等情况时就更显重要。近村的同时也是近路，即接近道路，可以方便队伍的行动和转移。

(5)背阴。如果是一个需要居住两天以上的营地，在好天气情况下应当选择一处背阴的地方扎营，如在大树下面及山的北面，最好是朝照太阳，而不是夕照太阳。这样，如果在白天休息，帐篷里就不会太闷热。

(6)防雷。在雨季或多雷电区，营地绝不能扎在高地上、高树下或比较孤立的平地上，那样很容易招致雷击。

二、建设营地

营地选择好后即开始建设营地，尤其是有一定规模的野外露营地。整个营地的建设尤为重要，通常分为以下一些步骤。

1. 平整场地

将已经选择好的帐篷区打扫干净，清除石块、矮灌木等各种不平整、带刺、带尖物的任何东西，不平的地方可用土或草等物填平。如果是一块坡地，只要坡度不大于10°，一般都可以作为露营地。

2. 场地分区

一个齐备的营地应分帐篷宿营区、用火区、就餐区、娱乐区、用水区(盥洗)、卫生区等区域。首先落实宿营地。用火区应安排在下风处，距离帐篷区应在10～15m以上，以防火星烧破帐篷。就餐区应就近用火区，以便烧饭、做菜及就餐。活动及娱乐区应安排在就餐区的下风处，以防活动的灰尘污染餐具等物，并距离帐篷区应在15～20m，以减少对早睡同伴的影响。卫生区应在宿营区的下风处，并与就餐区和活动区保持一定的距离。用水区应在溪流或河流上明确区分上下两段，上段为食用饮水区，下段为生活用水区。

3. 建设帐篷露营区

如有数顶帐篷组成的帐篷营地区，在布置帐篷时应注意：第一，所有帐篷应是一个朝向，即帐篷门都朝一个方向开，并排布置。第二，帐篷之间应保持不少于 1m 的间距，在没有必要的情况下尽量不系帐篷的抗风绳，以免绊倒人。第三，必要时应设警戒线（沟），在山野露宿有可能会遇到威胁性的动物或者坏人的攻击，当然，这种可能性不是没有。可以在帐篷区外用石灰、焦油等刺激性物质围帐篷区画一道圈，这样可以防止蛇等爬行动物的侵入，或者用电子报警系统等办法。

4. 建设用火就餐区

就餐同用火一般是在一起或是相近的地方，这个区域要与帐篷区有一定的距离，以防火星烧着帐篷。烧饭的地方最好是有土坎、石坎的地方，以便挖灶建灶，拾来的柴禾应当堆放在区外或上风处。就餐区最好有一块大家围坐的草地，“餐桌”可以利用一块大平石或者就在地上。“餐椅”同样用石块最好，或者席地而坐，由于地气对人体有害，故可以用各自的睡垫或气枕头代用一下，不要怕麻烦，至少要用雨衣或塑料布。多数就餐时间已经是天黑的时候了，应当考虑照明的位置，不论是用汽灯还是其他方式照明，灯具应当放在可以照射较大范围的位置，如将灯具吊在树上、放在石台上或者做一个灯架将其吊起来。

5. 建设取水用水区

用水、取水一般都在水源处，盥洗用水与食用水应当分开。如是流水，食用水应在上游处，盥洗生活用水在下游处。如是湖水即同样要分开地方，两种用水处应当距离 10m 以上。这种划分是考虑到卫生的需要。另外，取水要经过的河滩地带乱石灌木等物较多，没有小路可寻，故应当在白天的时候注意清理一下，不然晚上取水时就不方便了。

6. 建设卫生区

卫生区即是队员们解手方便的地方，如果只是住宿一晚，可以不必专门挖建茅坑，可以指定一下男女方便处即可。如果队员人数多或者住宿天数在两天以上，就应当挖建茅坑，临时厕所如果建在树木较密的地方，就不用拉围帘了。更要注意不能建在行人常经过的地方。如果附近的溪流多，可以将厕所建在溪流上，在小溪上搭两根大木头，要建平稳并有安全感，大家即可在上面大小便，并将大小便直接排入溪流中，不用耽心会污染河流，小量的粪便会被河流中的生物分解或被自然净化。如果已建了卫生区，大家的大小便就应该在修建的卫生区里进行，而不应满山排泄，而大煞风景。

7. 建设娱乐区

娱乐区可以在就餐区，待就餐以后打扫出来即可，如果场地大，也可以单独划出一块地，只要场地平整即可，同时场地里绊脚、碰头（矮树）的东西要少，因而要进行一般性的清理，在玩一些游戏时应在一个划定的圈子里拉上保护绳，以免不注意发生意外事故。

三、露营气象知识

在户外旅行应当知道一些气象的基本知识，但是气象知识浩瀚无边，这里只针对野外露营常用的气象知识进行介绍。一旦到了户外，就只有听天由命，我们只能认识自然，而不能左右自然。旅途中除了遇到雷雨、大风雪等情况应当停止活动、就近休息外，其他情况均可以继续行动。而在野外露营就需要多考虑一些气象问题。

1. 防雨

防雨是露营气象考虑的重要问题，如果判断当晚有可能下雨，就应当对营地及帐篷进行必要的防雨处理，除选择好营地外，还需要挖泄洪沟，加固帐篷并增强防雨性能，如可以在帐篷外加盖防雨塑料布、雨衣等，将各种旅行用品放置在帐篷中。防雨应在扎营前观察天气变化情况，经常外出旅行多观察、多积累经验就会掌握大概情况。

2. 防风

风向对扎营比较重要，关系到帐篷门、炉灶口开向及营地各区域的整体布置问题。这就需要了解一些地形气候知识，在大湖泊边扎营，其风向是早晚相反变化，白天，地面温度上升快，风向向着陆地刮；夜晚，地面温度下降快，风向向着湖区刮。故应当将帐篷门背风开，而炉灶口应向风开。在炎热干燥的山区同样有相似的情况，白天，由于山谷（谷地）气温上升慢于山坡（山顶），呈上升气流，即谷地向上刮风，而夜晚则呈下降气流，风向谷地刮。故在山谷中扎营时应当事前考虑到这种情况。研究风向及风力，对户外运动比较重要，有条件的可以带上一个风向风力表，或根据下表查知风力，在记日记时不妨记录一天最大的风速。

风力等级	风速（m/s）	自然现象
0 级静风	0.0～0.2	烟柱直上，水面无波，树叶不动
1 级软风	0.3～1.5	弱而无力，烟随风去，树叶微动
2 级轻风	1.6～3.3	人有感觉，树有微响，旌旗始动
3 级微风	3.4～5.4	细枝摇动，旌旗风展，稻谷摇动
4 级和风	5.5～7.9	树枝弯动，灰尘四起，纸飘空中
5 级劲风	8.0～10.7	小树摇动，湖塘起波，庄稼起伏
6 级强风	10.8～13.8	电线有声，撑伞难行，大树摇动

7级疾风	13.9～17.1	迎风难行，全树摇动，大树弯枝
8级大风	17.2～20.7	阻力甚大，小枝折断，江河浪猛
9级烈风	20.8～24.4	吹坏烟囱，小屋受损，瓦片移动
10级狂风	24.5～28.4	行人吹跑，逆风难行，树木刮倒
11级暴风	28.5～32.6	破坏严重
12级飓风	32.7以上	摧毁极大

3. 气温

气温对于户外运动同样重要，我们应当学会气温管理，即掌握在什么季节、什么地区的气温变化及规律，并在此基础上准备相应的装备和服装配置。要学会对气温及变化有一个较为准确的直觉判断，这就需要经常携带一个气温表，经常性地对照观察、体验。一日之中，一般在下午2点为当日最高气温，为其峰值；而夜里2～3点气温是最低点。一日之间的温差叫日较差，日较差的大小与地理纬度、地形、季节、天气状况等因素相关。一般来说，低纬度比高纬度地区、内陆比沿海地区、晴天比阴天、盆地比平原、荒漠比林地的日较差大。在森林中，由于森林的储存功能，日较差小，林中要比无林地气温低0.7～2.3℃，夏季低8～10℃，冬季低4～5℃，同时森林中的湿度也较大，故在森林中露营应当注意这一问题。

第四节 野外生活技能

一、野外如何取水

水在人身体中的含量占近70%。体内所有的生理反应都离不开水，水参与新陈代谢。水能散热，调节人体的体温；水能排毒，它将人体中代谢的毒素排除体外；水是维持肌体生命活动、保持健康不可缺少的物质。据统计，人离开水的极限时间约为150小时(受环境温度影响)。人体因缺水而引起的死亡比人体缺少任何食物而引起的死亡要大得多。人如果缺水缺食，人体体重减少20%左右时就会引起死亡。但缺食不缺水时人的体重减轻30%左右仍能生存，体内的脏器也不会发生太大的损害。因此，绝境中的户外运动者最重要的是先找到水。

(一)野外水源

地球上水的蒸发形成雾和云，当其遇冷凝结，则变化为雨、雪、霜、雹降落地面，一部分水沿地面流动汇集于地形凹隐之处，成为江、河、湖、塘等地面水，另一部分经土壤渗入地下形成地下水。

1. 降水

降水本身是洁净的。但在降落过程中，特别是初期易受到大气微生物、各种工业废气、农药、有毒化学物品及各种有害悬浮物的污染。加之收集困难，受时间限制，因此一般很少作为可用水源。

2. 地面水

地面水包括江、河、湖、塘、小溪，甚至较大的水坑等，为野外生存的常用水源。但因其直接暴露在外，一般混浊度大，且易受粪便、污水、农药、工业废水的污染。如作为饮用水源，必须对水进行净化与消毒。同时还应注意该水源是否处于疫区，如血吸虫病等流行区，取水时一定要加倍小心。

3. 地下水

地下水由于经过砂层土壤过滤，水质在野外水源中是最好的，特别是深层地下水（深水井、泉水）大都可直接饮用。

4. 植物

仙人蕉（野芭蕉）的芯、储水竹的根、瓶树（纺锤树）的茎、高大的旅人蕉的叶柄、野山葡萄的藤和桦树汁等，在口干舌燥时都能解渴。另外，各种野山果、许多树木花草、大多数藤科植物都含有液汁，在将其砍断或剥皮吸吮前一定要尝尝有无苦涩或腥辣异味，看其他动物是否食用，以防中毒。

5. 动物

一般动物的血都可以直接饮用，在电影、电视中我们看到干渴的士兵生饮马血、羊血的镜头。在书中我们读过饮用马尿，还有自身小便的报道。在野外不少鲜活的蛇类、蛙类、鸟类都可以剥皮后嚼碎其肉取汁解渴。另外一些昆虫如蝉、蚂蚱、野蚕、无毒的蛾，其汁都可作为水分补充。

（二）野外找水

利用人体最原始的本能感觉找水。

1. 听

流水声、滴水声一般在岩石上面和岩石下面；在水中生活的动物，如蛙声、水鸟声。

2. 嗅

泥土的腥味、水草味。

3. 看

（1）地面潮湿、水位较高，秋天早上有雾处；周围特别炎热，但这个地方特别凉；

地下水位高，冬天先有霜处；春天解冻早处；冬天解冻晚处。

(2)常长在有水的地方的植物，如水彬、梧桐树、金针、胡杨、柳树、马兰花、芦苇、荠荠草、面条草等(兔子喜欢吃)。

(3)动物：蜗牛、大蚂蚁窝、燕子窝附近。

(4)山谷有薄雾(晴天)水气重。

(5)有些植物本身就含水，如野刺莓、弥猴桃、桦树汁、仙人蕉(野芭蕉)的芯、仙人掌、葡萄藤等。

取水时切记：一看，二偿，三嗅。

一看：水的颜色，水中矿物质含量高，则水会变黄变黑绿。

二偿：偿味，有涩口、苦、咸味。

三嗅：恶臭味。

(三)气候与地面

地面水位愈高，愈容易挖取。

夏季：地面潮湿、不干不热处，地下水位高。

秋季：晨为薄雾，晚露水重，地面潮湿处，地下水位高。

冬季：地表裂处有白雾，地下水位高。

春季：解冻早，冬封冻晚，地下水位高。

植物指示：沙柳、金针、胡杨、芦苇丛、马兰花及青草茂盛处有水。

动物活动：青蛙、蜗牛居住地，蚁穴附近，燕子飞过及巢处，蚊虫聚集飞翔处，均有水。斑鸠有早晚飞向水源的习性。牧民设过的羊圈牛栏附近的地方，野生动物经常出没并有足迹的地带都能发现水源。

地形、地质情况："人往高处走，水往低处流"。这句谚语告诉我们，可以在低洼处、谷地及缓坡斜地去找水。砂页岩在我国分布甚广，其分布在沟谷、盆地或在砂岩与页岩的接触面处往往有泉水涌出。另外在溶洞深处，在各种沉积岩、火山岩和变质岩的裂缝地带，大都能找到直接饮用含矿物质的泉水。

(四)水质鉴别

洁净水饮用起来是无色无味的，水浅时清彻透明，水深时为美丽的淡蓝色。

(1)肉眼观察。水质呈黄色为腐败物污染，水质呈绿色为低价铁污染，水质呈黄棕色为高价铁污染或锰元素污染，水质呈黑色为严重工业污染。

(2)嗅觉。凡被污染不能饮用的水大都有腐败、恶臭、农药、霉变、铁锈或咸腥等异味。

(3)味觉。含有机物污染的水质味甜，含氯化钠污染的水质味咸，含硫酸镁或硫酸钠的水质味苦，含铁污染的水质味涩，含某些农药的水质味辣。

凡以上口味异常、颜色怪异、气味恶心的水均不能饮用。

(五)野外取水和水质的改善

在野外取水,有时相当困难,特别是随着工业化的发展,不少过去的优质水源都或多或少地受到污染,特别是地处下游的河段,因此应了解上游的工业化生产情况,对混浊的湖泊、池塘应观察水源里是否有生物、周围植被的生长情况(是否花草枯萎退色),对必须饮用的不良水源要进行水质净化、过滤加以改善。

1.降水的收集

在野外地下水源难以找到,而地面水源污染严重或地处荒岛、沙漠、高山等无水地带,可充分利用天气情况收集降水(雨水、雪、冰雹),在降水的前段不要收集,可以利用前段降水冲洗雨衣、雨布或其他接水容器的灰尘和污物;然后再收集降水并保存。收集冰雪时,先除去表面,取深层冰雪并尽量凿成大块保存。

2.地面水的收取

当地面水混浊污染或是疫区水源时可用以下方法收集水。

(1)过滤井。在水源上风处挖一直径为1m左右的坑,直至有水渗出,再往下挖数十厘米,底部放入大小不等的石块或塑料布(图3-7)。

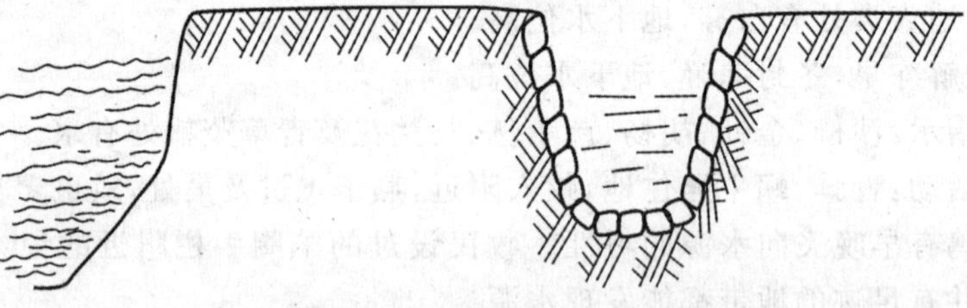

图3-7 利用过滤井的方法收集水

(2)沙滤桶。利用水桶,在其下部侧壁用竹管或其他管子安好出水口,底部垫上石块(12cm)、麻布或棕树皮两层盖在石块上。上面装入沙子或木炭(20cm),再装入10cm厚的石块(图3-8)。

(3)布滤水器。用粗铁丝绕在打上孔的竹管或橡皮管上,绕成长圆形,用4～6层布将铁丝缠紧。使用时将布滤水器投入浑水中,按虹吸原理将清水引出。

3.野外水质的改善

饮用混浊、有色、异味的水不但使人厌恶,对健康亦有影响,而有时过滤后的水仍达不到饮用要求,这时可根据野外现有的条件,灵活地使水质得到进一步改善。

(1)加矾改进水质。每升水中加入10%明矾1ml或直接加入0.2～0.5g明矾搅动数分钟,直到出现絮状物为止,静置半小时后水可澄清。

(2)野生植物净水法。野外生长的仙人掌、仙人球、木芙蓉、贯众、梧桐树、榆

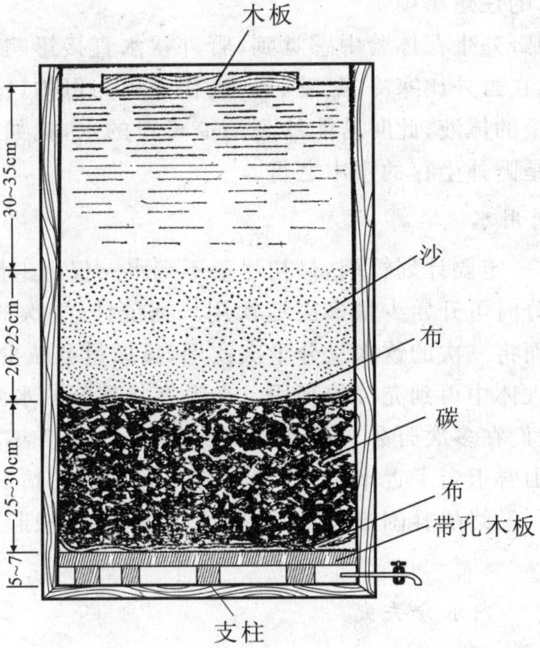

图 3－8　利用沙滤桶的方法收集水

树、马齿苋、丝瓜叶等都有一定的净水作用。将上述植物的黏性部分捣烂包于纱布中，用手握住在水中边挤边搅动，直至出现絮状物为止，沉淀 3～5 分钟后，水即澄清。用量为每升水 5g 左右。

4. 野外饮水的消毒

水质净化后可除去杂质和一定的病原体，但仍有一定数量的病原体和细菌难以灭除，饮用仍不安全。为了更好地适应野外生存的需要，保证身体健康，必须对饮用水加以消毒。

(1)煮沸法。此方法简单，特别是在冬季野外生存中能喝到热水，对保暖增温、消除疲劳大有益处。此法不仅能杀灭病原体细菌，对一些毒素(肉毒杆菌毒素等)和大部分化学毒剂都能清除。在野外条件允许时应尽量喝开水。

(2)药物消毒法。①用含氯药物消毒，取 2mg 的净水片 1 片，压碎后放入盛满水的军用水壶中，溶解后过 30 分钟饮用。②氯溴三聚氰酸(饮水消毒片)1 片，放入盛满水的军用水壶中，溶化后 3～4 分钟即可饮用。③碘酒 4～6 滴，放入军用水壶中摇荡数下亦可饮用。

(六)野外饮水的注意事项

我们在多次的野外生存体验中感觉到,野外饮水直接影响到生存体验是否能够顺利进行。缺水在野外比寒冷、酷暑、饥饿、伤痛更为可怕,特别是野外行军、爬山、作业消耗了大量的体液,此时若能饮到清凉可口的水,犹如机器加足了油而能量倍增,野外饮水是野外生存的重中之重。

1.合理地计划用水

现有的自带水一定要计划饮用,最初尽量不喝水。仅用少量的水湿润口腔、咽喉,在身体需要水分时可开始少量多次地饮用。据统计,一次的饮用水量大时,排除的尿量也加大,而将一次的饮水量分十次饮用,排尿量会减少到原尿量的 1/5 左右,使宝贵的水在人体中得到充分的利用。在没有找到新的水源情况下,千万不要把水饮尽。这是我们在多次野外体验中得到的经验。1997 年在湖北省神农架探险时,在天门垭的山脊上走了近十小时,在没有任何水源的情况下,我们就是靠仅存的半瓶当地黄酒,最终战胜困难危险,顺利回到了驻地,想起当时的情景还有些后怕。

2.尽量减少身体内水分丢失

环境和温度对人体水分的消耗量是非常重要的因素。环境干燥,天气炎热,身体内水分的丢失严重,在无法获得饮水补充时,应当积极寻找荫凉处,避免烈日暴晒,减少活动尽量保持安静,寻找水的时间多放在清晨或傍晚。20 世纪 70 年代新疆地质矿产局的一辆汽车在沙漠中抛锚,在车辆无法修复的情况下,车上四人发生争论,结果两人弃车离开,沿路返回,另外两人因考虑天气太热无法走出沙漠,他们就在卡车下躺倒避开炎炎烈日,靠着顽强毅力坚持到营救队的到来,而其他两人却因身体水分的大量丢失,惨死在返回的路边。

3.关于海水的饮用

过去有许多资料介绍,海水是不能直接饮用的,含有高渗钠离子的海水会破坏人体的生理平衡,导致体内高渗压而大量排尿,使人更加缺水。但亦有报导,遇险的海员短时间内少量饮用海水而延长生命,赢得获救;拒绝饮用海水的海员中少数人丧生。还有人试验,从落海中第一天饮用海水,每次 50ml 以下,每日不超过 500ml,连续 4～5 天后再饮用淡水。试验结果表明,受试者身体功能很快恢复正常。看来适当少量地饮用海水也能在短期内维持生命。但饮用时一定要根据身体情况而定,每次一定要控制在 50ml 以下;间隔时间一定在 90～120 分钟左右;每日饮用量 500ml 左右。如发生血尿、肢体颤抖、头晕眼花,应立即停止饮用。

二、野外觅食

动物中蛹、蚯蚓、蚕、蜻蜓、知了、蜗牛、蚂蚁、蛆、鱼均可食用。

捕鱼的方法有:钓、筑堤、圈、炸、笼、叉鱼、浑水摸鱼等。

抓捕大型的动物既要判断是否凶猛动物,又要判断是食肉动物,还是食草动物,可用粪便和蹄印来判别,食肉动物的脚印是奇蹄数(图 3-9,图 3-10)。

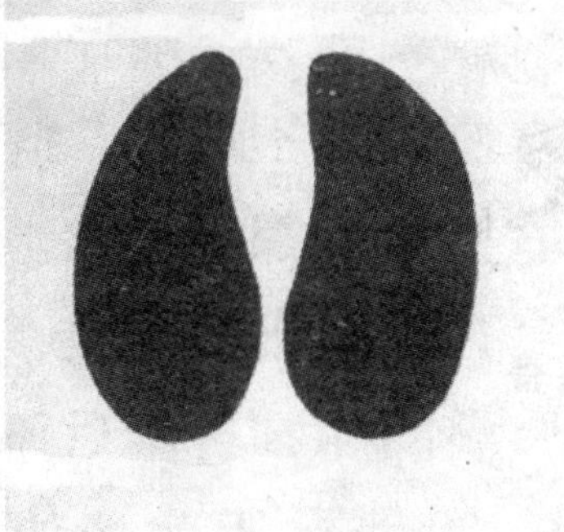

图 3-9 食草动物的脚印

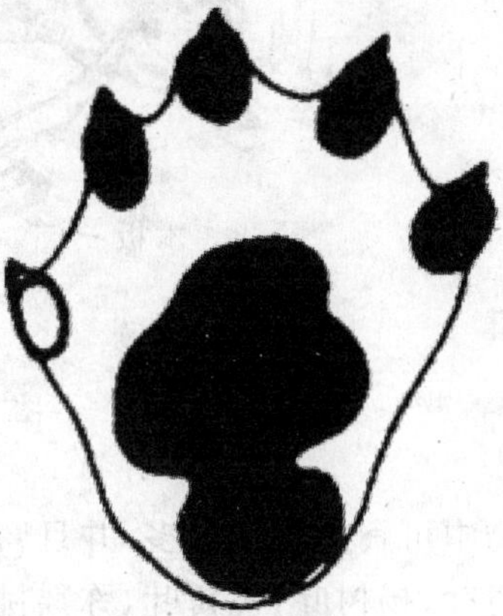

图 3-10 食肉动物的脚印

狩猎方法有枪猎、犬猎、网猎、套猎、夹猎、伏猎、陷阱猎、箱笼猎、洞猎等方法(图 3-11,图 3-12)。

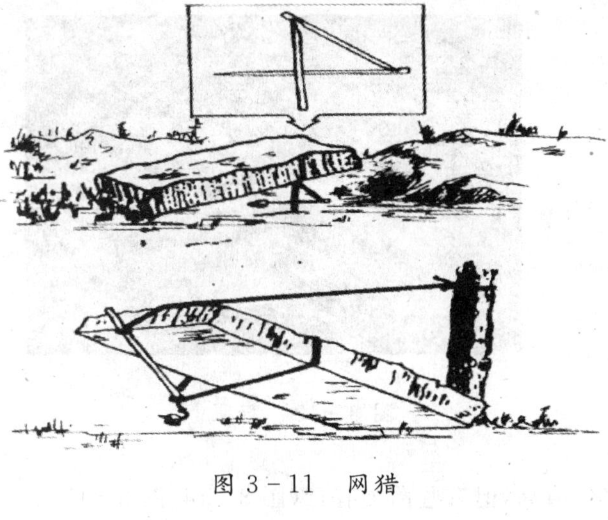

图 3-11 网猎

图 3-12　套猎

植物中可食的植物很多,并且营养价值高。

桦树叶、杨树叶、槐树叶、弥猴桃、野刺梅、野蒜、地菜等均可食用。

颜色越鲜艳越不能吃,不确认的不能吃。有两种以上动物吃过的可以吃。可以将植物切开口投点盐,毒是生物碱可以和盐起反应,有苦味变色有毒;舌头舔舔,苦有辛辣味有毒;苔涩味有毒。少量吃一点,等 8～12 小时没有不良反应才可以大胆吃(图 3-13)。

图 3-13　野果

真菌的营养价值高,但有些菌类有毒(图 3-14,图 3-15)。

图 3－14　有毒蘑菇

图 3－15　无毒蘑菇

三、取火用火

(一)野外点火的方式

1. 火柴

火柴是最便利的点火工具。可以多携带一些标有“非安全”、“可以在任何地方划着”标记的火柴，把它们扎成一捆放在防水容器内，防止它们相互摩擦以致自燃，另外也可防止火柴自身变潮。

注意：即使火柴受潮，也是有办法补救的。如果头发干燥并且不油腻，可将潮湿的火柴放在头发里摩擦一番，头发产生的静电会使它干燥。

另外，通过在火柴上滴蜡可防止火柴变潮。点火时，可用指甲将蜡层剥除。

使用凸透镜：强烈的阳光通过凸透镜聚焦后，可产生足够的热量点燃火种。其中，取火最为迅速的是照射汽油和酒精，可在 1～2 秒内点燃火种。

放大镜或望远镜以及照相机里的凸镜，都可以代替凸透镜来点燃火种。另外，在手电筒反光碗的焦点上放置火种，向着太阳也能取火。如果在有冰雪的环境下，将冰块加工成中间厚、周边薄的形状代替凸透镜也是可以的。

2. 击石取火

找一块坚硬的石头做“火石”，用小刀的背或小片钢铁向下敲击“火石”，使火花落到大火种上。一条边缘带齿的钢锯比普通小刀可产生更多的火星。当火种开始冒烟时，缓缓地吹或扇，使其燃起明火。当然并不是任何一块石头都能点燃火种，石头击出的火花必须有一定的热量和持续时间才能点燃火种。

3. 电池生火

若有电量较大的电池，将正负两极接在削了木皮的铅笔芯的两端，顷刻间，铅笔芯就会烧得像电炉丝一样通红。

如驾车旅行的话，可取两根长导线，连在电瓶的正负两极接线柱上。如果没有电线，可以用两个扳手或其他金属工具代替。如导线不够长，可将电池从车中取出，将两根导线末端慢慢接触，短路会产生火花。这时，一块沾了汽油的布是最好的火种。

4. 弓钻取火

用强韧的树枝或竹片绑上鞋带、绳子或皮带，做成一个弓子。在弓上缠一根干燥的木棍，用它在一小块硬木上迅速地旋转，这样会钻出黑色粉末，最后，这些粉末会冒烟而生出火花，点燃火种。

5. 藤条取火

找一根干的树干，一头劈开，并将裂缝撑开塞上火种，用一根长约两尺的藤条穿在火种后面，双脚踩紧树干，迅速地左右抽动藤条，使之摩擦发热而将火种点燃。

6. 其他方法

在平坦的木板上摩擦玻璃片也能生热发火。待剧烈摩擦发烫时再将火种吹燃。

还可用两块软质的木头或竹片用力相互摩擦取火，下面垫以棕榈树皮或椰子叶底部的干燥物作火种。也可以在一块软木底部刨一条直沟，然后用一根矛状硬木尖端前后“犁”行，这样首先产生出火种，最后将其点燃。

(二)点篝火的方法

1. 密林篝火

横放一根较粗的圆木，上面斜搭几根较细的干木头，一边烧一边挪动。这种方法适用于冬季无遮棚的露营。

2. 星形篝火

把 5～10 根圆木的一头，并拢如星形，从中心点燃，然后一边烧一边把圆木向里推。这种篝火热量很大，甚至几个人可围绕着它在雪地上睡觉。

3. 长条形篝火

用两段约为人体长的圆木顺风叠放，边上打入湿木锲，防止圆木滑落。两木之间加撑子，留出空隙，以利燃烧。这种篝火燃烧时间较长，几乎无需调整，适于冬季露营时取暖。

4. 圣殿火

如果地面潮湿松软或积雪深厚，则需要搭建一个高出地面，悬在空中的平台，这就是所谓的圣殿。这种炉台由一个高出地面的平台(由刚砍伐的新鲜木材建造)构成。四根木桩竖直，叉点上横担着木棍，在上面放置一层圆木棍，再覆盖几层土或石头，才可在上面生火。成对角线的两根最长的直木上，横担一根木棍，用来悬挂锅等器皿。

5. 风中生火

如果风力强劲，可以挖一处壕沟生火。也可用以下方式：用岩石块将火堆围住，以使热量散失减慢，保存燃料。岩石上可放置器皿烧煮食物。另外，岩石散发的热量同样可以用来取暖。还可以用岩石垒成炕。

图 3-16　火堆

注意：火堆边不可放置潮湿或带孔隙的岩石或石头，尤其是曾经浸泡在水中的岩石更要小心，它们在受热时可能爆炸。还要避免使用板岩和较软的岩石，通过岩石间彼此猛烈撞击就可以检验出来。一切有裂隙、高度中空或表面易剥落的岩石都不可使用。如果它们含有水分，则膨胀速度更快，极易爆裂，迸溅出致命的碎片(图 3-16)。

四、如何应对自然灾害

户外运动爱好者在参加活动时，会遇到各种自然灾害：泥石流、洪水、雷电、雪崩等，这些事件虽然是人力不可抗的，但是可以尽量躲避，每种事件都有规律可寻。参加户外运动之前，应学习如何应对普通的自然灾害。

1. 雷暴

雷暴最初通常是由小块积云发展开始的，然后迅速发展，经过浓积云发展时期并进入成熟的积雨云阶段，它是一种猛烈的、恶劣的而急剧变化的天气。野外活动人员应注意以下几点：

(1)当积云开始堆积，并且变黑时就有可能发生雷暴。

(2)雷暴通常持续时间很短，要保持镇静，不要害怕，留在可躲避的地方。

2. 闪电

闪电的危险性在于击穿物体和人体，引起火灾，以及所产生的雷声震破人的耳膜。因此应该记住：

(1)汽车往往是极好的避雷设施,可以躲在汽车里。

(2)最好的防护场所就是洞穴、沟渠、峡谷或高大树丛下面的林间空地。

(3)如果在露天,应远离孤立的大树高度的两倍距离之处蹲下。

(4)当你感觉到电荷时,即头发竖起,或皮肤颤动了,那很可能就是受到了电击,要立即倒在地上,施以自身保护。

(5)如果在孤立的凸出物附近躲避,则该凸出物的顶部至少应高出自己头部15～20m。

(6)离开垂直的墙壁或悬崖,应避开裸露的山峰和山脊以及平坦的开阔地形。

(7)避开地裂缝、成片地衣以及悬空岩石。

(8)万不得以,可以坐在散乱的石块中间。

(9)在地形险要处,要用绳子把自己拴牢。

(10)如果进洞避雷,应离开所有垂直岩壁 3m 以外,以免岩壁导电伤人。

3. 山洪

大雨时,由于降水很急,使得地表来不及吸收雨水,冻土和岩石也难以阻止雨水下泄,这些会加剧山洪的威胁。所以当雷暴活动剧烈时,要避开易聚水的长沟和河床以下的平坦延伸地带;离开易受洪水淹没的地区,必要时应弃装向较高地带转移,同时注意不要试图徒步涉过已达膝盖的溪流。

第五节　徒步穿越

徒步穿越,是指在徒步区域里主要靠徒步行走去完成起点到终点的穿越里程,中间可能要跨越山岭、丛林、沙漠、雪原、溪流、峡谷等地貌的一种户外活动。野外综合技能要求较高,集登山、攀岩、漂流、溯溪、野外生存于一体。穿越人员必须要具备良好的体能、稳定的心理素质和道德水准,同时还要有乐于助人的团队精神。一次成功的穿越,要在行动前精心定制一份好的穿越计划,要对徒步穿越的区域进行了解,包括穿越期间的天气、地貌、难度、风险系数,所需的装备、食物、药品,等等。

徒步穿越因富于求知性、探索性、不可预见性等特点,穿越者必须掌握相关野外生存的知识与技能,去应对千变万化的野外情况。

徒步穿越含山地丛林、沙漠荒原、雪原冰川、峡谷、平原、山岭、长城、古道、草地、环湖、江河等多种徒步。

健康的体魄与良好的体能储备是徒步穿越最重要的条件之一。这些没有捷径可走,必须制定适合自己的一个体能训练计划,在耐力、力量、负重行走等方面渐渐增进,体能耐力训练可以通过游泳、爬山、长跑、骑自行车等练习去获得,力量训练可以每天坚持做俯卧撑、举哑铃、仰卧起坐、引体向上等练习去获得。

一、徒步行走的基本原理及要领

徒步行走不仅仅是腿部运动，而是一种全身运动，要注意通过摆臂来平衡身体，调整步伐。控制节奏，最好的行走速度是走而不喘，脉搏尽量不要超过120次/分钟，背部肩沉背挺，用腹部深呼吸，全脚掌触地，从脚跟到脚尖位移，任何时候（特别是在感觉累、身体沉重时）都要按自己的行走节奏去走，不要时快时慢，时跑时停，应尽量保持匀速。

刚开始徒步可以放缓一点，让身体每个部分都先预热，有一个适应的过程，5～10分钟后才加快步伐。行走中从安全角度出发，队员之间应该保持一个合理的距离，一般为2～3m，这样可以避免有人因各种原因暂停时，如系鞋带、脱衣服、喝水等影响到后面的队员。暂停队员与前进队伍也不要互相影响，一般情况下，暂停队员靠右边停留，前进队员从左边跨过。与迎面而来的其他队伍相遇时，也是按照右行规则，礼貌相让通过。暂停人员与队伍的安全距离一般在白天不能超过10分钟或者200m以内，夜晚必须在5分钟或者20m以内。在行走中，要养成一个良好习惯，集中精力行走，不要边走边笑，打闹嬉戏，更不能大声歌唱，这样不但会分散其他队员的注意力，同时还会消耗自己的体能。

行走在上坡时，重心应在脚掌前部，身体稍向前倾；下坡时重心放在后脚掌，同时降低重心，身体稍微下垂。无论上坡下坡，对于坡度较大的坡迹，应走“之”字形，尽量避免直线上下，这是一种相对安全的走法。上下坡时，手部攀拉的石块、树枝、藤条，一定要用手试拉，看看是否能够受力，再去做其他攀爬上下动作。经常有队员因为拉的是枯萎腐烂的树枝、藤条，而跌倒受伤，导致意外发生。

行走中的休息原则也要讲究方法，一般是长短结合，短多长少。途中短暂休息尽量控制在5分钟以内，并且不卸掉背包等装备，以站着休息为主，调整呼吸；长时间休息以每行走60～90分钟休息一次为好，休息时间为15～20分钟。长时间的休息应卸下背包等所有负重装备，先站着调整呼吸2～3分钟，才能坐下。不要一停下来就坐下休息，这样会加重心脏负担。可以自己或者队员之间互相按摩腿部、腰部、肩部等肌肉，也可以躺下，抬高腿部，让充血的腿部血液尽量回流心脏。谨记：休息是主动的、积极的，而不仅仅是躺下休息这么简单。

徒步行走时，应带足饮用水，每人每天约3L的量，根据天气情况增减，宁多勿少。如果途中溪流、湖塘、沟河有水补给，一定要先观察水源的污染情况，是否有人畜活动，是否有动物尸体倒于水旁，有无粪便、毛虫污染，是否发黑发臭。根据观察到的情况，采取沉淀、过滤、离析等方法处理后才能饮用。一般情况下最好先用少量水珠涂擦嘴唇，等过3～5分钟后，嘴唇不发麻发痒、无臭无味再饮用。野外补充的水，有条件的话最好煮沸五分钟后再饮用。喝水要以少量多次为原则，喝水也是主动的，不要等口渴了才被动喝水。每次喝两三小口为好，太口渴了可以缩短喝水的时间，增加几次喝水次数。一次喝水太多，身体吸收不了浪费宝贵的水源不算，反而增加心脏的负担。一般的徒步等户外运动消耗水分的补充方式最好是250CC/15min为好。正常的徒步时间里排尿也应该是4小时排1次，可以通过观察排解的尿液颜色，了解自己体内水分脱失症状。尿液呈深黄色，微感口渴，脉搏速度正常为轻微脱水症状；尿液呈暗黄色，口内黏膜干燥、口渴，脉搏速度加快但弱为中度脱水症状；重度脱水症状为无尿液，脸色皮肤苍白，呼吸急促，口渴昏睡，脉搏快而无力很弱。

二、各种地形的徒步行走

(一)简单路面行走

公路、马路、石板路的路面较硬，走路时不宜步幅过大，不宜脚掌用力着地，以防过早疲劳和脚掌脚趾打泡。田埂小路上行走，步幅要小，有时可两臂伸开保持平衡。阴雨天，两脚掌稍向外，以防滑倒。软地、河滩行走，要全脚掌落地，步幅要小，着地要轻。

(二)山地行走

山地是地面起伏显著、群山连绵交错的地区。我国是一个多山的国家，山地面积达300×10^4 km^2，约占全国陆地面积的1/3。我国山地面积广大，但山脉分布大多具有定向排列的规律，其中东西走向的山脉有天山、阴山、昆仑山、秦岭、南岭；南北走向的山脉有贺兰山、六盘山、横断山；东北—西南走向的山脉有大兴安岭、太行山、雪峰山；长白山、泰山、武夷山；台湾山脉；西北—东南走向的山脉有阿尔泰山、祁连山、喜马拉雅山。此外，还有数不清的中小山脉遍布于全国各地。可以说名山大川、原始森林、自然保护区、珍贵的野生动植物和宝贵的矿产资源等，多数分布在山地上，是现在和将来需要继续探险、考察、开发的重要地区。

1. 山地行走的一般方法

山地一般坡面陡峻，地形复杂，谷狭岭窄，崖高石多。山地行走应有路走路，在无路可走时，可选择纵向的边缘以及树高林稀、草丛低疏、空隙大的地形行进。一般不要走纵深大的深沟峡谷和草丛繁茂、藤刺交织的地方，尽量走梁不走沟，走纵不走横。

2. 复杂陡峻的山地行走

在复杂陡峻的山地行走时，要判断和选择有利地形通过。一般情况下，应该避开高坎、壕沟，避开藤刺交织、蛛网密集、草高茅深的地带，避开碎石坡。在爬30°以上的上坡时，直线上行容易吃力，不容易踩稳双脚，可采取“之”字形上升法。攀登生长有树木的陡坡时,一边用手抓住树木引身向上,一边将脚移至树的根部稳住身体。下陡坡时,为防滑倒,应待脚跟站稳后,再松开抓住树木的手。也可采取坐在地上,身体往后仰,两臂伸开用手抓住两边的树木、岩石,两脚慢慢前伸,待脚落地并踩稳后,再松手。南方多竹林,下竹林陡坡时,因竹叶铺地光滑,应先伸手抓住竹子,使身体依靠竹子的牢固性稳住后,再移动脚靠上去,依次而行,既不会滑倒,又有一定速度。攀登生长杂草或小灌木的陡坡时,注意不要乱抓草蔓,以免连根拔出或枝断使人摔倒。若不小心滑倒时,应立即面向山坡,张开两臂,以减低滑行速度。除密林外,不要面朝外坐,因为那样会滑得更快,在较陡的斜坡上还容易翻滚。

3.岩石坡的攀登

在攀登岩石坡之前,应对岩石进行细致地观察,仔细识别岩石的质量和风化程度,然后确定攀登的方向和通过的路线。

如果岩石坡峻峭陡壁、高耸光滑,最好另辟蹊径绕道走。盲目攀登不但无效,还会造成危险。但有些陡峭的岩石坡往往有一条或多条林带顺着岩缝或岩谷直伸峰顶,沿着林带攀登一般比较安全。攀登长有稀疏草木的陡峭岩石壁时,如需抓住山崖上的小树助力,一定要仔细挑选根基扎实的树。有的树木枯死后,树干上长有青苔或被青藤缠绕,仍像活树,如果不仔细加以分辨就靠它助力登爬,是非常危险的。遇到这种情况时,可靠的方法是先用手试试这棵树是否经得起拉拽,如果树干枯朽,树根松动,说明此树不足以借力。

(三)穿越丛林

丛林是陆地上大片生长的茂密树林。根据地球上不同的气候区,可分为热带雨林、亚热带雨林、温带雨林等类型。

不同的森林虽具有不同的特征,但都与山脉互为依存,并且地形起伏,草木丛生,穿越困难。进入丛林,如果没有指南针和地图,就如同进入茫茫大海,难以分清南北。同时,茂密的树林处处挡住人的视线和去路,如果盲目行动,非常容易被困住。

丛林行走的原则是,有路走路,有大路就不走小路,因为一旦离开了道路,就难以确定自己所处的位置,增加穿越难度。

穿越丛林时,最好穿着长衣长裤,有条件的可进行绑腿,尽量减少皮肤的暴露,以免被藤刺所伤。穿着短衣短裤穿越茂密丛林,虽然干净利落,但通常都会遍体鳞伤,是极不合算的。

穿越草深林密、难度很大的丛林时,可采取绕、砍、压、打、钻等方法。

绕:就是尽量选择空隙多、藤刺少、草木稀疏的地形通过。密林中如出现成片平缓的裸露岩石,是通行和休息的好去处,应选择从岩石上通过。

砍:用砍刀砍去阻碍前进的树枝藤刺,开出一条可通行的路。砍刀最好是砍柴刀,刀柄长短以使上劲为准,但用砍刀开路容易消耗体力,如果是团队行动,可互相轮换开路。开路的要领是“刀磨快、把握好、三砍两拨就成道”。

压：穿越深长的杂草区、小灌木丛时，可用长棍横插在草丛、小灌木丛的下部，然后用脚使劲踩住长棍，使长草或小灌木成片倒伏在一边。如果没有长棍，也可用脚直接踩住长草、小灌木的下部使其倒伏。

打：通过蛛网密结、吊虫悬挂、枯枝挡道、藤刺扑面的丛林区时，适宜采用打的方法，即用木棍、手杖、长竿、长刀等对前面的阻挡物进行拨打清除。

钻：有些丛林区中上层枝繁叶茂、藤刺交织、密不透风，但下层留有空隙，可低头弯腰或匍伏钻过去。如下层也难以穿过，可选择小沟谷通过，因为山地丛林地带的小沟谷因雨水冲刷，一般不长树木或树木稀疏，但沟的两边因受水的滋润，反而植物生长更为茂盛，直至把沟谷覆盖。这样的沟谷如同隧道，用钻的方法最为省时省力。需注意的是春夏季节，需防喜湿的蛇虫伤害；秋冬季节，小沟通常干涸，但落叶粉末容易钻进衣领，可用毛巾、衣服包住头部和颈部后再钻，也可用长棍敲打后再钻过去。

丛林穿越有两种方法：

一为密集通过：即队员在丛林穿越过程中间隔为 30～50cm；

二为疏松通过：即队员在丛林穿越过程中间隔为 150～200cm，既可以预防队员之间的相互影响，也可以预防荆棘的划伤。

穿越十要：

(1)进行穿越活动时，要确认队员的身体条件符合基本要求；

(2)在未知区域穿越时，一定要雇用向导或有经验的专业人士；

(3)穿越时要安排有经验的教练走在队伍的最前面；同时安排身体素质较好且有经验的教练走在队伍最后，负责收拢掉队的队员；

(4)在穿越坡度较大或临近悬崖及滚石区时，要做好保护，保持身体重心的平衡，依次轻巧、快速通过；

(5)穿越时宜以 6～8 人为一小队，每队要安排一名带队教练；

(6)要利用通讯器材(对讲机)，保持队伍之间的顺畅联系；

(7)进行丛林穿越时，要注意携带药物，以防毒虫、毒蛇咬伤；

(8)穿越中要穿长袖衣裤，以避免荆棘、灌木丛等植物对队员身体的伤害；

(9)丛林穿越时，要做好路标，路标的颜色应与大自然颜色有明显的区别，以红色、黄色最佳，也可以用石块做路标，制作的路标应有清晰的指向，且在短期内不会被破坏；

(10)在天气晴朗、能见度高时，要佩戴墨镜或偏光眼镜，以防紫外线灼伤眼睛。

穿越十不要：

(1)穿越中应保持匀速状态，不要时快时慢；

(2)严格按照教练员要求的行进路线,不要做力所不能及的事情;

(3)在有碎石、青苔、伐倒的树木等区域,不要跳跃前进,以防摔倒造成意外;

(4)穿越中应提醒队员,不要大声喧闹、唱歌或打闹嬉戏,以免影响队友,造成不必要的意外伤害;

(5)休息时不要大口饮水,而应该小口多喝,同时注意所带的水不要饮完,留适量以备应急;

(6)应提醒队员保持队伍序列,不要前后乱跑,影响队友,浪费体能;

(7)涉渡河流时,应注意观察水温、水速、水深,不要贸然下水;

(8)穿越前应检查队员背包的装包情况是否合理,尽可能不要使用背包的外挂;

(9)穿越中应尽量饮用携带水,不要随意饮用自然水,以免产生中毒;

(10)发生事故或伤病时,队友之间应及时救助,同时向外界紧急求助,不要擅自处理,以免加重伤势,耽误治疗。

(四)涉渡河流

河流是地球表面较大的天然水流。每条河流一般分为河源、上游、中游、下游、河口五段,直接注入海洋的河流称为外流河,注入内陆湖泊或消失于沙漠之中的河流称为内流河。我国是一个河流密布的国家,流域面积在 1 000km^2 以上的就有 1 500 多条,此外还有数不清的溪流、涧流,众多的河流给人们的运输、灌溉带来了便利,但它也是跋山涉水的障碍。

不同的河流具有不同的特性,涉渡时必须加以注意并区别对待。如森林、草原中的河流,河床性质复杂,需探明情况后再决定用什么方法通过。山区河流通常流水湍急,水温低,深潭浅滩交错,河床坎坷不平。冰源河受阳光照射融化后难以通过,等等。

野外渡河最好的方法当然是乘船,既安全方便,又能承载物资,不会弄湿衣服,但在野外活动中,极难遇到“野渡无人舟自横”的运气。造船则需要材料、工具、技术和时间,不是随便能办到的。因此,野外渡河还必须采取比较现实的方法。

一般在河水较浅、流速缓慢、宽度不大的河流中进行。徒涉场一般应选择离对岸近、岸坡徐缓、深度较浅的地方。徒涉时,应保持身体平衡,最好用一根长竿或棍杖支持在水的上游方向移动前进。集体涉渡急流时,应当 3～4 人组成一排,彼此环抱肩部,身体强壮的在上游方向,也可手拉手前进。河中的石子多为卵圆形,一般可赤脚涉渡,如果是卵石较多的河流,应当穿鞋,以免尖石划破脚。急流水深过膝时,通常已很难在水中站稳,如水深过腰,则容易把人冲走,绝不可冒险涉渡。

1. 泅渡过河

水深流缓,不能徒涉的河流,宜采用泅渡方法进行。泅渡之前应当把服装和物品整理妥当,要求利索简便,不兜水,不妨碍动作,不易松散和丢失,便于保持身体平衡等。在整理服装时，要解开领口，翻出衣裤口袋，把衣袖、裤腿平整地卷叠到手臂、大腿的适当位置。

泅渡前应仔细观察河流的水温、水速、水深，若水温低于17℃不宜渡河，若水速高于3m/s不宜渡河，如果河流中有回流，应尽量避开回流水段。

泅渡过程中如果遇到回流，应加快速度向上游的方向游，尽快脱离回流段。如果遇到漩涡，应保持镇定，使身体在漩涡中平行漂浮，然后脱离漩涡。

泅渡是一项技能，如有一定的游泳技术可游泳直接渡河。如果河面广阔，为安全起见和方便器材渡河，在野外可自制简便的渡河器材。

泅渡注意事项：

(1)泅渡前应仔细检查队员的装备、衣物等，避免泅渡过程中产生不必要的意外；

(2)泅渡时应保持一定的顺序，确保安全、有序、合理地渡河；

(3)如有队员遇险，应保持冷静，采取正确合理的救援方式进行救援；

(4)如果河水流速过快、过深，应做好保护过河，保护点应设在泅渡者的上游进行保护；

(5)保护者应密切观察被保护者的泅渡过程，如有意外，应采取直接、快速、合理、有效的应对措施进行救援。

2. 拉绳渡河

先由能力最强者在身上捆好绳索渡河，其他人在岸上拉住绳索，一旦渡河者滑倒或被水冲走，岸上的人迅速拉动绳索将渡河者拉上岸。如果第一位涉渡者顺利过河上岸，解开绳索后即可与对岸的人一起控制绳索帮助其他人渡河，也可将绳索固定在两岸的树杆、巨石上，让过河者两手抓住绳索交替过河，但最后一个渡河者须将绳索从树上解开系在自己身上，绳子另一头由已过河者控制，一旦出现意外，即可由岸上的人把最后一个渡河者拉拽上岸。

3. 架桥通过

遇上河流狭窄、水深流急、无法涉渡的山区溪流、森林河流时，可就地砍伐树木(竹子)架桥通过。架桥处应选择两岸距离最近、高低比差不大、不会坍塌的地方。架桥的方法是：把砍下来的树木削去枝叶，竖起来倒向对岸并排靠拢，用藤条或绳子绑紧。如树木较粗无法控制倒向，可用绳子捆住树木的上端，竖起后几个人一起放绳，将粗木慢慢放倒在对岸。架桥的树木应有足够的长度，以确保两头的承受力。为防止树木滚动，可以挖一沟槽，把树木一头嵌进槽里，并用石头塞紧。独木桥容易滑倒，要多砍些树木倒横过去，使所架的桥安全可靠。

4. 筏渡

此内容将在第九章中详细介绍。

第六节 户外绳结

对于从事野外活动的人们来说，结绳法是一定要学会的技巧之一。自由自在地灵活运用一条绳索，便能在生活上更快乐，在行动上更安全。

确实地学得几个重要的结绳法，又能将这些方法活用在各种状况下是非常关键的。只要学会本书所介绍的结绳法，便能解决在野外所产生的一些问题了。

一、绳索的构造

绳索分为捻织及编织两种(图 3－17)。

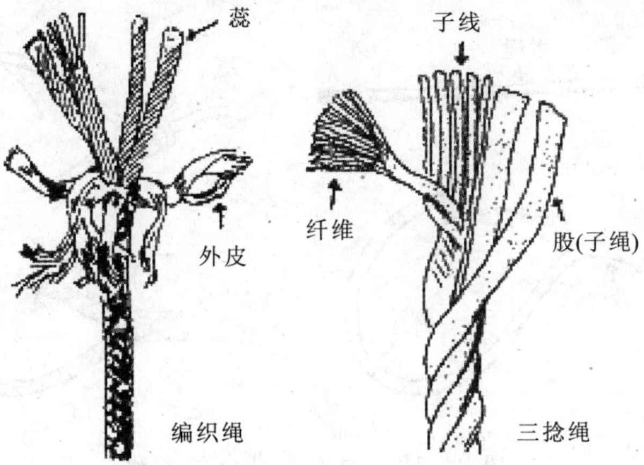

图 3－17 编织绳和三捻绳

三捻绳是由三条子绳捻成的。一根根的子绳是由子线搓合而成，而子线也是由数十条的植物纤维搓合而成。因此，此类绳索就被称为捻制绳索。在现今的野外活动中，捻制的绳索似乎不常用，而在二次大战前，据传有人把搓合过后的马尼拉麻绳当作登山绳来使用。

现在登山用品店里摆设的登山绳及普通绳索，几乎都是尼龙制的编织绳。此类绳索是由形成核心的芯包上外皮而成的。外皮及芯都是由尼龙材料制成。如果手上有一条直径 5mm 的尼龙帛编织绳的话，把它切开来看，中间就会显露出一条白色的尼龙芯。这个芯是由四条三层的绳子搓制而成。即便如此，一条有芯的绳索里由四条三层的绳子编成，但并不把它们搓合起来，而是将它们并列排好再覆以外皮。

在使用绳索之前，了解绳索的构造绝对是有百利而无一害的。

一般来说，尼龙材料的编织绳比捻制而成的还要富有柔软性，且易收藏或使用方便。大小及颜色的种类众多，价格也便宜。现在在野外所用的绳索里，似乎还没有一个可以胜过它的。

二、绳索各部位的名称

绳索的各个部位都有不同的名称（图 3－18）。绳端，就是一条绳索的两个端头。用于打结的那一端英文称作“End”，我们称它端头或环绕端，从而与索端有所区别。从端头到绳体的主要部分称作主绳；弯曲的部分称作绳耳，此外，称作绳环的部位是指打结后形成的圆圈而言，如一开始就是圆圈的部位就称为索眼或绳眼。

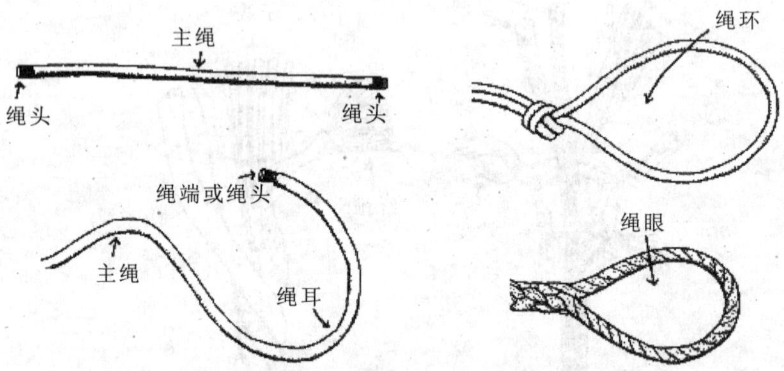

图 3－18　绳索各部位的名称

三、绳索使用注意事项

（1）使用前先检查绳索，固定绳端，产生了扭结的绳子需将之回复。

（2）不踩踏、不弄湿绳索。

（3）绳索与岩石棱角接触的部分要用毛巾等来保护。

（4）不可使用曾受过突来重量的绳索，不使用服役 5 年以上的绳索。

（5）在预定切断处的两侧卷上透明胶带后再行截切，并将两剂混合的环氧树脂粘合剂充分地涂抹于切口处。

（6）收纳捆绑绳子时，要用不易产生扭结的方法。

四、绳索的捆绑

(1)这是一种将绳子分为左右两边,在不产生扭结的状况下即可将绳子捆绑好的方法;最后打一个平结结束(图 3-19)。

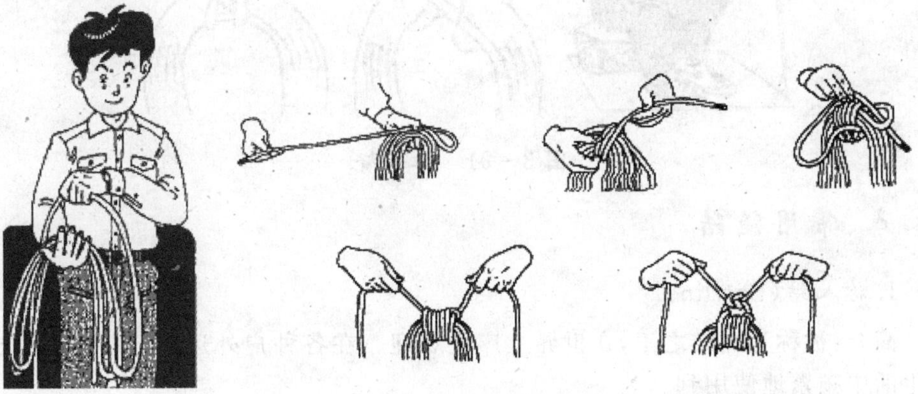

图 3-19 捆绑绳索

(2)优等绕见图 3-20。

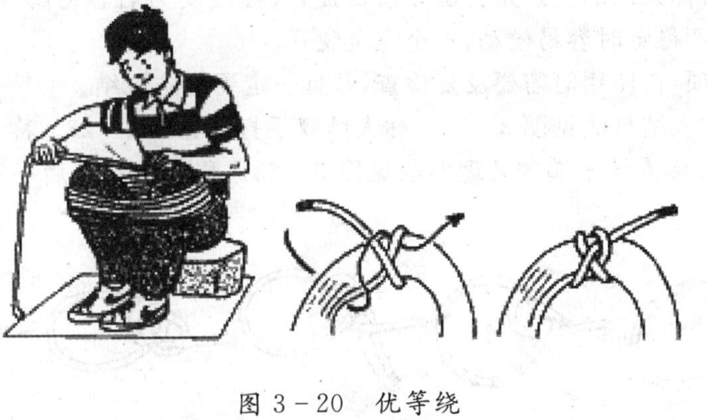

图 3-20 优等绕

(3)水手绕见图 3-21。水手绕比优等绕更为牢固,注意二者的区别。

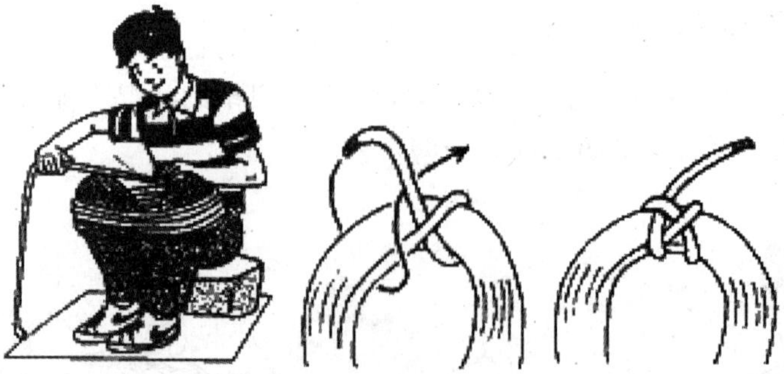

图 3－21　水手绕

五、常用绳结

1. 称人结(Bowline)

简介：被称为绳结之王，在世界上广受欢迎。在各种户外运动、各行各业或日常生活中频繁地使用到。

用途：虽然称人结的使用不如八字结常用，但仍然是一种非常有用的绳结。不穿安全带的时候，如果需要把绳子系在腰间，就可以采用称人结。广泛应用于保护点固定的连接；称人结适用于高难度的运动攀岩线路，人工岩壁上的顶绳训练以及其他可能反复发生冲坠的场合。

优缺点：称人结的优点是打法方便快捷，大强度受力后容易解开；缺点是在一紧一松受力不稳定时容易松动，以至完全脱开。

注意事项：在使用时需要反复检查，并且一定要打防脱结。

打法：称人结打法见图 3－22。称人结双手打法见图 3－23。称人结单手打法见图 3－24。称人结末端的处理方法见图 3－25。称人结打好后一定要做末端处理以免脱落。

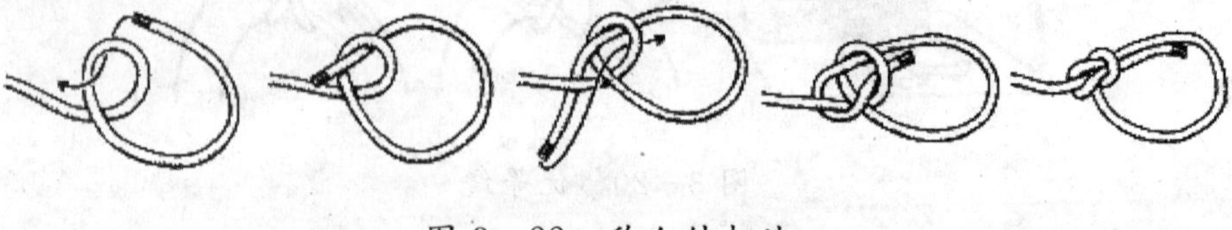

图 3－22　称人结打法

称人结的用途与变化打法如下：

(1)在丢失调整滑块的情况下，称人结用于帐篷的固定(图 3－26)。

(2)绑在安全吊带上，不过现在基本用编式 8 字来代替(图 3－27)。

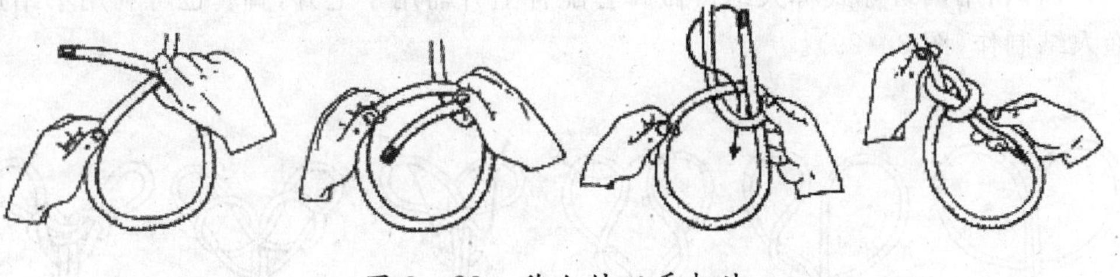

图 3-23 称人结双手打法

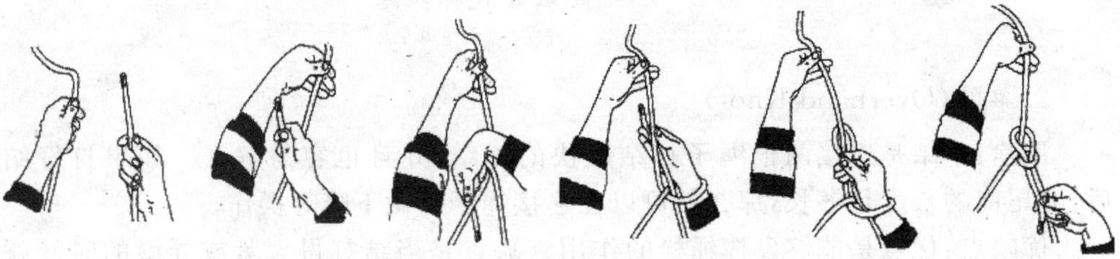

图 3-24 称人结单手打法

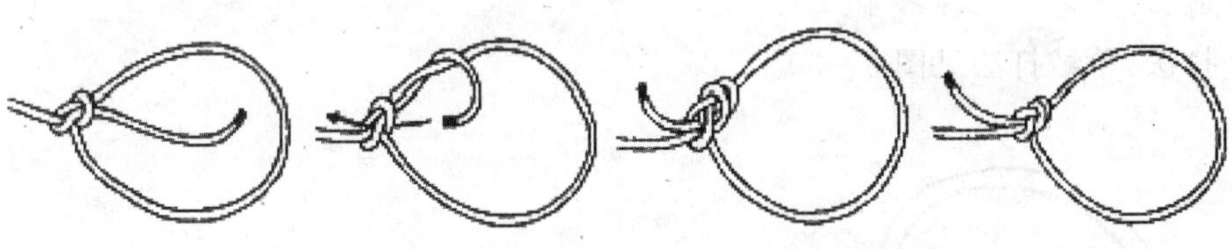

图 3-25 称人结末端处理方法

图 3-26 固定帐篷

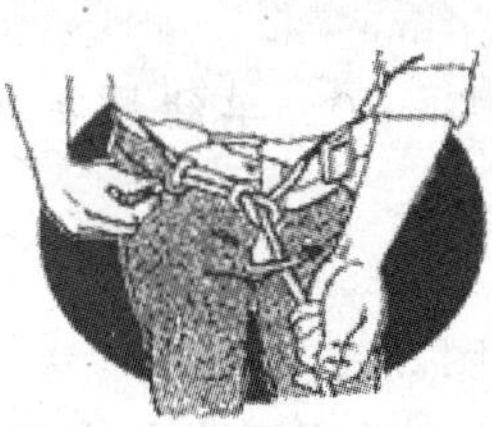

图 3-27 安全吊带

图 3-28 吊挂衣物

(3)称人结可将绳索架设于树干中吊挂衣物,也可用于架设保护站(图 3-28)。

(4)利用西班牙式称人结可做脚套配合上升器用于上升，脚套也可利用单结加渔人结制作(图 3-29)。

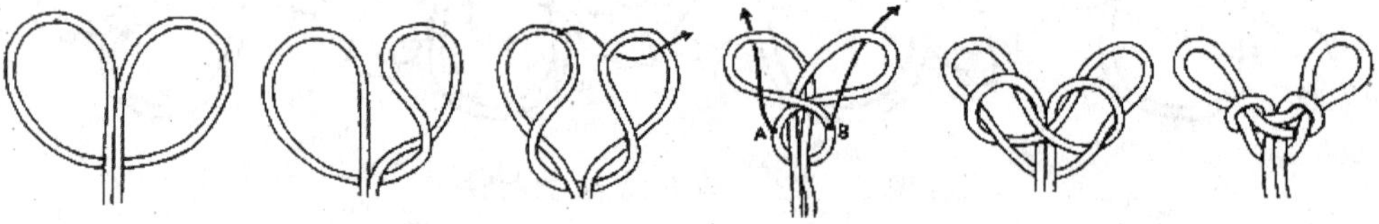

图 3-29 西班牙式称人结

2. 单结(Overhand Knot)

用途：单结是连接两根绳子打结最快的绳结，并且也容易解开。如果打好结后，绳尾留的长度足够长，那么就可以在连接绳子后做下降等操作。

优缺点：优点是能够发挥绳栓的作用。缺点是当结打得太紧或弄湿的时候就很难解开。

注意事项：此绳结仅用于相对静态的操作，如有大强度的冲击则必须使用渔人结代替。

打法：单结打法见图 3-30。

图 3-30 单结打法

单结的用途与变化打法如下：

(1)单结可发挥绳栓的作用(图 3-31)。

(2)当下降时打单结在绳索末端提醒下降者注意，双绳下降时应在末端使用双重八字结(图 3-32)。

(3)绳索损坏时利用双重单结可避免使用绳索损坏部位(图中绳环处)，蝴蝶结也可以达到同样效果(图 3-33)。

(4)当绳子要抛向远处，利用多重单结增加重量以便抛投得更远(图 3-34)。

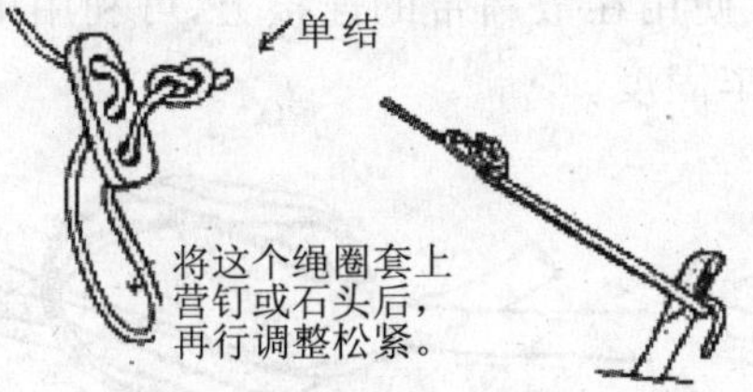

图 3 - 31　单结的用途之一

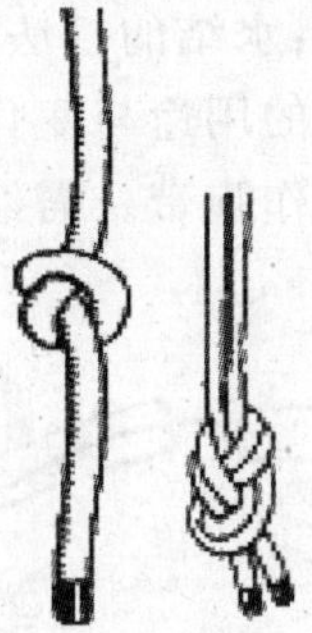

图 3 - 32　单结的用途之二

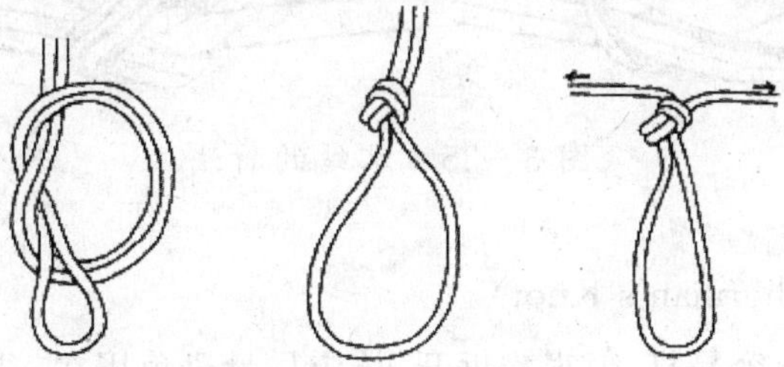

图 3 - 33　单结的用途之三

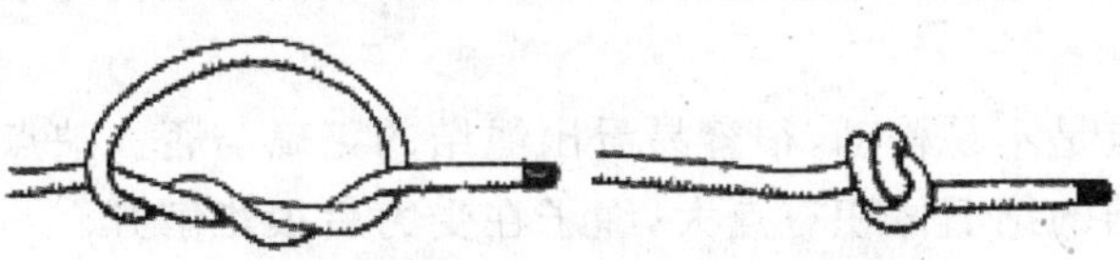

图 3 - 34　单结的用途之四

3. 水结(Water Knot)

用途：用于连接散扁带两端并使之形成一个绳套。

优缺点：优点是长度可以任意调节，并可以与树、岩石等固定点连接形成保护点。缺点是强度没有机械缝制的大，使用时容易松脱。

注意事项：

(1)每一次使用前一定要仔细检查水结是否有松脱现象。

(2)每次打完水结，最好把身体吊在上面以把绳结拉紧。

(3)每端绳尾一定至少留出 5cm。

(4)如有条件可将绳尾用胶布缠上。

(5)打结前先将扁带理顺，否则打完后绳套容易扭曲。

打法:水结的打法见图 3-35。

水结的用途与变化打法:水结较常使用在散扁带的连接上,可利用单根扁带在冰镐上制作腕带。需经常检查水结的牢固度。

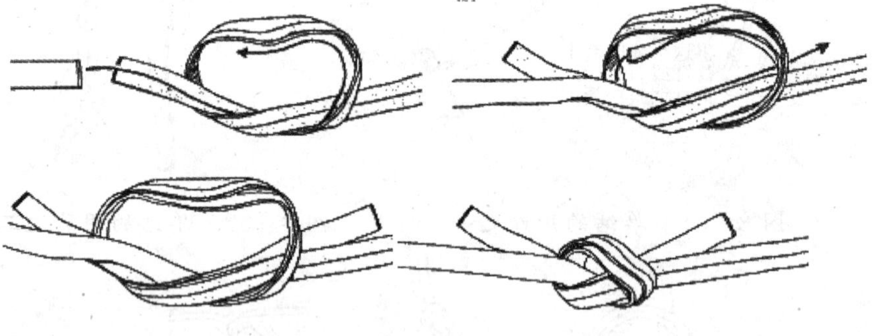

图 3-35 水结的打法

4. 渔人结(Fisherman's Knot)

简介:此结十分容易打,但很难拆开,故应尽量避免用在一些质地好的绳上,也不要用在会扯得很紧的绳上,因扯紧后,很难解开。

用途:主要用来连接两条主绳,两条相同或不相同粗细的绳索。它分为单渔人结和双渔人结。

优缺点:优点是不易松动,很容易看出绳结的正确与否。缺点是需要多一点的绳子来打结,绳结的结型体积有点大,绳子在受力后很难解开。

注意事项:双渔人结很容易打错方向,如果打的不正确,就一点也不能保证安全,并且也会损失绳子更多的受力。

打法:用绳子 A 先绕着一根绳子 B 打一个单结,再用绳子 B 绕着绳子 A 打一个单结。但绕的方向要相反。如果原先是顺时针,现在就要逆时针。最后再将两条绳子的绳端拉紧(图 3-36)。

图 3-36 渔人结的打法

双渔人结的打法见图 3-37。

渔人结的用途与变化:用于连接不同或相同粗细的绳索,国内一般使用双渔人结。平结只用于连接同样粗细、同样质材的绳索。因结型过大不适用于粗绳。利

图 3 - 37　双渔人结的打法

用双渔人结可做绳圈(使用 6mm 辅绳制作)。利用渔人结加单结可做单只脚的脚套配合上升器用于上升。下降距离过长时,可以利用双渔人结将两条绳索连接使用(图 3 - 38)。

图 3 - 38　双渔人结的用途

5. 八字结(Figure - of - Eight Knot)

用途:我们通常使用"8"字结连接攀登者,而且这个绳结直接与安全带连接起来最安全。因此,"8"字结也是目前正式攀岩比赛中唯一允许连接攀登者的绳结。由于该绳结形似阿拉伯数字"8",所以被称作"8"字结。这个绳结一旦打错,后果是致命的,所以要求攀登者在离开地面时一定要反复检查,确保万无一失。

优缺点:它是所有绳结里绳结强度最好的,结实可靠。方法简单,可以直观检查。缺点是只有拉紧绳子才能完美地发挥它的作用,且受力后不易解开。

注意事项:

(1)受力绳圈要尽量与安全带连紧。

(2)绳结连接部位是安全带的攀登环,并非保护环或其他部位。

(3)打好结后一定要将各部分调整顺滑整齐,保证强度并易于检查。

(4)打好后一定要将绳结收紧,松垮的外形是不安全的。

(5)绳尾打好末端处理后,还要留 10cm 左右的长度,但也不能过长,以免影响操作。

(6)攀登前一定要再次检查并确认无误。

打法:按照绳结的打法,"8"字结可分为在绳子上直接打的"8"字结和连接固定端的"8"字结。双重八字结的打法见图 3 - 39 和图 3 - 40。

双重八字结的用途与变化如下:

(1)作为固定的绳圈用于连接安全带,常用方法二连接安全带(图 3 - 41)。缺点是受力或者沾水后难以解开,用来回拧结目的方法可以解决。

图 3-39　双重八字结的打法之一

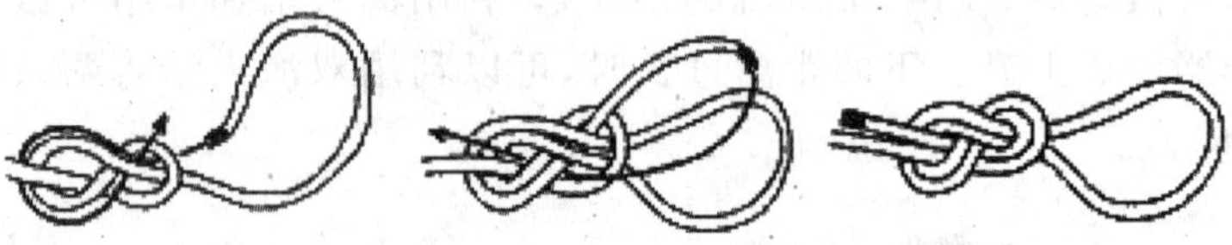

图 3-40　双重八字结的打法之二

(2)在过河人员身上利用第二根绳索做双重八字结保护(图 3-42)。

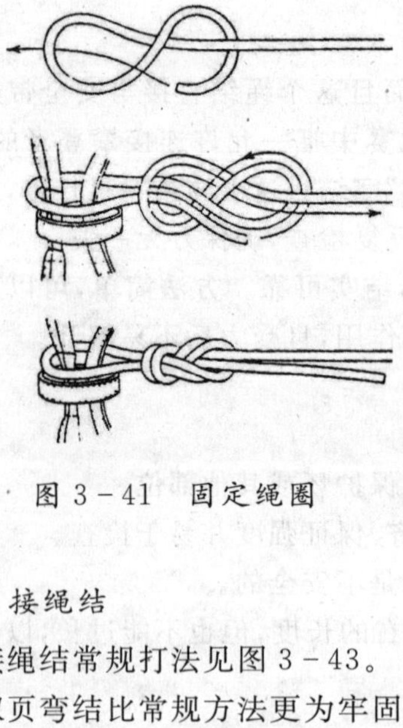

图 3-41　固定绳圈

图 3-42　保护过河人员

6.接绳结

接绳结常规打法见图 3-43。

双页弯结比常规方法更为牢固(图 3-44)。

接绳结的用途及变化打法如下：

(1)不同材质、不同粗细的绳索可以利用双页弯结来连接，安全可靠程度相当高。

(2)受力后滑接绳结比常规打法和双页弯结更容易解开(图 3-45)。

(3)双接绳结比常规打法多绕了一圈以加强绳索的耐力与安全性(图 3-46)。

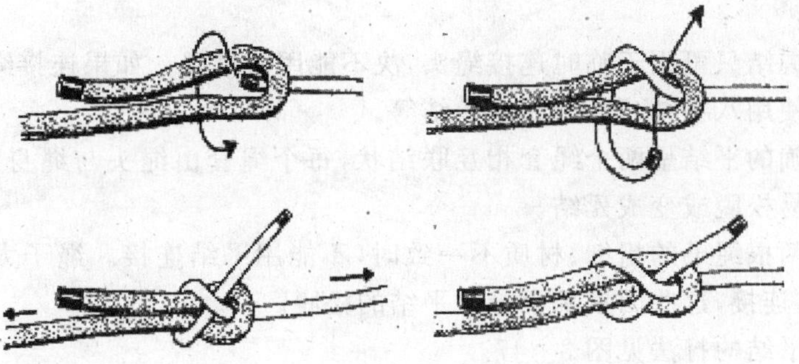

图 3-43 接绳结的打法

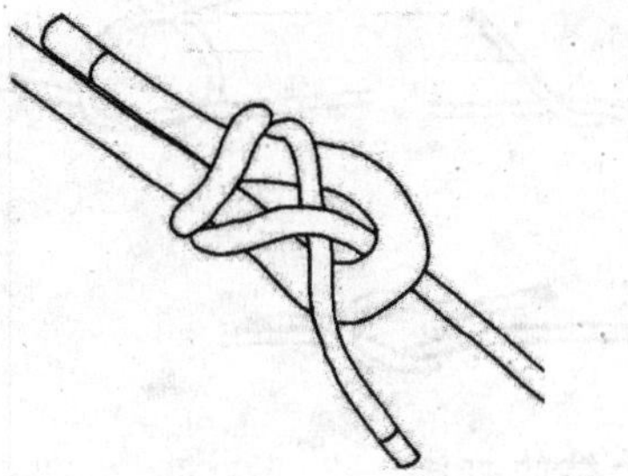

图 3-44 双页弯结

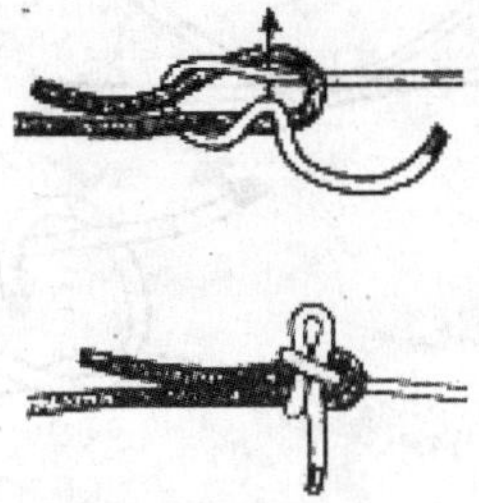

图 3-45 后滑接绳

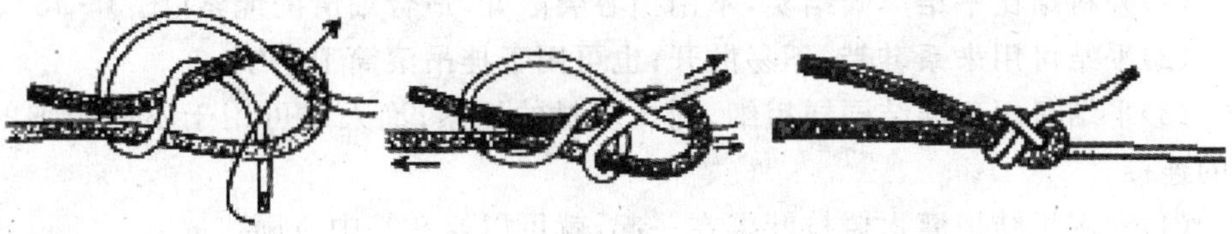

图 3-46 双接绳结

7. 平结(Reef Knot)

用途:最初,平结在船只上用来捆绑物体,后来逐渐应用在攀登中。如果在平结的绳尾再各打上一个防脱结,则成为"平渔人结",亦可用于下降等操作,且受力后比渔人结容易解开。

优缺点:平结的优点就是打法简便,但容易松脱,只能用于捆扎物体,绝不能用来进行攀登、下降或其他有承重的操作。

注意事项:平结打法虽然简单,但也容易打错,需要注意以下几点:

(1)打结的方向要正确,两个绳尾下面的是左边压右边,上面是右边压左边,反之亦然。

(2)此绳结只可用于临时连接绳头,决不能用于攀登。如果连接绳头用以攀登等操作,请使用八字结、称人结、渔人结等。

(3)正确的平结呈两个绳套相互联结状,每个绳套由绳头与绳身组成,一旦打错,则很容易松脱或变成死结。

(4)当两根绳子的粗细、材质不一致时,不能用平结连接。绳子太滑或太硬也不能用平结连接,这些因素都会导致平结的松脱。

打法:平结的打法见图 3-47。

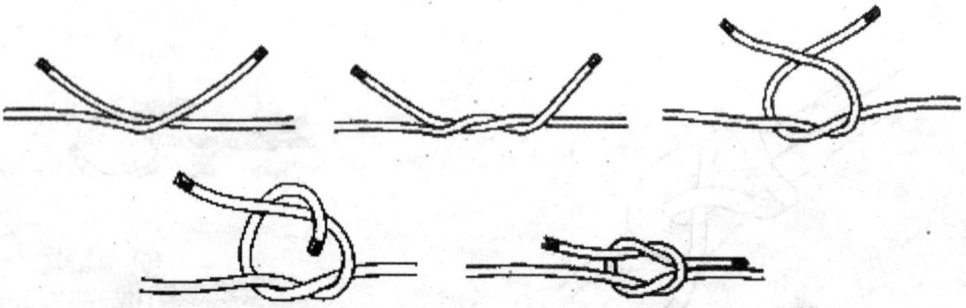

图 3-47　平结的打法

平结的用途与变化打法如下:

(1)外科结比平结牢固结实,不用担心会散开,适合细滑的绳索(图 3-48)。

(2)平结可用来系鞋带,不易散开;也可用于挂吊滚筒卫生纸。

(3)平结只用于连结同样粗细、同样质材的绳索;渔人结可用于不同粗细的绳索的连接。

(4)利用平结把灌木树枝叶绑在一起,就可以躲在其中避雨。

(5)当捆绑睡袋、羽毛衣、外套这类柔软的装备时,外科结是最好的选择(图 3-49)。

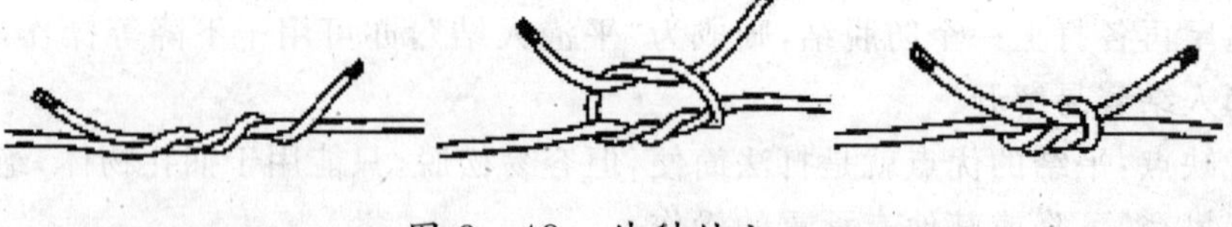

图 3-48　外科结之一

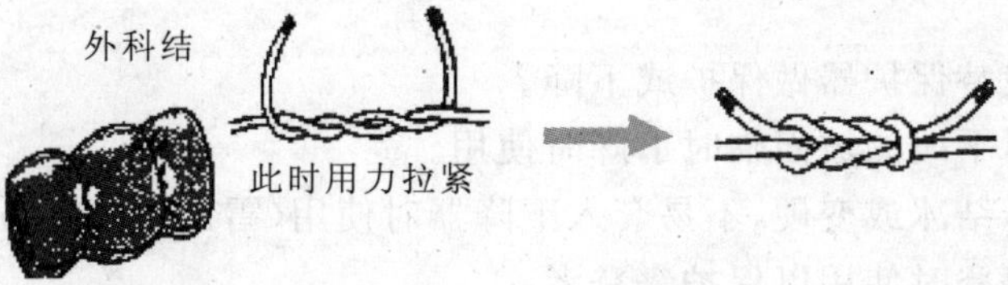

图 3－49 外科结之二

8. 双套结(Clove Hitch)

简介:其他绳结的开头和结束之用。

用途:主要用于绳索与保护点铁索的连接,也可以用于其他多种场合。因为容易单手操作,所以在陡峭地形上攀登时非常适用。

优缺点:双套结的优点是打结速度快、操作简便;可以在绳子上任意地方打结,不需要在绳头的位置打,受力后绳子两端均可承重;绳结的位置调节便利。缺点是在不受力的情况下容易松开,尤其是质地较硬的绳子,或绳子结冰、受冻后。

注意事项:双套结在使用前一定要打紧,否则绳子会滑动,不可以用双套结当做主结或唯一的保护结。攀登前要熟练掌握双套结的打法。需要注意的是,这个绳结和意大利半扣极为相似,在实际操作中容易混淆。因此,使用中需要反复检查。

打法:双套结的打法见图 3－50。

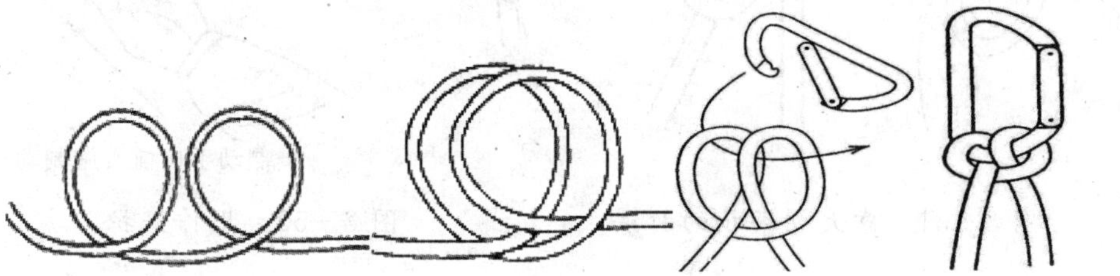

图 3－50 双套结的打法

双套结的用途与变化:用于固定,也用于攀登和下降。可与单环结一前一后组成门字型保护站。

9. 意大利半扣

意大利半扣是任何一个攀登者都必须掌握的绳结。在攀登中如遇保护器丢失,或者绳子被冻住等情况,则需要用这个绳结来临时帮助攀登者完成保护和下降。由于这个绳结的原理是通过绳子扭曲后产生摩擦力从而达到制动的效果,所以必须打在 HMS 型锁上,这种锁型形状宽大,适宜操作。

用途：

(1)临时代替保护器做保护或下降。

(2)在相对平缓的坡面临时下降时使用。

(3)当绳子结冰或变硬，不易套入下降器时使用(雪山上常用)。

(4)结组攀登时使用以保护攀登者。

优缺点：意大利半扣的优点是可以代替下降器，使用方便。缺点是对绳子磨损较大，使用后绳子易扭曲而搅在一起。

注意事项：

(1)使用前一定要检查方向，避免制动绳与锁门处于同侧。

(2)一定要与丝扣锁连接使用，或者用两把简易锁，且锁门相对。

打法：意大利半扣的打法见图 3-51。

意大利半扣的用途与变化：在只有一个主锁的情况下可用于做保护(图 3-52)。可与双套结一前一后组成门字型保护站。

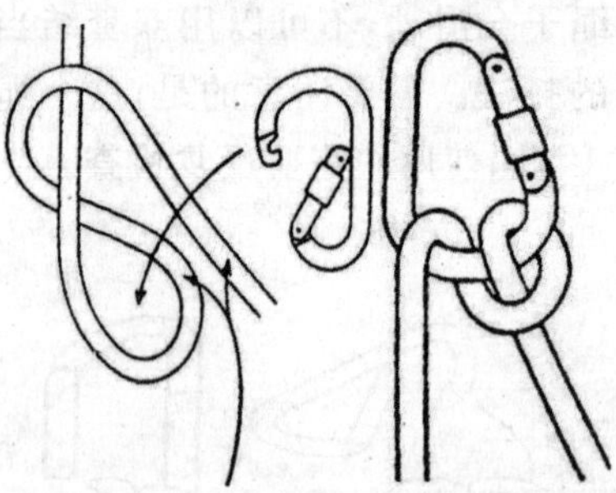

图 3-51 意大利半扣的打法

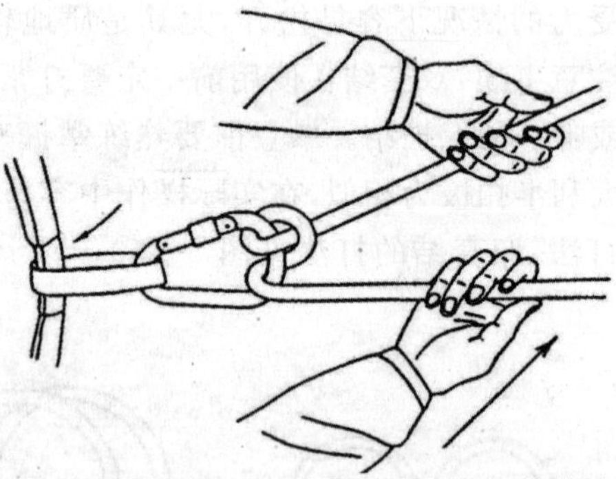

图 3-52 用作保护

10.蝴蝶结

蝴蝶结又称为中间结，其特征是可以承受两端绳头或绳圈的拉力，而不会松开。可以用有锁钩环穿过绳圈和安全带或其他连接物。

用途：蝴蝶结无论是在登山还是户外活动中都可以使用，主要用途如下：

(1)在高山(冰川多人结组行进)中连接中间攀登者。

(2)高空作业人员可用其做成脚踏环。

(3)在野外需要拉路绳做临时保护时，此绳结可以作为抓手。

(4)如出现绳子破损，也可用此绳结把破损部位隔离开。

优缺点：蝴蝶结的优点在于形状完全对称，并且强度很大，无论哪一边受力都不会导致绳结变形。

注意事项:在使用不同方法的时候,要认真检查绳结是否正确。

打法:蝴蝶结的打法如图 3-53 所示,首先把绳子放在手掌心打三个圈,然后穿过第三绳圈把中间的绳圈拉出来,翻到左边,再穿过第一个和第三个绳圈,拉到右边,把绳结收紧便是蝴蝶结。

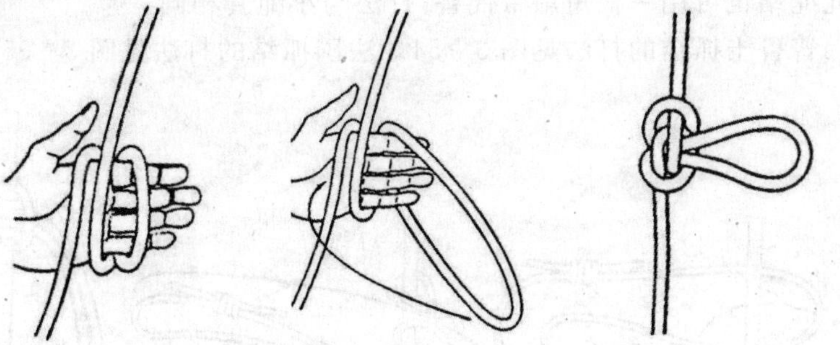

图 3-53 蝴蝶结的打法

蝴蝶结的用途与变化:

(1)当一个三人结组在雪地前进时,中间队员使用蝴蝶结和绳索连接,绳环不会因前后受力而有大小上的变化。

(2)绳索损坏时,利用蝴蝶结可避免使用绳索损坏部位。

11. 抓结

抓结的打法有很多种,用途也不同,如下降中起制动作用的抓结,救援中起拉拽作用的抓结,直接打在锁上充当上升器的抓结。抓结的绳子应比主绳细而软,否则会影响效果,绳头需要用双渔人结连接。当抓结受力时会抓住主绳,不受力时可以在绳子上上下移动。

用途:

(1)在下降过程中,可临时利用其制动,起副保护作用。

(2)在救援系统中,利用抓结起单向受力的作用。

(3)在临时保护中,可替代上升器使用。

优缺点:优点是打法简便、双重保护;在长距离或悬空的下降保护中可保护制动手不致被擦伤。缺点是缠绕圈数不好判断,多了会卡死,少了会失效。

注意事项:

(1)连接抓结绳头的绳结必须是双渔人结,不得使用单渔人结等代替。

(2)使用前一定要先进行测试,看是否受力。

(3)抓结绳套的直径和缠绕圈数完全取决于所作用的主绳直径大小和绳子质地的软硬程度。作用在单绳上时,应使用一根直径 6mm 的绳套并缠绕 3 圈;如果主绳较硬,则需要多绕几圈。

(4)抓结绳套的接头处(双渔人结)不可以缠绕到主绳上去。

(5)当使用次数过多时要经常检查,一旦起毛或破损则必须更换。

(6)此绳结也可用一根短扁带代替,打法与小绳套相同。

打法:普鲁士抓结的打法见图 3-54。法国抓结的打法见图 3-55。

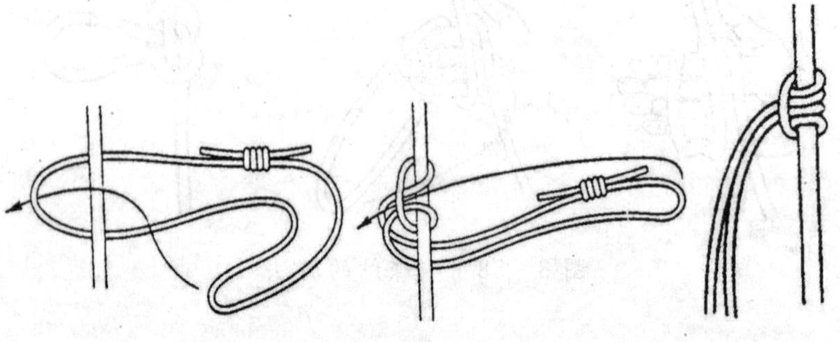

图 3-54　普鲁士抓结的打法

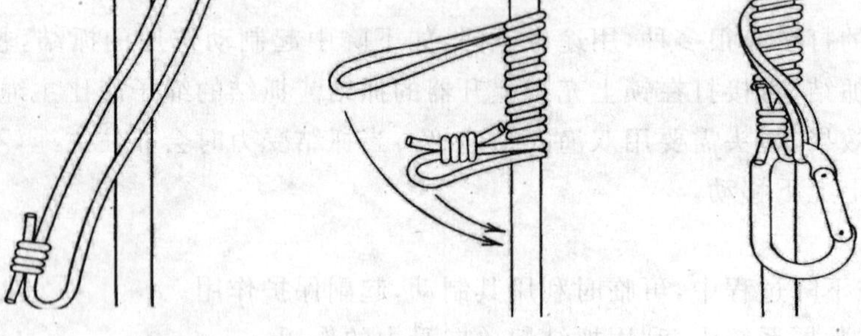

图 3-55　法国抓结的打法

抓结的用途:

(1)普鲁士抓结与法国抓结都必须先具备使用双渔人结做成的绳圈(使用 6mm 绳索制作),在本质上二者没有区别,都具有在突然受力的情况下有效制停的效果,实际使用中可根据各人喜好自由选择。无论使用哪种抓结都必须保证受力点不在双渔人结的结目上。

(2)抓结在登山的过程中使用范围广泛,例如下降时除使用8字这类的保护器外,在上方手处应使用抓结与安全带相连,以免下降过程中8字制动失效时仍能被抓结锁定在绳索上。

(3)下坠人员在无多余上升器的情况下可利用抓结攀出冰裂缝(无上升器情况下较累),先将背包退下用快挂挂到抓结和绳圈之间的主绳上,将长抓结放到短抓结下,在长抓结上站立起来并滑动短抓结向上,下坐,将重量加于短抓结并滑动长抓结,如此反复。

(4)脚套可利用单结加渔人结制作,脚套应事先制作好放在外衣口袋中备用。

12.半结(Overhand Knot)

简介:所有绳结的基本结。

用途:防止滑动,或是在绳子末端绽开时可暂时利用防止继续脱线。

缺点:当结打太紧或弄湿时很难解开。

第七节 下降技术与装备

根据线路情况的不同,下降分为许多种。如果有小路,选择走下来最安全。如果路线相对简单,也可以选择爬下来。原则上,应该首选技术操作环节少的下降,但有保护点的绳索下降安全性和效率相对较高。需要注意的是,因下降常在一天攀爬结束后进行,在野外常伴有大风、降温、黑天等恶劣天气,不能为赶时间而忽略安全检查诸多环节,否则极易发生危险。

为保证下降的安全,需要熟练掌握合理的步骤并多加练习。只要还没有安全落地,攀爬活动就未结束。

一、下降的技术装备要求

下降时的技术装备与设置保护点的装备基本相同,因为下降往往在保护点设置之后直接进行,其所需要的技术装备最少数量如表3-1所示。

其中,3把主锁分别用于连接自我保护、下降器和抓结,长扁带或菊绳用于连接自我保护,抓结主要用于下降过程中的副保护。

二、下降的操作步骤与要求

1.设置自我保护

任何一位攀登者到了高处以后,首先要在第一时间给自己设置自我保护,因为身为高处并不确定脚下是否平稳。没有自我保护，靠手抓着绳子操作是非常危险的。用长扁带或菊绳连接安全带的攀登环，与主锁连接后设置自我保护。

表 3－1　下降所需技术装备数量和规格

名称	数量	备　注
安全带	1 根	攀岩用坐式安全带，腰带宽厚
主锁	3 把	丝扣锁
下降器	1 副	“8”字环、ATC 均可
长扁带或菊绳	1 根	长 120cm
抓结	1 副	直径 6mm
头盔	1 顶	攀登用
手套	1 副	可选用

(1)要选择足够安全的自我保护位置，并尽可能靠近下降绳。

(2)主锁丝扣要拧好并保持纵向受力(不与连接点挤压碰撞)。

2. 连接抓结

抓结的主要作用是在下降时起辅助制动的保护作用，当保护器失控时，抓结会与主绳产生摩擦而起到制动的效果。抓结的粗细长短直接决定了其制动效果。一般选用直径 6mm、长度 1m 左右的辅绳，用双渔人结连接后使用效果最佳。抓结连接完成后一定要测试，以防下降时抓结太紧或失效，这样不但起不到作用反而成为累赘。抓结的连接方法如下：

(1)抓结绳套缠绕主绳三圈后，用主锁连接安全带的保护环或腿带，具体圈数视绳子的直径而定。一般主绳越粗，缠绕圈数越少。

(2)抓结平整并起作用(需要原地测试)。

(3)将铁索丝扣拧紧。

3. 连接下降器

下降时使用的下降器通常就是保护器，但特殊情况的下降要考虑装备的差异。有些保护器只是临时作为下降器使用，如 GRIGRI。如要进行长距离下降(超过 50m)，速度会越来越快，绳子与保护器之间的摩擦越来越小，通常会感觉手根本握不紧绳子，此时要考虑使用长距离专用下降器，如 STOP、RACK 等。这些专用下降器与绳子缠绕的点更多，从而产生的摩擦力更大。以常用的“8”字环为例进行说明。

(1)用主锁连接“8”字环的大头并扣入安全带的下降环。

(2)下降绳用环绕方式与“8”字环连接。

(3)将连接好下降绳的“8”字环取出,并将小环与铁索相连,在保证绳子不扭曲的前提下将丝扣拧好。

(4)将多余的下降绳收至最紧。

(5)将抓结也收紧至靠近下降器的位置。

4. 系统确认

在下降器和抓结均与绳子连接好后,攀登者就可以开始下降了。在下降前,系统确认的环节非常重要。一旦自我保护解除后,攀登者的重量完全转移到了下降绳上,必须确保万无一失。

(1)确认安全带、头盔等所有装备穿戴无误。

(2)确认保护站系统正确无误。

(3)确认抓结有效。

(4)确认下降器的安装方向正确,无扭曲。

5. 开始下降

(1)制动手紧握抓结下方的绳子。

(2)身体下坐,重量全部转移到下降绳上,身体保持松弛,处于下降姿态。如果预判到自我保护的扁带过短,此时可以将自我保护的扁带连接到保护站的主锁里。

(3)另一只手解除自我保护并扣入安全带的准备环,开始下降。

6. 下降结束,解除装备

(1)下降者保持身体平衡,避免踩踏绳子。

(2)将连接下降绳的“8”字环从主锁中取出来,并扣进“8”字环的大环。

(3)将下降绳从“8”字环中取出。

(4)将连接“8”字环的主锁扣进安全带的装备环。

(5)将抓结从主绳上取下并和主锁一起扣进安全带的装备环。

(6)将下降绳理顺,避免缠绕、扭曲。

三、下降的基本技术动作

一旦下降开始,攀登者就可以享受这个美妙的过程。按照场地的不同,下降分为坡面下降和悬空下降。其中,坡面下降通常在岩壁、冰壁、雪面等有坡度的场地进行,悬空下降多在屋檐地形进行。下面以坡面下降为例说明。

1. 绳子的位置

坡面下降时,一般将绳子置于制动手的一侧。但悬空下降时,多将绳子垂于两腿之间。

2. 身体的姿态

双脚开立，与肩同宽或略宽于肩，使身体呈正三角形状(最稳固的状态)。微微屈膝，脚掌轻点坡面。上半身要保持直立，头略向后仰，注意不要让发热的下降器烫到自己或将头发卷进下降器。身体要保持放松状态，避免因动作僵硬、走形而引发肌肉痉挛。

3. 下降的动作

下降时，双脚轻蹬坡面匀速下降。切忌双脚猛蹬坡面而快速下降，这样会使绳子的摆动过大而增大顶端的摩擦力，严重时会将绳皮磨破，速度不匀会造成下降时的停顿，对保护点的冲击力也很大。下降者要有把控下降速度和节奏的良好感觉，还需要制动手对抓结有良好的控制，制动手(右手)应握住抓结下方的绳子，导向手(左手)应握住抓结并匀速向下推抓结。

4. 线路的选择

在整个下降过程中，下降者需要密切注视下降路线，避免绳子和身体与下降坡面产生摩擦或不必要的接触，这一点在人工岩壁下降和野外下降时要格外注意。如路线选择不当，加上下降速度过快，易造成攀登者受伤。在即将接近地面时，要注意绳子的位置，避免踩踏。

四、下降中的保护与制动技术

除了收绳下降以外，还有许多操作环节会用到下降技术，如清理路线，拍照等。这时保护者需要对下降者实时保护与制动，或下降者进行自我保护与制动。

保护者徒手保护操作要领如下：

(1)在下降者准备翻出下降坡面时，保护者双手握住下降绳。

(2)当下降者解除自我保护之后，保护者手抓绳子，保持一定的松紧度。

(3)保护者始终抓绳，根据下降者下降的速度调整松紧度直至下降者落地。

(4)保护者应站在下降者的侧后方，并佩戴头盔。

(5)保护者必须全程密切注视下降者，并随时提醒其可能出现的危险。

五、注意事项与经验分享

(1)下降前需要有足够的精神准备，要胆大心细、沉着果断，做到动作敏捷、准确，消除麻痹大意的思想。

(2)下降时如果遇到屋檐或陡坎，身体后坐至屋檐下方时双腿再离开，以免碰到头部和身体。

(3)下降要匀速、缓慢,不要一味追求速度,更不要握绳后在岩壁上荡来荡去或者在与岩壁接触的一刹那脚用力猛蹬,这些大幅度的摆荡无论对绳子还是对保护点都是巨大的冲击力,是拿自己的生命开玩笑。

(4)下降过程中,头、脸、头发、衣服都要尽量远离下降器,以免烫伤或者卷进去。有长头发的女生应把头发扎起来,或者带上头巾。要是还不放心,还可以用一根扁带延长下降器与身体的距离,确保万无一失。

(5)下降路线以坡度较缓且支点较多为最佳。

(6)难度接近时,应选择较短线路,并视自然风化程度酌情考虑。

(7)在下降时,不论强度、难度大小,都应佩戴手套,避免擦伤。

第四章

洞穴探险

第一节　洞穴探险的定义及发展

洞穴探险（英语 Caving，Cave Expedition，Cave Exploration），是指探洞者(Caver)对洞穴的发现、调查、测绘、取样以及其他科学考察与研究活动。

有记录的最早的洞穴探险者，是中国的徐霞客，他探测和描述了南方 300 多处岩溶洞穴，在当时的条件下，实在是一个惊人的成绩。欧洲最早的探洞记录是斯洛文尼亚的瓦尔瓦索。现代洞穴探险最早发生在欧美发达国家，随着专业器械的发明，SRT 技术的出现，加上洞穴刊物的发表，使洞穴探险活动在世界范围得以推广和普及。目前已成为综合性、群众性的休闲活动。各国不仅建立有全国性的洞穴组织——洞穴协会，还有不少地方性的洞穴俱乐部，如法国有 450 多个洞穴俱乐部，成员达 6 000 多人，英国有 200 多个洞穴探险俱乐部，等等。

国内洞穴探险开始于 20 世纪 80 年代，当时主要是科研机构和国外探险人员联合开展。21 世纪后，民间洞穴探险力量才开始出现，目前在广西、贵州、重庆等地发展较快。

第二节　洞穴构成

1. 洞穴的成因

水和可溶性的石灰岩是形成岩溶洞穴的前提条件。水将可溶性基岩溶解为重碳酸钙，年复一年，洞道空间不断增大，直到无法承受顶部重量的时候，产生坍塌，坍塌只改变空间的形状，并不改变空间大小。坍塌物又随水流被带出，水流继续溶蚀基岩，如此反复，洞系也就形成了。以下的化学反应式就是洞穴形成的原理，但它又是可逆的。

（岩石溶解形成洞穴）：$Ca(HCO_3) \rightarrow CaCO_3\downarrow + H_2O + CO_2\uparrow$（析出沉淀形成钟乳石）。

岩溶洞穴也要经过形成、发展和衰亡的过程。坍塌天坑的形成，就是洞穴发展的表现。

2.洞穴的分类

洞穴按地下空间的形成分为:原生洞穴和次生洞穴。

(1)原生洞穴是地下空间与围岩同时形成的。一般来说,与地下水没有关系,主要包括熔岩隧道(俗称火山洞)和钙华洞。火山洞穴的形成是由于流动的岩浆内外温差造成的,外面的冷却快,就结成硬壳,而中部的岩浆保持高温继续流动,就不断地向前形成洞道。

(2)次生洞穴是指先形成岩石,而后岩石又受各种外力作用形成的洞穴。下面就让我们看看有哪些外力作用了岩石,并形成什么样的洞穴。

溶蚀作用形成的洞穴,包括岩溶洞穴和半岩溶洞穴。岩溶洞穴在我国十分常见,也是现在洞穴科学考察和研究的主要对象。半岩溶洞穴比如四川绵延的砾岩喀斯特洞穴。

机械侵蚀作用形成的洞穴,如海浪拍打侵蚀形成的海蚀洞穴、干旱地区的风成洞穴、土层中的潜蚀洞穴等。

按洞穴的空间形态(也就是走向)可分成水平的、倾斜的、垂直的和综合的四种。按洞穴规模来分类,可分成以下四个等级。

小型:长度小于50m,垂深小于50m;

中型:长度50~500m,垂深50~200m;

大型:长度500~5 000m,垂深200~1 000m;

巨型:长度大于5 000m,垂深大于1 000m。

按水文情况可分为干洞和水洞,水洞又分为出水洞和进水洞。目前最流行的分类方法就是按规模来分的。一个探洞者的成绩,也是通过探洞长度或深度的数据和来体现的。

3.世界和国内的洞穴数据

世界最长的洞系:美国猛犸,洞长556 849m;

世界最深的洞:格鲁吉亚的Krubera Cave深度1 710m;

中国最长的洞系:贵州双河,洞长100 044m,现排名世界第16位;

中国最深的洞:重庆武隆的气坑洞 深度920m;

中国最大的洞厅:贵州格必河苗大厅面积116 000m^2。

4.洞穴环境对人体的影响

洞穴环境对人体会引起综合性生理变化,其表现在以下四个方面:

(1)生物韵律的破坏。洞中没有季节、时间上的变化因素,使“生物钟”被破坏,并且周期拉长。

(2)气候混沌化。洞中没有温度、湿度的变化,长时间在洞中,可能产生混沌状态。

(3)感觉混沌化。长时间处于静、黑的环境中,没有习惯的视力和听力的刺激,造成功能减退,导致中枢神经产生紧张,直至产生幻觉。

(4)冷的作用会导致在人的机体内适应紧张和超紧张的保护机制,产生慢速和快速的应激反应。

第三节 探洞装备

1. 个人装备

成型扁带:成型扁带的拉力为 2 200kg,宽为 16mm,有 60cm 和 120cm 两种规格。

Looping 绳梯:用于 Aid Climbing 的四级绳梯。多级脚蹬提供了前进的高度;强化的蹬索增加了抗磨损能力,使脚能轻松地在绳阶里进出。

宽带脚蹬:可调节的宽带脚蹬,与 PETZL 的 Assension 手柄式上升器或 Basic 上升器配套使用;装有一个迷你双背环扣,可进行迅速而容易的调节。

下降器:通用型保护/下降器,拉力 30kN。

手式上升器、胸式上升器、胸式安全带、快挂、主锁等。

安全带:专业探洞安全带,新改进的腰带使人在上升下降时更舒适。

头盔及探险照明系统:为洞穴探险专门设计的头盔及探险照明系统,它包括一个电池灯以及一个乙炔灯,乙炔灯燃烧由乙炔发生罐产生的乙炔气体来照明。PETZL 的 Exploer 头灯照明系统是每个 Caver 的必然选择,几乎没有别的替代品,光源最少应有三个。

探洞服:要求舒适,即合身又宽松。

靴子:要求高腰,至少高于踝关节。

手套:花园里用的线手套就不错。

护膝、护肘、水壶、装备包等。

2. 团队装备

绳索:10mm 静力绳;

洞穴地形图;

废物袋:用于放脏衣服;

指南针、炉头、气罐、炉具等。

第四节 探洞所应用的技术

1. 垂直探洞技术——SRT 简介

运用 SRT 技术,世界上没有下不去的垂向洞穴。目前世界上应用单绳技术下去的垂直洞穴，其最大深度已达1600余米。SRT一般包括以下两类装备：

(1)绳子。它是单绳技术的生命线，因而对其质量要求很高。天然纤维编织而成的绳子，如大麻、剑麻和棉花等，很容易在洞穴阴湿的环境中腐烂；而低熔点低韧性的塑料绳，又很容易摩擦、失重坠落所损坏，因而都不能适用于洞穴探险。当前世界上所通用的探洞专用绳索，是直径8～10mm高韧性低延展的尼龙绳。

(2)个人装备。它是连接探洞者与探洞绳的桥梁，没有它光凭探洞者的一双手是无法单独攀援几十、几百，乃至上千米深的垂直洞穴的。SRT个人装备包括：安全带(胸带、臀带)，连接锁，下降器与上升器，保险绳，工具袋(放置垫布、垫圈、打锚器、辅助绳索)等。

2. 绳结和锚接技术

洞穴探险中使用的绳结及作用如下。

单"8"字结：标明绳头，便于从绳堆中找到。防止器械从绳上滑落。

双"8"字结：分两种结法(双绳打法、单绳打法)，用于和锚点相连、连接器械，绳环和绳头长度应该相当，略比结长一点，一般在20cm以内。绳结过长，不利于过点时的操作，也浪费了资源。

兔结：因其双绳环像兔耳而得名，用于连接锚点，因为是双绳环连接，所以牢固性能好。但此结较复杂、难调整，而且用绳量大，所以一般在没有扁带的情况下才使用，是洞穴探险者必须掌握的重要绳结。

渔人结：牢固，不易松开，用于将扁带成型，由于扁带延伸方向和受力方向相同，所以比用"8"字结成型更科学、更合理，实战效果非常理想。

活扣结：用于连接器械，便于调节长短，便于更换。

普鲁士结：又名抓结，在洞穴探险中，主要用于生成锚点，还用于止滑作用，可替代上升器使用。

保护结：用于调节绳索长度，在绳中间建立保护点，受力不会松开，长时间受力后不会咬死，易解开，用起来很爽。

38结：用于主绳连接，牢固而且不会松开，提供保护，使空中操作增加安全性。

以上是洞穴探险者必须掌握的重要绳结。

洞穴探险中的绳索，都会长时间受力，所以要区分开用途，否则想打开的时候打不开，就会给探险活动带来不便，甚至于损坏绳索。绳结的结法一定要正确，平时要常练习。

注意：所有双绳结，一定要注意不能出现绞绳现象。

第五章

沙漠探险

第一节　沙漠探险的定义及发展

沙漠探险，英语叫 Desert Adventures，是指探险者对沙漠的发现、调查、穿越和其他科学考察研究及探险旅游等活动。

近年来，沙漠探险受到越来越多的人的青睐，沙漠探险是一项“古老而又年轻”的探险运动，说到“古老”是因为人类早在几千年前就有游牧民族生活在沙漠边缘，那些民族对沙漠了如指掌，“年轻”则是因为沙漠探险不管是从实践上还是在理论上都是很少涉及的，有待于我们在沙漠探险上做出更多的工作，使得在这方面的探险事业能得到安全良好的发展。

沙漠是指沙质荒漠，地球陆地的 1/3 是沙漠。因为水很少，一般以为沙漠荒凉无生命，有“荒沙”之称。与别的区域相比，沙漠中生命并不多，但是仔细观察，就会发现沙漠中藏着很多动植物，尤其是晚上才出来的动物。沙漠地域大多是沙滩或沙丘，沙下岩石也经常出现。泥土很稀薄，植物也很少。有些沙漠是盐滩，完全没有草木。沙漠一般是风成地貌。

沙漠里有时会有珍贵的矿床，近代也发现了很多石油储藏。沙漠少有居民，资源开发也比较容易。沙漠气候干燥，它也是考古学家的乐居，可以找到很多人类的文物和更早的化石。

全球的沙漠化发展态势，全世界陆地面积为 $1.49\times10^{8}\,km^{2}$，占地球总面积的 29%，其中约 1/3（$4\,800\times10^{4}\,km^{2}$）是干旱、半干旱荒漠地，而且每年以 $6\times10^{4}\,km^{2}$ 的速度扩大着。而沙漠面积已占陆地总面积的 10%，还有 43% 的土地正面临沙漠化的威胁。

我国八大沙漠的具体情况如下。

1. 塔克拉玛干沙漠

塔克拉玛干沙漠，在维吾尔语中是指“进去出不来的地方”，人们通常称它为“死亡之海”。它位于南疆塔里木盆地中心，面积 $32.4\times10^{4}\,km^{2}$，是中国最大的沙漠，仅次于非洲撒哈拉大沙漠，是全世界第二大流动沙漠。

在世界各大沙漠中，塔克拉玛干沙漠是最神秘、最具有诱惑力的一个。沙漠中心是典型大陆性气候，风沙强烈，温度变化大，全年降水少。风沙活动频繁，沙丘形态奇特，最高达250m。最奇妙的是两座红白分明的沙丘，名为圣墓山，山顶经风蚀而形成“大蘑菇”。由于地壳的升降运动，红砂岩和白石膏构成的沉积岩露出地面，形成红白鲜明的景观。沙漠四周，沿叶尔羌河、塔里木河、和田河和车尔臣河两岸，生长发育着密集的胡杨林和树柳灌木，形成“沙海绿岛”。特别是纵贯沙漠的和阗河两岸，长生芦苇、胡杨等多种沙生野草，构成沙漠中的“绿色走廊”，“走廊”内流水潺潺、绿洲相连。林带中住着野兔、小鸟等动物，为“死亡之海”增添了一点生机。考察还发现沙漠中地下水储存量丰富，且有利于开发，有水就有生命，科学考察推翻了“生命禁区论”。在浩翰的沙漠中，迄今发现的古城遗址无数，尼雅遗址曾出土东汉时期的印花棉布和刺绣。

2. 古尔班通古特沙漠

它是中国第二大沙漠，位于北纬 44°15′～46°50′，东经 84°50′～91°20′。地处准噶尔盆地的中央，面积为 4.88×10^4km^2。由 4 片沙漠组成，西部为索布古尔布格莱沙漠，东部为霍景涅里辛沙漠，中部为德佐索腾艾里松沙漠，其北为阔布北-阿克库姆沙漠。

准噶尔盆地属温带干旱荒漠。年降水量 70～150mm，冬季有积雪。降水在春季和初夏略多，年中分配较均匀。沙漠内部绝大部分为固定和半固定沙丘，其面积占整个沙漠面积的 97%，形成中国面积最大的固定、半固定沙漠。固定沙丘上植被覆盖度为 40%～50%，半固定沙丘上植被覆盖度达 15%～25%，为优良的冬季牧场。沙漠内植物种类较丰富，可达百余种。植物区系成分处于中亚向亚洲中部荒漠的过渡。沙漠的西部和中部以中亚荒漠植被区系的种类占优势，如白梭梭、苦艾蒿、白蒿、囊果苔草和多种短命植物等；在沙漠东部和南部边缘，亚洲中部植物区系种类较多，如梭梭、蛇麻黄、花棒等。古尔班通古特沙漠的梭梭分布面积达 1×10^4km^2，在古湖积平原和河流下游三角洲上形成“荒漠丛林”。

沙漠的沙粒主要来源于天山北麓各河流的冲积沙层。沙漠中最有代表性的沙丘类型是沙垅，占沙漠面积的 50%以上。沙垅平面形态呈树枝状。其长度从数百米至十余千米，高度 10～50m 不等，南高北低。在沙漠的中部和北部，沙垅的排列大致呈南北走向，沙漠东南部呈西北—东南走向。在沙漠的西南部分布着沙垅-蜂窝状沙丘和蜂窝状沙丘，南部出现有少数高大的复合型沙垅。流动沙丘集中在沙漠东部，多属新月形沙丘和沙丘链。沙漠西部的若干风口附近，风蚀地貌异常发育，其中以乌尔禾的“风城”最著名。

沙漠中风沙土广泛分布。沙漠南缘平原上发育灰棕漠土，1949 年后已大量开垦。人为活动破坏了天然植被，造成沙漠边缘流沙再起和风沙危害。沙漠西缘有甘家湖梭梭林自然保护区，为中国唯一以保护荒漠植被而建立的自然保护区。

3.腾格里沙漠

它位于阿拉善盟阿拉善左旗西南部和甘肃省中部，东抵贺兰山，南越长城，西至雅布赖山。腾格里为蒙古语，意思是“像天一样浩渺无际”。腾格里沙漠海拔达1 200m以上，总面积 $3.67\times10^4 km^2$。沙漠上沙丘、湖盆、山地、残丘及平地相互交错，其中沙丘占70%以上，多为新月形沙丘链，高 10～30m，常向东南移动。腾格里沙漠还有大小湖盆 400 多个，多为淡水湖，可供人畜饮用，周围植物生长茂盛，为主要牧场，适合于开展沙漠探险、观光等旅游活动项目。

4.乌兰布和沙漠

它位于内蒙古西部、宁夏东部、黄河西岸的乌兰布和沙漠，横跨阿拉善盟和巴彦淖尔盟，面积为 $1.4\times10^4 km^2$，历史上曾是“人民炽盛，牛马布野”，“将军塞外游，杏花撒满头”的绿茵茵的富庶草原。现在的土地类型由沙丘、沙荒地、耕地和小片草原组成。这里的沙丘形态异彩纷呈：堆状沙丘分布在敖包图、敖包鲁格、吉兰泰地区；垄岗沙丘分布在白云敖包；格状新月形沙丘分布在契里盖、傲伦布鲁格、敖包图；新月形沙丘分布在哈腾套海一带。

位于内蒙古乌海地区的乌兰布和沙漠部分与黄河漠水相连，每当夕阳西下，粼粼碧波，“长河落日”，“大漠孤烟”，构成一幅瑰丽多姿的塞上风景画。

5.库布齐沙漠

库布齐在蒙语中意为“弓弦”。它长 400km，宽 50km，沙丘高 10～60m，像一条黄龙横卧在鄂尔多斯高原北部，横跨内蒙古三旗。库布齐沙漠是中国第六大沙漠，也是距北京最近的沙漠。令京城人谈之色变的沙尘暴的源头之一就是库布齐沙漠。

6.浑善达克沙地

浑善达克为蒙古语，意为“孤驹”。相传成吉思汗西征时，所骑之马为其最心爱的“孤驹”经此沙地而得名，浑善达克沙地在锡林郭勒草原的中南部，呈东西走向，绵延 30km 之远，总面积 $2.14\times10^4 km^2$。沙地中沙丘起伏，间有丘间低地和滩地。

这个沙地是中国著名的有水沙漠，在沙地中分布着众多的小湖、水泡子和沙泉，泉水从沙地中冒出，汇集入小河。这些小河大部分流进了高格斯太河，也有的只流进水泡子里，还有的只是时令性河流。

浑善达克沙地水草丰美、景观奇特、风光秀丽，有人称它为“塞外江南”，也有人称它为“花园沙漠”。那里野生动植物资源比较丰富，是候鸟的产卵繁育地，还有很多珍稀的植物和药材。

7.巴丹吉林沙漠

它位于内蒙古自治区阿拉善右旗北部，东西长约 270km，南北宽约 220km，面积 4.7×10^4 km^2，是我国第三大沙漠，其西北部还有 1×10^4 km^2 的地域至今尚无人类的足迹；是世界上唯一高大沙山群分布密集的沙漠，一般海拔高度为 1 200～1 700m，沙山相对高度可达 500m 之多，为世界沙漠之最，被称为“沙漠珠穆朗玛峰”。

8. 科尔沁沙地

它是我国四大沙地中面积最大的一个沙地，总面积达 4.23×10^4 km^2，位于东北和华北的交界地带。

第二节　沙漠气候

极端干旱的沙漠气候，跨越纬度大，不同区域气温差别很大。根据所处纬度的不同，可分为低纬度沙漠和中纬度沙漠。低纬度沙漠也称热沙漠，分布在南北回归线附近的副热带高压区内，如非洲北部的撒哈拉沙漠、亚洲西南部的阿拉伯沙漠、澳大利亚中部的大沙漠等。中纬度沙漠也叫冷沙漠，分布在温带大陆内部，如我国的新疆和内蒙古一带及北美大陆西南部的沙漠等。

沙漠气候有以下显著的特点：

第一，降雨稀少，气候干旱。以我国的沙漠地区为例，年降雨量大部分都在 50～100mm 以下，最少的地方还不到 10mm。如位于塔克拉玛干大沙漠东南部的若羌，年降雨量仅 16.9mm，而托克逊县城降雨量更少，只有 5.9mm。

第二，多风沙天气。大风刮起时，满天黄沙，天昏地暗，流沙遍野；风停后，飞沙落地，形成一条条一排排高低起伏、大小不等的沙丘群，最高的沙丘可高达 400m 以上。

第三，冬季寒冷，夏季酷热，温度的年较差和日较差都很大。如我国西北地区的沙漠中，冬季 1 月份的平均气温都在 −20℃以下，而夏季 7 月份的平均气温则在 26～30℃以上，温度的年较差高达 50℃左右。与年较差相比，沙漠地区的温度日较差更大。如吐鲁番盆地，夏季白天的极端最高温度曾达到 82.3℃，而入夜后温度又可降至 0℃以下，温度的日较差超过 80℃以上。因此，在吐鲁番盆地一带流传着“朝穿皮袄午穿纱，抱着火炉吃西瓜”的说法。可见，沙漠气候中的温度变化，是世界各种气候中变化最为剧烈极端的。

第三节　沙漠探险装备

沙漠温差很大，以 10 月、11 月为例，白天地表温度可达 50℃左右，夜晚则可降至 0℃以下，11 月如遇寒流温度可降至 −10℃以下，因此沙漠探险中，冬季、夏季服装应一一俱备。白天沙漠的阳光会灼伤皮肤，你可以选择长衫、长裤，但长裤在艰难的行进中会大大消耗你的体力，因而宁可腿部晒脱皮，也要选择短裤。最难忍的灼伤皮肤情况将会出现在后脖颈上，衣领的摩擦在脖子上会疼痛无比，最简易的办法是戴顶遮阳帽，并在帽子的后面压一块白手帕以阻挡强烈的阳光。

水是沙漠探险中永恒的主题。关于沙漠中如何饮水最好、最科学，有诸多说法，其中一种说法是可以常饮，但每次只喝一小口，这是最利于人体吸收的方法。

防晒油在沙漠中是不适用的。沙漠中的沙和海滩上的沙完全不同，它是极细的微尘，微弱的风和轻轻的脚步就会把它扬起。假如你擦了防晒油，这些沙尘会让你的皮肤变成细沙纸。

一双合脚的沙漠靴是最重要的。一定要高腰、柔软，如果是新鞋，最好在进入沙漠前，先在城市中穿一两个星期，“磨合”好了再穿进沙漠。

太阳镜最好有两副。一副是平时使用，另一副是防风沙的，也可用摩托镜或滑雪镜。

一个大号水壶、一筒爽身粉、手电筒、宽胶带、小圆镜、塑料袋等小物品都会在沙漠中给你带来意想不到的方便。比如爽身粉可以擦在你运动时经常被摩擦身体部位；小圆镜用于求生时反射信号；塑料袋用于防尘。

与骆驼为伍。一个人进行沙漠探险是非常危险的，所以沙漠探险在多数情况下是团队行为，每一个人都要发扬团队精神。也只有如此，你才能体会到沙漠探险的乐趣。如果参加这种旅行，那么你作为团员之一要尽快向驼工学会装卸骆驼，平均每一位团员大约要装配三峰骆驼，这些骆驼要驭着进入沙漠的装备、食品、饮用水以及骆驼自己的饲料，大约要有 4 个人一起工作才能装卸好一峰骆驼，所以每天早上和晚上装卸骆驼是团队精神最集中的体现，以 2 名驼工带 8 名探险队员为例，大约需要 30 峰骆驼，将所有物品捆上驼背，在大家熟悉操作方法以后，大约需要 50 分钟时间，这是一天旅行中最繁忙紧张的时刻。

挖井找水做饭。第二次团队精神的集中体现是晚上露营后挖井工作。假如是一次 10 天时间的沙漠探险活动，大约要挖三次井，这些井水是给骆驼饮用的，在沙漠中生长植物的地方，如芦苇、胡杨生长较多的地方，一般下挖到 2.5m 左右可以出水，这就需要大家轮流挖井，这项工作大约需要 2～3 个小时。

第四节　沙漠中的植物辨识

在沙漠气候的环境中，生活着一些适应干旱条件的动植物，如骆驼、沙鼠、沙蜥、仙人掌、胡杨、沙枣等。据不完全统计，我国沙漠中的野生植物至少有 1 000 多种，其中 300 多种可以作药材使用。

1. 适合于找水的植物

(1)水源指示植物。在沙漠中找到这类植物，无疑是最让人兴奋的，如同找到沙漠中的绿洲一样。因为这类植物不属于沙生植物范畴，其生存需要相当多的水。它们的存在证明，其根下很浅的地方就是水源，至少是含水较多的沙层。这类植物以芦苇最为典型，一般芦苇根至多扎根约 2m，周围就是含水层，生长越茂盛含水越多，甚至可以找到泉眼。同时芦根(根状茎)也含大量水，可用于应急，其味甘甜。一般芦苇多生长于季节河两侧或沙边缘地带，在塔里木盆地腹地也有大量分布。利用芦苇找水的方法是，观察其长势如何，如是干枯死亡的芦苇丛，则其下无水，因为它的生长受水位影响很大。除芦苇外，灯心草、莎草丛下都有较浅含水层，其形式与芦苇相似。

(2)湿沙指示植物。这类植物分布较广，植株密集，具有保水作用。但其耐旱、需水量明显比前者少，其根系附近的湿沙含水量也偏少。这类植物以梭梭和白梭梭灌丛和英膜麻黄灌丛为典型，一般来说，它们根系深扎沙层约 3～5m，湿沙含水量一般不超过 30%，其下几乎没有泉眼的可能，只能用于应急。

(3)直接利用植物。沙漠中的有些植物为了其生存，在身体里贮存有大量水分，而这正好可以为人类所用。上面说过的梭梭灌丛中，虽说取水不易，但却可能见到寄生在它根上的肉苁蓉，俗称“大芸”。它单个重达 1.2kg，最大有 3kg 多的，含水量一般为 15%～30%，找到它就如同找到了天然水罐。剥去外皮，吞食其肉，不但解决了水的问题，其体内丰富的蛋白质还可充饥，可谓一举两得。

寄生于白刺(沙漠中常见的一种小灌木)根上的锁阳，个头虽比不上“大芸”，但含水量要比前者高不少，它色泽褐紫，形如棒槌，其肉洁白，入口香甜，也是充饥的佳品。

但寻找二者均要择时，因为它们在花开结果后会迅速干燥，就无食用价值了，而且一次也不能食用过多，否则有副作用。笔者因一次暴食 8 株锁阳而呕吐不止，并有眩晕感。“大芸”食用过多后，还有四肢麻木等不良反应。

除上述外，寄生于蒿子根上的列当，无论是开黄花还是紫花都可用于补水充饥，但含水量稍低。在沙漠中还有一些具有肉质茎及肉质叶的植物，但大多不能用于补水，因为在沙漠中这类植物大多含盐分过大，或有毒性，千万不可轻易食用。

在沙漠边缘，多生长有一些野果，如唐古特白刺、黑枸杞和扁核木等，在能识别种类的前提下，可以食用以补充一定量的水分。

2. 什么植物不适合找水

(1)根系极深的植物，如红柳、水柏枝和骆驼刺。

(2)极耐旱的植物，如骆驼蓬、猪毛蒿、驼绒藜等，它们极耐旱，并从空气中获得大部分水分。

(3)盐碱指示植物，如胖姑娘，其下水为盐碱水，不适宜饮用。

第六章

登　山

第一节　登山运动的定义及发展

登山，英语叫作 Mountaineering，通常指的是借助登山装备攀登雪山的活动。

登山运动是体育运动中的一种，是指登山运动员徒手或使用专门装备攀登各种不同地形的山峰或山岭。它可分为金字塔形兵站式登山、阿尔卑斯式登山和技术登山等数种。登山运动开始于 18 世纪 80 年代。1786 年 8 月 8 日法国医生巴卡罗与石匠巴尔玛结伴第一次登上阿尔卑斯山的最高峰勃朗峰(海拔 4 807m)。次年，由青年科学家德·索修尔率领的 19 人登山队再度登上勃朗峰，世界登山运动从此诞生。因该项运动首先从阿尔卑斯山区开始，故也称为“阿尔卑斯运动”。从 1786 年至 1865 年间，阿尔卑斯山脉海拔 3 000～4 000m 以上的高峰，相继为登山运动员成功登顶，国际登山史上称此时期为“阿尔卑斯的黄金时代”。19 世纪 80 年代以后，使用各种攀登工具和技巧的技术登山日渐推广，其活动地区也从阿尔卑斯低山区转向喜马拉雅高山区。1950 年至 1964 年间，世界 14 座 8 000m 以上的高峰，包括世界最高峰珠穆朗玛峰在内，相继为中、英、美、意、日等十多个国家的登山运动员成功登顶，国际登山史上称此时期为“喜马拉雅的黄金时代”。1964 年以后许多登山“禁区”被突破，开始进入从来无人使用过的难险路线攀登 7 000～8 000m以上高峰的新时期。1978 年在喜马拉雅高山区出现不用氧气登上高峰的阿尔卑斯式登山。

中国登山运动始于 20 世纪 50 年代。1955 年挑选出第一批登山运动员，1956 年建立了第一支登山队。1960 年和 1975 年中国登山队先后两次从东北山脊登上珠穆朗玛峰，并于 1975 年将一个特制金属测绘觇标竖立在珠峰顶上，准确测量出该峰的高度为 8 848.13m，是国际登山史上首次对世界最高峰高程的确切测量。1964 年中国登山队登上最后一座 8 000m 以上的处女峰——希夏邦马峰。在多次登山活动中，中国登山运动员与科学工作者密切配合进行了各种高山考察活动。

第二节 高山病的认识和预防

高山病,也称为"高山适应不全症"。它是人体对高山缺氧环境适应能力不足而引起的各种临床表现的总称。主要症状有头晕、头痛、耳鸣、恶心、呕吐、脉搏和呼吸加速,四肢麻木,严重的可引起昏迷;给氧吸入后症状可缓解。高山病又可分为高山反应、高山肺水肿、高山昏迷、高山高血压、高山红细胞增多症、高山心脏病、慢性高山适应不全混合型等类型。

高山病(高海拔病)是由于在高海拔地区缺氧引起的疾病。

随着海拔增高,大气压递减,在稀薄的空气中氧分子减少,这样可有效利用的氧减少,在以下几个方面影响身体:呼吸的频率和深度增加,扰乱了肺和血液间的气体平衡,血液的碱度不断增加,电解质分布改变,如细胞中的钾和钠的分布。结果导致血液和组织间水的分布改变。这些变化是引起高山病的主要原因。在高海拔地区,血中含氧量减少,皮肤、嘴唇和指甲呈蓝色(发绀),经过几周时间,机体为适应缺氧性反应会产生更多的红细胞,以便携带更多的氧到组织中去。

高海拔的影响取决于海拔的高度和上升的速度。海拔低于 2 000m,很少有显著影响,但一般在 2 700m 以上,影响就会迅速增大。大多数人在几天时间后,就能适应海拔 3 000m 的高度。适应更高的高度可能需要花几周时间才行。

1.高山病的症状

急性高山病:居住在海平面附近的人,在一两天时间内登高到中等海拔高度(2 500m左右)就可以引发疾病。患者症状为呼吸急促、心跳加快、容易疲乏;大约20%的人还有头痛、恶心、呕吐或睡眠障碍;大量出汗可使症状恶化。大多数患者在几天内症状可以缓解。轻微的反应对大多数年轻人来说,只不过是有些不舒服而已。但随着年龄的增长,反应也会加重。

高山肺水肿:急性高山病伴有液体聚积在肺内,出现更严重的症状。久居高海拔地区的人,特别是儿童,他们在海拔低的地区住上 7～10 天后,再返回高海拔地区时,容易发生高山肺水肿。以前患过高山肺水肿的人,再次患病的可能性更大。甚至引起轻度的呼吸系统感染,如感冒等都很可能增加患病的几率。患高山肺水肿的男性比女性更多。通常在到达高海拔地区后 24～96 小时内发生高山肺水肿。海拔低于 3 000m 不易患此病。高山肺水肿的呼吸困难比急性高山病更严重,甚至稍微用力就会引起严重的呼吸困难。常常咳嗽,最初发痒、干咳,有时咳出少量稀薄的泡沫状痰。随后咳出大量呈粉红色甚至带血的痰。患者可能有低烧。高山肺水肿能迅速恶化,从出现轻微症状到死亡有时只有几小时。

高山脑水肿:是高山病中最严重的类型,常在到达高海拔地区后 24～96 小时内发生或者继急性高山病或高山肺水肿之后发生。高山脑水肿患者脑内液体积聚,步行困难(共济失调),可能伴有手运动不灵活,这是常见的先兆。严重者头痛,稍后出现幻觉,但常常被忽视。海拔越高,越容易查觉和诊断脑损伤,症状类似醉酒。高山脑水肿从出现轻微症状到发生生命危险,往往只有几小时。如果发现高山脑水肿的症状必须立即下到低海拔地区。

高山水肿(手足肿胀、清晨醒来时脸肿)常发生在徒步旅行、登山和滑雪的人中,部分是因为在高海拔地区体内电解质分布改变引起。但是,有时在海平面附近,由于大量出汗也可以引起体内电解质分布改变而发生水肿。

高山视网膜出血(在眼底视网膜上有小的出血点):是在上升到高海拔地区,有时甚至中等海拔地区出现的眼底出血。很少出现症状,出血点会慢慢自动消失。偶尔出血发生在眼球中央视觉部位(黄斑区),可出现一个明显的小盲点。很少造成单眼或双眼视力下降或失明;有时可能出现明显的周期性偏头痛,下到低海拔地区后症状很快消失。

慢性高山病:发生在高海拔地区居住几个月或几年以上的人。症状主要表现为呼吸困难、嗜睡和疼痛。在下肢和肺形成血栓、心力衰竭。机体补偿缺氧过度,形成过多的红细胞导致本病发生。患者逐渐丧失劳动能力,若不下到低海拔地区,可能引起死亡。

2. 高山病的预防

预防高山病的最好方法是减慢登高速度,用1～2天的时间上升到2 400m高度,然后每天登高300～600m。按适合每个人自己的步速登高比跟着固定速度登高更有助于预防高山病。登至一半高度停下来过夜休息可以减少发病的几率。身体健康的人患高山病的几率较小,但不能保证在高海拔地区不出现高山病。到达目的地后头两天要避免大量出汗。喝大量的水,避免吃盐或含盐的食品可能有所帮助。在高海拔地区饮酒应特别小心。高海拔地区饮一杯酒精饮料的影响相当于海平面地区的两倍影响,酒精过多的表现类似于某些类型的高山病。

登山开始时和到达目的地后几天内,服用小剂量的乙酰唑胺或地塞米松可减少患急性高山病的危险。出现高山肺水肿症状时可使用心痛定。布洛芬对减轻高海拔引起的头痛最有效。少吃多餐高碳水化合物食物比多吃少餐更好。

3. 高山病的治疗

轻度急性高山病除多饮水补充因出汗、呼吸加快和空气干燥损失的水分外,不需其他治疗,一两天后就会好转。服用布洛芬、饮大量的水有助于减轻头痛。如果症状更严重一些,可服用乙酰唑胺、地塞米松或其他药物。

高山肺水肿有时有生命危险,必须密切观察,卧床休息、给氧。如果无效,应将患者转移到低海拔地区，不要延误。心痛定作用很快，但只能维持几个小时的疗效，不能取代把症状严重的病人转移到低海拔地区。高山脑水肿也可危及生命，可用地塞米松治疗，如果病情加重，应转移到低海拔地区。如果病情恶化，延误转移到低海拔地区，可能导致生命危险。

转移到低海拔地区后，症状一般都能迅速好转，若无好转，应寻找其他方面的原因。如果不可能转移到低海拔地区，可用增压装置治疗严重的高山病患者，相当于降低海拔高度的这种装置——高压袋是用轻型纤维制成的袋或帐篷和一个手动泵组成。把患者放入袋中，密封后用手动泵向袋中加压。病人在袋中停留 2～3 小时。这种方法补充氧气同样是一种有效的临时措施。

第三节 登山常用技术

1. 三点固定法

这是登山运动中攀登陡峭坡面时最主要和最基本的安全攀登方法。在攀登较陡峭的岩石峭壁时，双手和双足形成人体用力的四个支撑点，轮流使用其中三个点，使之保持于岩面上呈暂时固定状态，而移动一手或一足继续向上攀登。

2. 三拍法

这是攀越峭壁、雪坡时的基本方法。如在较硬的山坡上攀登时，按三个步骤进行：

(1)双手横握冰镐头的两边，将镐底钉插进斜坡雪内。

(2)随即以足尖用力蹬破雪的表层，构成一个支点。

(3)再将另一足提上前，蹬破另一部分雪的表层，再构成一个支点。因按三个步骤构成等高的台阶形脚迹逐步上攀，故名“三拍法”。

3. 适应性行军

在登山运动中，是指为提高适应能力的登山活动。攀登海拔6 000m以上的高山，因高差较大，人体的各种器官不能立即适应高山缺氧的环境，难以从基地营一次攀登直达顶峰。一般多采取逐段适应升高的方法。如从4 000～5 000m 的基地营出发，经过数次行军到达 6 000～7 000m 的高度并取得一定适应后，再从基地营升高到 8 000m 以上，以适应特高的海拔高度的缺氧环境。

山间危险：登山运动术语。登山过程中遇到的危险，一般分为两大类：天然危险和人为危险。前者是指自然界对登山者构成威胁的各种危险，如滚石、雪崩、冰崩、冰裂缝、山涧急流、日晒、大风、大雪、低温、云雾和雷电等。此类危险常给登山者造成伤亡。后者主要是指登山者由于不熟悉山间自然变化规律，或缺乏经验坠跌入冰裂缝中(或悬崖冰壁下),也有人为引起雪崩和滚石而造成重大伤亡事故的。

雪盲:是高山病的一种。阳光中的紫外线经雪地表面的强烈反射对眼部所造成的损伤。患者开始时两眼肿胀难忍、怕光、流泪、视物不清;经久暴于紫外线者可见眼前黑影,暂时严重影响视力,故误认为"盲"。登山运动员和在空气稀薄的雪山高原上的工作者易患此病。配备能过滤紫外线的防护眼镜,可起到预防作用。

雪线:终年积雪区与入夏积雪融化区之间的分界线。其高度一般随各地区纬度的不同而有所差异,例如,欧洲阿尔卑斯山区的平均海拔为 2 500m 左右,中国天山的平均海拔高度为 4 400m,珠穆朗玛峰附近喜马拉雅山中国一侧海拔高度为 5 600m。

雪洞:登山运动中在雪坡上人工挖的宿营地。多在山坡陡峭、风力较强、不适于支设帐篷的深雪坡面上挖筑,可避风,比帐篷舒适而且暖和。

越岭:以翻越棱线为登山路线,或登顶棱线附近的山头。

纵走:连走数座同一山系之山头的长程登山路线。

4."之"字形攀登法

在攀登比较陡险的草坡、碎石坡或冰雪坡面时,为减少直线上攀所产生的难度和滑坠危险而采用的上攀法。因系曲折蛇形路线,形似"之"字,故得名。

第七章

攀 冰

第一节 攀冰的定义及发展

攀冰，英语叫做 Ice Climbing，是一项借助于装备、器械进行攀爬冰壁的运动。

攀冰由攀岩运动发展而来，是攀登高山、雪山的必修科目，更是登山运动的基本技能之一。目前攀的冰主要是自然冰，分为冰瀑和冰挂两种。攀冰是一项借助于装备、器械而进行的运动，要求装备质量高且经久耐用。

20 世纪 70 年代以前，冰壁攀登一直是登山探险中难以逾越的障碍，许多登山家就因为在攀登过程中遇到冰壁而功亏一篑。60 年代末欧洲一些登山者针对这一难题，根据多年积累的经验，发明了小冰镐附带锯齿状镐头以及带坚硬前刺的冰爪。许多登山者使用这些改进的新装备到处寻找冰壁进行攀登，在他们攀登冰壁的同时进一步改进了装备和技术，像美国的伊冯·乔内里、杰夫·洛、格里格·洛，已成为现代攀冰的代名词。现代攀冰技术被欧洲的登山家和到欧洲攀冰的美国登山家推向一个新的台阶，他们开创了许多非常困难的攀登路线，使得冰雪攀登技术越来越高，攀冰比赛在欧美也逐渐盛行起来。

第二节 攀冰装备

攀冰装备常用的有以下几种。

冰镐：冰镐最好尾端有一绳套，套在手腕上，以防失手滑落。

高山靴：攀登雪山的必备品。靴表面有防水层，有的分为外靴、内靴，外靴防水耐磨，内靴保温。

冰爪：同高山靴配套使用，分为 8 齿、12 齿、16 齿等。使用上分为卡式、捆绑式两种，卡式使用方便，尤其在外界条件突变或环境恶劣时，取出冰爪扣上高山靴即可；捆绑式安全、牢固、可靠。

冰锥：使用合金钢制成，呈空心螺旋状，固定在冰面上，用力旋转深入冰层。在冰面上起到固定主绳和保护作用。

其他为防水主绳、头盔、防水服装、防雪套、防水手套、安全带、绳套等。

攀冰的级别难度通常分为以下七级。

一级：只用冰爪就可以走上去。

二级：单绳距60°～70°的冰，包含少量短的陡阶，能确保安全。

三级：持续70°～80°的冰，通常厚且硬，可能含有短距离的峭壁，但有好的休息点，能确保安全。

四级：持续75°～85°的冰，好的确保区零星分布，有少许显著的垂直区，通常冰质很好，能提供良好的保护。

五级：有很多85°～90°冰壁陡峭的绳距，差不多是攀岩5.9所需要的技巧及能力。

六级：非常陡峭，没什么休息处的艰难绳距，常要悬吊着确保短暂停留，冰质不是顶好，安全性可疑，需要高技巧，差不多是攀岩5.10的专业技术。

七级：差不多是垂直的冰壁，非常薄，冰质也不好，不能确定是否附着在岩石上，保护不易或不能，大约是攀岩5.12的专业技术。

美国登山家杰夫·洛根据这七个等级又划分出永久性冰壁和季节性冰壁。AI为永久性冰壁，WI为季节性冰壁。当攀登者看到这两种符号之一，就明白自己将要攀的是季节性冰壁还是永久性冰壁。

虽然攀冰有难度等级，但季节不同、气候不同，其攀登难度也会有变化。冰壁上的情况经常会发生一些变化，每个攀登者在攀登时，要把攀冰难度再加一级，这样就能确保完成攀登。

最后奉告攀冰爱好者在准备攀冰之前，一定要仔细收集自己将要去攀的冰壁资料。攀冰一定要做到胆大心细，戒骄戒躁。

【YDS 攀岩难度等级】

美国的Sierra俱乐部早年为方便地描述攀登路线的难度制定了以下等级：

一级是行进在石头坡上，一般不用手帮助平衡。

二级是有时用手，但初学者和不灵活的人也不必用绳子保护。

三级是坠落后有相当的危险，经常用到手，最好准备好绳子。

四级是需要一定的攀登技术，大多数人认为，由于如果发生坠落就有生命危险，所以绳子是必要的，一般攀登者需要保护，保护点容易找到。

五级是必须用绳子和保护以防止坠落造成严重后果，在不同程度上要求特别的攀登和保护技术，从这个等级开始叫“技术攀登”。

五级原来按难度分为10级，叫“约塞米蒂十进制系统”(Yosemite Decimal System，或 YDS. Yosemite)形式为“5.0”、“5.1”、“5.2”……“5.10”，按定义超过5.10级就是第六级，也就是必须直接使用人工器械才能攀登。可是随着攀岩技术和装备(攀岩鞋、镁粉)的进步,YDS成为了开放等级,所以又有了“5.11”……为了细分等级,5.10后的每个“数字级”中又按难度分了a、b、c、d四个次“字母级”,现在世界上最难的路线大概是5.15d。

新路线难度由攀登者按以前自己已经攀登过的等级经验(很主观)给出个大概,然后爬的人多了,给的主观等级慢慢就固定了。比如当初最难等级还是5.10时,有人爬了一条新路线,感觉和5.10比,其难度提高得比5.10与5.9间的难度距离还高,于是就必须突破5.10这个人为规定的五级上限,叫它5.11。

第三节 攀冰技术

攀冰技术可分为德式技术与法式技术两种。法式技术:起源早于德式技术,其攀爬特点不同于一般的攀岩技术。它是用一支大冰镐攀爬,采用“两点支撑,一点移动”技术,即用一只脚和一支冰镐支撑身体,移动另一只脚或冰镐,因此它的技术要求比较高,且冰坡超过60°时一般不采用此种方法。法式技术的要领是双手在胸前横握冰镐,一手握冰镐三通处,镐尖向下,另一手握冰镐1/3处,双手间距离相当于肩宽。双臂用力将冰镐扎牢于冰面,然后依次移动双脚,反复进行。德式技术:是比较安全的攀冰方法,与法式技术不同,它采用两支小冰镐,这样就和攀岩一样,是“三点固定”。现在大多数攀冰者都采用这种技术。

现代技巧:现代的冰爪技巧是由法式技巧和德式技巧演进而来。与攀岩一样,在攀登冰面时踏出的步伐必须敏捷而决断,这样才能维持平衡,减少疲劳。冰爪着地的步法通常适用于角度较低的斜坡以及容易踏入的地面,前爪的步法则在陡于45°角的坡度,以及非常坚硬的冰地上最为常用。事实上,大部分的登山者都是将这两种技巧融合运用,有人称做美式技巧。无论采用哪一种技巧,最重要的就是在利用冰爪的时候要明快。在低缓或中度斜坡上练习,有助于培养你的技巧、信心,并且让你在陡峭斜坡上的动作更敏捷。

无论采用德式技巧,还是法式技巧,技术高超的攀冰者会和高明的攀岩者在攀登艰险岩块时一样,动作审慎周密。把冰爪的前爪踢入冰面时,务必要谨慎小心,身体重量从一脚换到另一脚时要明快、平顺。胆子大是高明冰爪技巧的必要条件,你目前置身何处且不去管它,心神要完全集中在爬上去的动作。不过,大胆并不是盲目的蛮勇,它是经由时间和热诚而产生的,是在冻结溪谷的冰峰上,多次练习后所培养出来的信心和技巧,同时随着练习路段与困难度的增加而更趋成熟。

攀冰注意事项:将冰镐扎入冰面时,不要用力过猛,而且冰镐不要晃动,因为这样会使冰面破裂,影响其稳固性。踢脚时要用力使冰爪尖牢牢地扎入冰面。能否使冰爪扎牢冰面,关系到身体的稳定和攀爬的质量。正确的动作是:提脚的同时以膝关节为轴，利用登山鞋的重量，使脚平稳地前踢，使冰爪的两个前齿都能扎入冰面。注意：脚不要上下晃动，这样容易使冰面破碎而不牢固。另外，脚要平直，如果呈“八”字形扎入冰面，就不能充分发挥冰爪的作用。除安全带等必要的保护性措施外，攀冰时还必须配戴头盔，以防碎冰坠落。

攀登方法：主要包括镐法和脚法。镐是指手中的小冰镐，利用鹤嘴劈入冰面提供悬挂。基本要领是大臂带小臂，小臂摆方向，手腕出镐即停。主要力量来自大臂、肩和背，小臂使镐尖保证垂直冰面入冰，在入冰前通过手腕将臂的动量转给冰镐，这样冰镐就获得了最大的动量，入冰效率就会提高。入冰后，不必抓冰镐，利用腕带下拉受力即可，手腕休息准备下次挥镐。脚法是指如何利用冰爪提供支撑。攀冰中大量利用前齿踢冰，这种技术成为德式踢冰。要领是摆大腿，小腿提脚，垂直入冰。主要力量来自大腿、臀部和背部，提脚是为了使前齿充分入冰不脱出，使用双前齿冰爪使前齿垂直冰面同时入冰，才能提供最大支撑。学会了镐法和脚法之后，就要依靠镐和脚的配合，与攀岩相似，主要有四变形，也就是固定三点、移动一点的方法；还有单镐向前牵引式的方法，这就要求入镐和入脚都是稳定的，属于进阶了。

保护方法：攀冰中的保护方法与攀岩非常相似，只是需要注意冰上保护点没有岩石结实，不能经受很大的冲坠，因此绳子相对攀岩要打得紧些，减少脱落时的冲坠距离；保护员要保护好自己，接近冰壁时必须戴上头盔，时刻注意上方攀爬者和落冰；如果需要站立在冰面上，保护员需要穿冰爪，最好在冰面上用冰锥将自己固定。另外在攀冰保护中最好能够使用抓结，因为攀冰场地比起攀岩场地突发性的危险更多；不能使用 grigri 等自动保护器，因为在寒冷或结霜时会失效。

第八章

滑　雪

第一节　滑雪运动的定义及发展

滑雪运动的基本含义是指人们成站立姿态，手持滑雪杖，足踏滑雪板在雪面上滑行的运动。“立”“板”“雪”“滑”是滑雪运动的关键要素。

早在几千年前，当人们的生产条件还很落后的时候，人类为了在恶劣的自然环境中生存，发明了可以代替行走的滑雪板，它的应用使得人们可以在浩瀚的森林中任意驰骋追寻猎物。滑雪运动起源并发展于斯堪的纳维亚国家。国际滑雪联合会成立于1924年，北欧滑雪项目列入了1924年在法国沙莫尼举行的第一届冬季奥运会。在世界滑雪运动中居领先地位的国家有斯堪的纳维亚各国，如挪威、瑞典、芬兰，还有西欧的阿尔卑斯山脉周围的国家，如法国、意大利、奥地利、德国和瑞典，以及美国和俄罗斯等。一般来说，斯堪的纳维亚国家在北欧滑雪项目上占据优势，阿尔卑斯山脉国家在高山滑雪项目上占据优势。

滑雪是一项既浪漫又刺激的体育运动。滑雪是运动员把滑雪板装在靴底上在雪地上进行速度、跳跃和滑降的竞赛运动。滑雪板用木材、金属材料和塑料混合制成。滑雪竞赛主要有两种：北欧滑雪和高山滑雪。高山滑雪由滑降、小回转和大回转(障碍滑雪)组成。回转(Slalom)是一个挪威词，意思是“在倾斜的路面上滑行”。高山滑雪混合项目就是由上述三个项目组成。北欧滑雪(比赛)包括个人越野滑雪赛、男子接力赛和女子接力赛。此外还有跳台滑雪赛，以及北欧混合项目比赛，包括越野赛和跳台赛。Ski(滑雪)是一个挪威词，意思是“雪鞋”。

滑雪运动从历史沿革角度可划分为古代滑雪、近代滑雪、现代滑雪；从滑行的条件和参与的目的可划分为实用类滑雪、竞技类滑雪和旅游类(娱乐、健身)滑雪。实用类滑雪用于林业、边防、狩猎、交通等领域，现多已被机械设备所替代，逐渐失去昔日的应用价值。竞技滑雪是将滑雪升华为在特定的环境条件下，运用比赛的功能，达到竞赛的目的。娱乐健身(旅游)滑雪是适应现代人们生活、文化需求而发展起来的大众性滑雪。

以上三类滑雪运动，从其所要求的器材、场地、设备及运动技术的形式来看，要达到的目的虽基本雷同，但作用和其他一些方面还是有很大差异。下面重点谈谈竞技滑雪和旅游滑雪的特色。

滑雪运动（特别是现代竞技滑雪）发展到当今，项目不断在增多，领域不断在扩展，目前世界比赛正规的大项目分为：高山滑雪、北欧滑雪（越野滑雪、跳台滑雪）、自由式滑雪、冬季两项滑雪、雪上滑板滑雪等。每大项又可分为众多小项，全国比赛、冬奥会中几十枚耀眼的金牌激励着人们去拼搏、去分享。纯竞技滑雪具有鲜明的竞争性、专项性，相关条件要求严格，非一般人所能具备和适应。

旅游滑雪是出于娱乐、健身的目的，受人为因素制约程度很轻，男女老幼均可在雪场上轻松、愉快地滑行，饱享滑雪运动的无穷乐趣。由于高山滑雪具有惊险、优美、自如、动感强、魅力大、可参与面广等特点，故高山滑雪被人们视为滑雪运动的精华和象征，更是旅游滑雪的首选和主体项目。通常情况下，评估人们滑雪技术水平的高低，多以高山滑雪为尺度。

近期出现的旅游滑雪项目还有单板滑雪、超短板滑雪、越野滑雪等。其中越野滑雪是在低山丘陵地带（平地、下坡、上坡各约占 1/3）长距离滑行，虽然远不及高山滑雪的乐趣和魅力，但从安全和健身角度而言，更具有广泛的参与性。超短板滑雪、单板滑雪（双脚同踏一只宽大的雪板）比高山滑雪更具有刺激性，技术更灵活。但此项运动在中国尚未普遍开展。

高山滑雪的规范竞赛项目有：滑降、超级大回转、大回转、回转、全能等。高山滑雪的技术种类很多，如不同的滑降技术，多变的转弯技术，应急的加速、减速、停止技术，惊险的跳跃技术及特殊技术等。一般初学者应根据自身的体育素质、年龄、滑雪基础、场地条件，可投入的时间等因素，选取滑雪入门的最优方案。初学者切忌：求急、随意、莽撞，因滑雪运动是在滑动中操纵技术，重心不易控制，易形成错误动作，故应在入门的第一天起，就应在专业教练员的严格指导下，在姿势、要领、动作方面做到“三正确”，从练习基本动作起步，扎实掌握技术功底，为以后的提高奠定基础。要高度认识到，滑雪错误的姿势和技术一旦形成，极难纠正，会留下深深的遗憾。

第二节　滑雪的装备

滑雪器材主要有滑雪板、滑雪杖、滑雪靴、各种固定器、滑雪蜡、滑雪装、盔形帽、有色镜、防风镜等。通常滑雪场有器材出租，游客不妨租借。滑雪板价格有别。一般滑雪板有木质、玻璃纤维和金属之分，木质的轻而价格便宜，但易受潮变形，故使用前宜涂抹特制油脂，使之不易粘雪及防止雪水浸入。玻璃纤维滑雪板适合于任何雪质的雪地，但价格较高。铝合金的金属滑雪板在轻而燥的深雪及冰面上回转轻便，价格也较高。目前市面上有将这三种材质混合制成的滑雪板，最受滑雪爱好者欢迎。

高山滑雪板的种类很多，由于功能及种类的不同，高山板间的档次及价位差别很大。

(1)按竞技滑雪项目分为：回转板、大回转板、超级大回转板、滑降板；

(2)按滑雪水平分为初学者板、中级板、高级板、竞赛板、世界杯用板等；

(3)按雪质分为适于滑硬质雪的板、适于滑粉状雪的板、适于特技的滑雪板等；

(4)按年龄、性别分为男性雪板、女性雪板、儿童雪板等。

选用滑雪板的注意事项如下。初学者最好选用弹性好、长度短、雪板头较大些、轻便的滑雪板。

如果经济条件允许，滑雪者应考虑选购一套自己专用的滑雪器材(包括滑雪板、固定器、滑雪鞋、滑雪杖)。选购器材时主要应考虑厂家与商家的诚信度、雪板的质量与性能、售后的维护服务等方面，一定不能购置和使用糠心的滑雪板。

滑雪杖：简称雪杖，其作用是帮助滑行及维持身体的平衡。选择时以质轻、不易折断、平衡感好、适合自己身高为原则。一般由拦雪轮起算，最长不过肩，最短不低于肋下。可将手穿过皮手环，握杖挥动称手为佳。

固定器：所有的滑雪板上都有将滑雪靴固定在其上的装置，在滑雪者跌倒时固定器会迅速松脱，因此它是避免滑雪伤害的重要防护器具之一。

滑雪装：应以保暖、防风雪、舒适合身、不妨碍行动及尽量减少风的阻力为原则。专业的滑雪装虽质量精良，但价格昂贵。因此业余爱好者一般只需购买实用的普通衣物即可。

滑雪靴：初学者和业余者选择保暖合脚及防水的滑雪靴即可。最好选择靴筒较低的短靴，以免影响足踝的屈转。

有色眼镜：雪地上因阳光反射强烈，必须戴上有色眼镜来保护眼睛。镜架以塑胶制品较为安全，镜片颜色以黄色或茶色为佳。

第三节　滑雪技术

Step 1 步行。穿上滑雪器最初的动作就是步行。其动作与一般的走路并没有两样，开始时也许不习惯，可先穿上一只滑雪器来回走动两趟，尔后再两只一起穿上，一步一仗地适应平衡。

Step 2 跌倒。以侧身着地最为安全，亦即以大脚外侧、腰下侧着地，同时举起双雪杖并用力地将两脚伸直，以防不必要的受伤。

Step 3 方向变换。以滑雪器之前端或尾端为圆心，将欲转变方向内侧的滑雪器，向欲转换方向分开成"V"字形，再将外侧滑雪器靠拢过来。本方向变换仅适合于平坦的雪地上进行，若是在斜坡上则不适用。

Step 4 登行。最简单的方法就是坐缆车上山。可是有的滑雪场通常没有好的缆车，此时最方便的做法就是把滑雪器脱掉，扛着滑雪器走上去。若是再懒惰一点，也可以穿着滑雪器往山上走，要领就是保持滑雪器与斜坡呈 90°，以防止滑雪器自动滑下去。

Step 5 平地滑行。两脚平行站立，利用手腕力量将两雪杖向后推动，使身体和两滑雪器同时向前滑行前进。身体重心不可置于后，否则会有身体后倾的情况发生，那可是会导致后坐跌倒的。

在学习基本滑雪技术时，主要要求学员应掌握四种滑降技术、两种转弯技术，并了解转弯技术的要领，因为滑降是滑雪技术的基础，转弯是滑雪技术的精华。

学习滑降主要是使学员在高速运动中学会掌握重心，学习转弯技术则能使得滑雪轻易绕过障碍物。由于高山滑雪是加速运动，太快的速度使滑雪者不易控制滑雪板，而转弯过程本身就是减速运动，通过转弯，可使滑雪者将滑雪板控制在均速状态下滑行。

学员应掌握的滑降技术主要有直滑降、斜滑降、犁式滑降和半犁式滑降；应掌握的转弯技术是犁式转弯、半犁式转弯，并了解犁式滑降和半犁式摆动转弯的技术要领。

犁式滑雪：犁式是一种简单易学的滑雪方式，它的动作是，双脚呈内"八"字形，立于雪道之上，双膝稍弯，身体重心在两雪板之间。不要努力把滑雪板平放在雪地上，这时滑雪板与雪地之间应自然地形成一定的角度，滑雪板的边刃切在雪地上，如果这时在坡度很小的雪地上，用犁式可以站在原地不动。

下面选择坡度不大的初级滑雪场，记住犁式滑雪的动作要领，开始滑行，记住一定要让两脚保持内"八"字形，滑雪板与雪地保持有切入角。从开始滑行直到停下来始终保持这个动作。顺着雪道滑过一次后，你会发现，滑到雪道的下端平缓地形时，速度会降下来，这说明犁式滑雪能降低速度，达到了控制速度的目的。回头我们再看一下滑过的痕迹，不是两条直线，而是两条滑雪板横刮的痕迹，反复练几次后。我们再开始学转弯，在刚才学过的动作基础上，把身体重心由原来的两脚中间，移动到左脚或右脚，先做原地练习，重心移到左脚（或右脚）时要稳定动作几秒钟，在身体重心左右移动时，滑雪板始终保持"八"字形和与雪地间的角度。

再来到滑雪道上，在下滑时将重心移到左脚上停留一会儿，会发现向左转弯；再将重心移至右脚，这时会向右转弯。（重心移到哪只脚上，身体就会沿这只脚的雪板方向滑行）。转弯动作不是重心移动后就能完成，而是移动后要将重心保持在一支滑雪板上一会儿，才会完成一个转弯动作。也就是说，转弯是持续用力完成的动作。这个滑行动作需要经过多次反复练习。

在这个练习过程中，容易出现的错误就是在滑雪转弯过程中速度增加处，由于面向坡下，速度增加，心理紧张，因而没完成动作就失去了平衡而摔倒。这时重要的是记住动作要点，保持动作，完成转弯。

在反复练习多次后，可以在速度减缓处使两条滑雪板平行滑行、在转弯时变为犁式滑行转弯。初学者开始滑雪时会觉得很累，这主要是掌握不好平衡，身体紧张造成的，学会了犁式滑雪能熟练滑行以后，你会觉得像散步一样流畅、轻松、自如。

第四节　滑雪登山

滑雪登山，在英文中是“Ski Mountaineering”，顾名思义，与登山相结合的一项运动。滑雪登山运动要求运动员运用特定的雪具和登山装备，以滑雪的方式进行登山，运动员既要具备登山的技巧和体能，也要掌握滑雪的技能。

相对于高山滑雪(Alpine Skiing)而言，滑雪登山更侧重于登山。高山滑雪依赖拖牵、缆车或直升机等工具到达路线顶端，滑行而下。而滑雪登山则是一项更加纯粹的冰雪运动——完全依靠自身的能力在自然环境中进行攀登，然后下滑。这意味着，只要地形和雪况适合于滑雪，可以完全摆脱对其他工具的依赖，开展滑雪登山运动。

与越野滑雪(Cross-country Skiing)相比，滑雪登山的路线高差更大，往往在一天之内攀升一两千米。上升与下滑的地形坡度也更为陡峭，而且在某些地段需要使用登山的技巧，如穿着冰爪通过，使用绳索下降等，在线路设置上也突出体现了登山技术的应用。

一、登山滑雪的器材

“工欲善其事，必先利其器”。登山滑雪的器材在性能上是兼顾向上攀登的便利性和下滑过程中控制性能的一种平衡，大致包括固定器、雪鞋、雪板和止滑带，组成了一套既可在上升时抬起脚跟，进行行走攀登，又可在下滑时固定脚后跟，进行雪板操控的系统。此外，器材的重量也是需要考虑的一个重要因素。

1. 固定器

与传统的滑雪器材相比，滑雪登山器材中的固定器和滑雪鞋都有着很大的区别。滑雪登山的固定器主要有两种锁定形式。

第一种是通过固定器前端卡住雪鞋的前沿，通过固定器前端的转轴可使雪鞋后跟抬起。固定器后端通过调节，可固定或放开鞋跟部，使之具有行走和下滑两种模式。在行走模式下，固定器往往有一至三个挡位，来调整雪鞋后跟的高度，以此来适应不同坡度的雪坡。这种固定器锁定方便、牢固、易于上手。

第二种是通过固定器前端的两个针状金属卡，卡进与之配套的滑雪鞋前端两侧的两个金属空隙中，形成转轴。这种固定器重量很轻，适合于经验丰富的人使用，以 Dynafit 品牌为代表。固定器后端也是具有行走和下滑两个模式。在选择雪鞋时，一定要选择能与固定器锁定方式相配合的款式。

2. 滑雪鞋

登山滑雪鞋的鞋底要比普通高山滑雪鞋坚硬，更像登山鞋的鞋底，可以使用全齿冰爪进行简单的冰坡攀登。在雪鞋脚踝后侧具有"行走"和"下滑"两种模式的调节系统。调节到"行走"模式时，要确保鞋对脚踝部位的舒适度。在"下滑"模式时，雪鞋更为贴近脚踝和胫骨，便于对雪板的操控。

3. 止滑带

止滑带具有单向滑动的功能，由于传统上多使用海豹皮，所以英文中成为"skin"。在使用中要注意，在雪板底部贴上止滑带之前，要清洁雪板底部，并使之保持干燥。而在长距离滑雪登山时，往往要进行几次攀登和下滑。在下滑时一定要注意止滑带的保温，可将其放在怀中。否则，如果温度过低，止滑带往往容易失去黏性，很难紧密地粘在雪板底部，会给即将开始的下一次行走攀登带来很大的麻烦。

4. 板带

如果路线上雪很深，或对自己的滑雪技术没有把握，强烈建议你使用板带(leash)，以此将雪板系在腿部，防止摔倒时雪板脱落到很远的地方，甚至失去。注意板带的长度要调节适中，以不影响攀登、下滑等动作为宜。

5. 雪杖

要使用能够进行长度调节的雪杖。在攀登时，雪杖长度一般调节到从地面到腋下的长度。可选用在手柄下端有海绵或橡胶包裹的雪杖，这样可以延伸手抓握的范围，即使在不同的坡度上攀登，也不用调节雪杖长度。

6. 服装

滑雪登山的服装与登山的服装穿着类似。传统的滑雪服装大多侧重于保暖性，但对透气性重视不够。在行走攀登时，身体会大量发热，而下滑时则需要良好的保暖性，所以滑雪登山的穿着要求保暖和透气的平衡，并且尽可能地轻量化。在攀登时根据天气等情况，调整穿着的衣物，尽量让自己能够舒适地进行活动，不让身体的热气充满全身。在休息和下滑的时候，则要及时保暖。

另外，在进行长路线的滑雪登山时，装热饮料的保温瓶、保温帽、风镜、太阳镜、备用手套、胶带和铁丝(为了修复断裂的固定器和松开的止滑带)等装备也是必不可少的。

二、滑雪登山的基本技术

1. 上升

在进行攀登前,首先要确认滑雪鞋和固定器处于行走模式,然后将止滑带粘在雪板底部,雪板要保证干燥,且避免温度过低导致粘不上止滑带。将雪杖调整到适当的长度。

开始行进的时候不要太快,根据坡度和雪的硬度,调整攀登节奏和行走方式。行进和攀登时,通过双手支撑,大腿带动小腿,推动雪板向前滑动。初学者开始时往往会像走路一样,习惯于向上抬腿,而不是向前滑行。两只雪板上留下的最好不是分开的两条轨迹,而是一条宽的轨迹。在集体比赛中,这样不但第一个攀登者行进省力,而且走在后面的人也会感觉更为舒适。

在攀登时,要根据坡度和地形以及雪况进行"之"字形的路线选择。这样虽然路线会延长,但相对直上而言,攀登者会更为省力和安全。在"之"字形路线的转折处,踢腿转弯(kick turn)是一项经常要使用的技术。熟练地掌握和运用踢腿转弯,不但能在攀登中大大地提高效率,也会给攀登者带来很大的乐趣。当你要进行踢腿转弯的时候,首先要确认自己保持稳定的姿势,通过雪杖的支撑和雪板位置的调节来保持平衡。转弯时,一定要注意在坡上脚上雪板的位置,避免板头下沉,扎入雪中。

如果坡度开始变陡,可以调整固定器后部的挡位,使脚跟的位置更高。不过,有时在上升横移时,高的脚跟位置反而不易保持行进时的平衡,需要特别注意。

2. 下滑

在下滑前,撕下止滑带,检查雪板底部是否有胶,以免减慢雪板的滑行。如果这次下滑后,还要使用止滑带进行攀登,一定要注意止滑带的保暖,可放在怀中。调整固定器和滑雪鞋到滑行的模式。进行这些操作时,一定要注意冷风和低温,避免手指和脚趾冻伤。

做好以上准备工作后,就要开始享受下滑的乐趣了。但记住,这不是滑雪场!首先要根据自己的滑雪能力选择合适的滑雪路线。坡度、雪况、地形都是决定路线难度的因素。在观察下滑路线时,不要只局限于眼前的情况,而要对上方和下方都进行观察。如果离山脊很近,上方是否存在雪崩或落石的危险?前方看不见的地方,是否有悬崖或大石头?如果在冰川上滑雪,一定要确定前方是否存在冰裂缝。

滑行时要控制速度,根据雪坡的角度和雪的质量,选择正确的弯度、大弯或小弯,或者长距离的横切下滑。确保你能在各种情况下都能够及时停住。如果在陌生的山区环境,或在冰川上进行滑雪登山,一定不能单独行动。在冰川上进行时,往往还需要携带冰爪、冰镐、安全带、上升器、登山冰镐、安全带、下降器、登山绳等登山器材。

三、滑雪登山救援

滑雪登山救援技术包括雪崩搜救器材的使用、急救和雪地救援技术等。如果在雪山中,还需要掌握裂缝救援技术,以此来保证在出现特殊情况时,能够及时作出处理。在山区,尤其是存在雪崩危险的地方,必须携带由雪崩探测器、探测杆、雪铲、救生毯组成的雪崩搜救器材。在进入山区前,要进行搜救器材使用的培训。

与登山一样,作为一个成熟的滑雪登山者,你所面对的是纯粹自然的山区。山区不是滑雪场,没有已经处理好的雪道,没有呼之即来的救援队。来到这里,仅具有高超的滑雪技能是完全不够的,你需要了解山区的特征、山区的潜在危险及相关的救援技术,能够从容应对和处理可能出现各种未知的情况,并且时刻记住,安全第一!而这些也是滑雪登山的真正魅力所在。

第九章

漂流运动

第一节　我国漂流探险运动简介

漂流运动是极限运动的一种，也是奥运会运动项目之一。

漂流运动早已风靡世界。中国大陆的漂流活动起源于长江探险漂流、雅鲁藏布江科考漂流等一系列探险体育活动。1986 年以姚茂书为代表的长江第一漂举世注目，英烈的壮举让人荡气回肠，热血沸腾，由此所产生的漂流冲击波也波及到神州大地、名江大川，形成一股热烈、持久的漂流激情，进而形成一种有独特内涵的漂流精神、漂流文化，其挑战自我、不断进取的精神意义和社会价值是显而易见的。像 1998 年的“雅漂”(雅鲁藏布江大拐弯地区是世界第一大峡谷)和“珠漂”，都是中国人在精神和肉体上对自我的“极限挑战”。2000 年 8 月，在内蒙古海拉尔市还举行了“中国首届漂流大奖赛”。

目前，我国已经有营业性漂流场所 150 多家。而各种群众性、自发性的漂流探险活动更是无法统计。越来越多的年轻人开始热衷于这项运动，其特有的趣味性、刺激性、观赏性以及时尚、健康特色，更成为众多户外运动爱好者以及新闻媒体追踪的热点。

如果河流足够宽广可以航行，漂流会比沿着河岸走更容易、进程更快一些。长期野外生活的生存者可能会有制作独木舟的经验——把一截粗壮树干中央部分烧空，或者在上面钉牢桦树皮或兽皮柳木构架，也可以仿制古欧洲人建造的那些用芦苇扎成的漂艇。要想造得很好，经得起波浪的敲打，就不那么容易了，即便在将制造它们作为传统手艺的群落中，也还是需要专门的手艺人。

对于探险者来说，建造木筏还是比较切合实际的。即便材料不是很好，也不会轻易倾覆。在出征之前，每只浮艇和木筏都应在宿营地附近的安全水域进行充分的试航。

尤其是在丛林地区，在季风性的河水中借筏漂流是完全可行的，在丛林中有足够的船木或理想的竹林，也可以用连根拔除的树木，它会结实坚固，不会腐败。如果必须砍伐船木,可以选择那些倾斜的树木,会容易一些。顶端有死枝的树干通常仍很结实,可以用来扎筏。

可选用油桶或其他漂浮物支撑木筏漂流。如果找不到坚实的船木,一块防水帆布或其他防水材料也可以用作柳木船上的运载工具。

不要用轻薄脆弱的木筏在任何水域中碰运气。在崇山峻岭之中的河水流速通常很快,只有真正坚固耐牢的结构才能幸免于难。在下游宽阔的河面,如果木筏散了架,落水者必须游很远才能到达岸边。

第二节 扎 筏

根据扎筏所用的材料可以分为竹筏、木筏、独木舟、皮筏等。

一、筏各部位名称

1. 筏身

它是漂流主要依托的部位。其材料主要由坚韧的竹、木构成。现代漂流借助的材料很多,可以是兽皮、油桶等。

2. 固筏木

它是指将筏身固定的木条、藤条或其他材料。

3. 舵筏

为了便于掌握筏前进的方向,通常用一根长篙,前端绑牢一片舵板,长篙绑在筏尾端固定交叉成"A"字形的构架上。构架底部钉入筏身上已钻好的孔洞中,顶端分别用绳索或藤条拉紧,系牢在筏上。

4. 移动撑篙

一根或两根材质较好的长竹、木,主要用于避开危险的情景,如暗礁、漩涡等。

二、筏的种类

1. 竹筏

竹筏(或称竹排)一般不宜在急流险滩中使用,容易被卡住或翻沉,但在风平浪静时漂行,却韵味十足。手持长篙,一边深深浅浅地撑着,一边观赏河岸景观,悠哉游哉。

单层竹筏可能无法支撑你的重量,或者过长难以操纵,所以最好制成双层竹筏。将粗壮的竹杆砍成 3m 长的一段,两端与中央分别钻孔,利用坚韧的树棍穿过竹孔,再用藤条把每根竹杆与树棍绑牢。双层竹排间更要相互压紧绑结实(图 9-1)。

图 9-1 竹筏

2. 木筏或夹筏

它是制作最迅速的一种。圆木作筏身,用四根足够长度的厚实木棍,分别在圆木柄端将其固定成木排。

3. 混合筏

混合筏是借助可漂浮的油筒、兽皮等,依据竹筏和木筏的构造方法建造而成的漂流工具。

4. 独木舟

把一截粗壮的树干中央部分烧空或挖空,或者在上面钉牢桦树皮或兽皮柳木构架,也可以仿制古欧洲人建造的那些用芦苇扎成的漂艇(图 9-2,图 9-3)。

5. 皮筏

一般来说,皮筏实用性范围最广、最普遍、最常用。它采用橡皮或高分子材料制作,有三个或多个独立的气室,在正常使用时不会有漏气问题。皮筏的适应性很强,因为其材料柔韧性能好,又有充气囊可以以柔克刚,即使遭到落差较大的瀑布或险峻的河谷,也几乎总能化险为夷(图 9-4,图 9-5)。

图 9-2　芦沽湖摩梭人独木舟

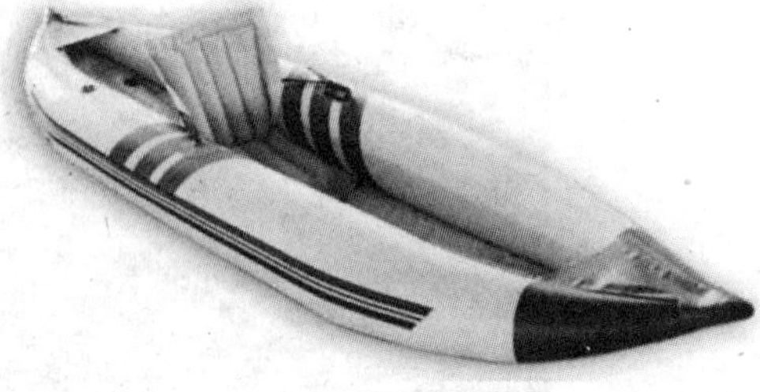

图 9-3　现代充气独木舟

图 9-4　橡皮艇之一

图 9-5　橡皮艇之二

三、漂流技术要领

1. 扎制要领

选材要结实、坚固、柔韧；结绳固定要紧密。

2. 漂流要领

试航要充分可靠；“读河”要专心密切；遇险要沉着、机灵；救护原则要清晰，先我—后人—再装备；分工协作要具体明确；“水手”角色要重点突出（漂流的主要负责人）；上岸不要掉以轻心。

四、漂流所需器材装备

漂流是一种冒险，但绝对不是玩命。必要的漂流用具是爱好者从事这项户外休闲活动的前提，尤其是在比较“凶”的河流上。漂流的方法、用具很多，这里我们只介绍部分单人漂流用具。

防水上衣：漂流者如遇又湿又冷的情况，运动衣是穿不住的。有了一件好的防水上衣，就可以不受从河里溅入的冷水侵扰。这种上衣使用粗纤维和坚固的胶乳帆布来御寒。

漂流手套：除了在热天，手套通常都很受漂流者的欢迎。一副好手套能让手保暖，不致起水泡，同时使划桨更有力。

背包：应该选购对于有桨或无桨漂流探险都极为理想的，既能保持包内物品干燥，又有方便的肩带和拎手使得在短途的陆路上或背或提都很方便的包。

水上运动头盔：对于激流探险来说，高质量的头盔非常必要，可以起到保证人身安全的作用。

收口包：对于短程旅行，此包可装大量物品而不太占地方，而且能使包内物品不会被水弄湿。

漂流靴：3mm 厚的氯丁橡胶靴垫能帮助你的脚即使在冰冻的水中也能充分保暖，同时耐磨的靴底即使在岩石上行走也能保护好脚。

戴格尔(Dagger)转转船：这种特别好玩又有点刺激的游戏船是为漂流好手、喜爱难度漂流的初学者或专业初学者设计的，适合于旋转、冲浪和空翻。

救生衣：救生衣的功能都相同，但舒适性这一重要指标却各有差异。由于肩部、腰部和两侧都可调，腋部开口宽松，萨波救生衣穿着更舒适。

艾尔(Aire)爱斯基摩式可充气划子：艾尔是一位世界著名的充气式筏子的漂流高手。艾尔公司改进了其传统型的漂流筏，从船尾到船头渐渐变窄的构造有助于克服空气阻力，加快船速及增强破浪感。这种小筏子重量轻，便于携带。

沃纳(Werner)交叉桨：这种易于储藏的拆装式船桨，无论在惊险的激流中，还是在悠闲的湖面上都能提供足够的动力，而且价格优惠，对初学者也很适合。

NSR 爱斯基摩式可充气划子：这个不足 3m 长的可爱的小家伙别名叫“鸭子”，对于初学者最适合，它在水中稳定性极佳，在洞中和浪峰上反应敏捷(图 9－6)。

图 9－6　漂流之一

五、漂流教学训练手段

1. 漂流基本知识的学习

主要学习各类筏的制作与使用方法、漂流水域的特点分析、漂流中的安全知识、各类险情的紧急对策等。

2. 漂流基本技能的训练

扎制技能的训练，在模拟条件下扎制不同材质的筏，对扎制的筏进行全面的评价，找出存在的问题以及解决的方案。陆地模拟漂流的训练，主要是模拟完整或一段漂流的过程。完整的漂流包括：寻找合适的制筏材料—扎筏—陆地全面检查—试筏—改进筏不合理的部位—登筏前的准备工作（人员及分工、漂流水域的侦探、携带物品的清理等）—确信无误—登筏漂流—处理各种危险情景（排除险情与救护等）—上岸—安全地系好筏。漂流安全卫生技能的训练，主要是针对伤病、漂流危险排除等。条件模拟训练，应选择比较接近探险的水域进行严格的模拟训练。

3. 训练方法

(1)分解训练法。训练漂流应具备的各种知识与技能，结绳技术、钻孔技术、捆绑技术、撑篙技术、排险技术等。

(2)完整训练法。一人或多人协作，进行扎筏、试筏等全过程训练，针对学生野外探险的实际情况，以多人协作训练为主。

(3)重复训练法。重复各种技能的训练，以达到熟练的程度。

(4)模拟训练法。它分为模拟条件训练和真实条件训练，主要是训练学生的应变能力。

(5)比赛训练法（略）。

第三节 漂流注意事项

漂流注意事项如下：

(1)漂流只能在白天进行，黑夜里绝对不要冒险。夜间应将木筏系牢停泊，早晨醒来时要确保木筏仍在那里。在远离水边的高地上暂时露营。

(2)最好携带一套干净的衣服，以备下筏时更换，同时最好携带一双塑料拖鞋，以备在船上穿。

(3)漂流时不宜携带现金和贵重物品上船，若有翻筏或其他意外事故发生，漂流公司和保险公司不会赔偿游客所遗失的现金和物品；若感觉机会难得一定要带相机的话，最好带价值不高的傻瓜机，并事先用塑料袋包好，在平滩时打开，过险滩时包上，而且要做好丢入水中的思想准备。

(4)上筏的第一件事是仔细阅读漂流须知，听从水手的安排，穿好救生衣，找到安全绳。

(5)在天气气温不高的情况下参加漂流，应在漂流出发时购买雨衣。

(6)漂流筏通过险滩时，要听从水手的指挥，不要随便乱动，应紧抓安全绳，收紧双脚，身体向筏体中央倾斜(图 9－7)。

图 9－7 漂流之二

(7)若遇翻筏，你千万不要慌张，要沉着冷静，因为你穿有救生衣。

(8)不得随便下筏游泳，即使游泳也应按照水手的意见在平静的水面中游，不得远离筏体独立行动。

(9)如果船只发生意外，应举起船桨，以向附近水域的船只求救。

(10)由于游泳者在冷冰的水中不到十分钟的时间内就会耗尽力气，应对经过远程游泳的人实施针对体温过低和受到冲击的救护。

第四节 漂流安全措施

一、如何应付漩涡

除非船凭着很大的惯性冲过漩涡，否则卷曲的波浪会撞回到筏上而使它停下来，水也会立即灌进筏内，常常让船猛烈地旋转乃至倾斜。一些漩涡甚至可能会掀翻筏，当然这并非很常见，因为筏身会因浸泡而加重。这时，漂流人员应该立即进入顺流的水中以避免可能发生的倾覆，措施是用桨或橹划动顺流的水，以使筏身从漩涡中脱身而出，尽管漩涡表层的水通常都是逆流，其实在其下层以及漩涡的旁侧都有水流；万不得已时，用岸上的绳子也可把筏从漩涡中拖出来。

二、倾覆

倾覆是由诸如大的漩涡、波浪、单侧的波涛及障碍(如石头和倒下的枯树)所引发的，那么救护的对象按先后顺序依次是：

(1)你自己；

(2)船上的其他乘员；

(3)装备。

试着跳开以避免撞击到障碍上，如果确定不会陷入船与石头之间的逆流中，应该尽量地浮在水面上，另外还可以上岸避开这一段急流水域。尽量保持与你的同伴一起行动，如果有人失踪，应检查船下以确定他是否被绳索或衣物缠住(这就是为什么必须确保没有松散的绳套的原因)。不要担心装备，首要的是确保每个乘员的安全。由于从倾覆的船内游向岸边非常困难，落水者通常会需要其他船只的帮助，这应该在远离急流的平静水面来操作。救援筏只逆水接近，捞起倾覆筏的一条缆绳，再把它牵往岸边，其余筏也应该沿途搭救落水者，并尽可能快地清点人数。

三、靠岸

急流与瀑布是不可避免的，在无人的急流区系上救生绳以帮助筏驶过，并在岸上对筏保持密切地控制，切记不可将绳索套在你自己身上，在绳上打个结或将绳绕在树上都可帮助你实现对筏的控制，靠岸的时候务必带上所有物品。

四、安全措施

水上漂流，尤其是在急流险滩间搏击，安全是第一位的。只有成功地完成漂流的历程，才能充分领略其中的乐趣，给自己留下美好的回忆。因此，你切不可以逞勇下水。在下水之前应充分了解是否具备以下条件：

◆是否有经验丰富的优秀的职业桨手；

◆是否有详细的漂流河段的地理资料；

◆是否有便于侦察救护的、轻巧灵活的独木舟；

◆是否有在桨手指导下参与积极性强的皮筏；是否有承担物资、装备运输的皮筏；

◆是否有帐篷、救生衣、水上服装、安全帽；

◆是否有急救器材和药品。

因为激流探险是一项相当危险的运动，所以每个人都必须理解并会观察警戒线。这个安全警戒线并不能消除风险，但它能将风险降低到一个可以接受的程度，漂流的经验是很有帮助的，但安全方面的哪怕一丁点疏忽也可能导致悲剧的发生。以下这些指导条例即是基于美国河流探险协会分支机构的安全章程而制定的。

(1)详细深入地研究准备漂流的河道。收集一些详细的地图及指南，研究河流的流量、斜度、季节性涨落、气候、难点、潮流及特别险要处，特别要注意因雨季、融雪以及水闸泄水而引起的突发性涨落。

(2)任何时候都要穿着救生衣，最好是类似(飞行员穿的)救生衣型。

(3)小心地避开河流危险地段。

高水位：当水流量增大时极大地增加了救援的危险、用力和难度。低水位时很安全的河流，在高水位时往往会成为一个杀手。

寒冷：寒冷会很快地掠夺落水者的力量和自救能力。当水位或气温很低时，应在风衣下穿一件防寒服或羊毛衫。每个人都应在防水包里放一套干衣服。在寒冷的水中，即使是短途游泳，也能导致体温过低，上岸后应立即想法取暖(烤火、换干衣服、睡睡袋、吃热的食品、喝酒，赤身挤入等)。寒潮和高水位常常会一齐涌来，特别是晚春时节。在寒冷及高水位时，一件保暖的防寒服是安全设备中很重要的物品。

滤网：灌木丛、倒下的树木、成堆的木材、桥桩或其他能让水流过的东西都能打翻一条船。任何东西被这些障碍物缠绕后，所产生的水压都是巨大的。

逆流和堰坝：当水流经过一个障碍物，然后又向后回旋，水的表面将形成逆流，并且能抓住跌水与波浪之间的任何漂浮的物体。一个人工的堰坝是不能够通过的。游泳者最大的愿望是在空洞的底部和侧面赶上顺流。最后一种救生措施，就是脱掉救生衣以减少你的浮力和增加你沉入顺流水的机会。

(4)游泳或走急路以寻求帮助时，穿上网球鞋以便保护你的脚免受岩石之害。

(5)首先要知道救生措施，包括人工呼吸。其次一定要带上急救药箱。

(6)进行应急程序训练。知道怎么处理沉陷、翻转等，能在急流中游泳和穿过急流给船系上绳索。

(7)确信你的设备处于良好状况。船外侧没有松动的绳索缠绕人。带上修理箱、空气泵和安全绳。

(8)参加有组织的团体出游。标明领头船和随行船(带上急救箱、修理箱、空气泵和安全绳)。每条船都依次航行在它后面一个可以看见的距离内。船与船之间保持一个安全的距离，以便不会在急流中碰挤。

(9)搜索所有不能从上游看得清楚的急流。

(10)停一只船在所有主要急流下方，以便提供必要的帮助。

(11)团队中要有两条或更多的船。确信所有队员对标志和救生程序都很熟。

(12)对你的操作能力有一个真实的概念。不要尝试那些太困难的河流，把那些超出你或你的装备能力之外的急流标出。急流探险是一个团体的努力。参与者要有合作精神、互相依靠的感觉和不断照顾同伴的意愿。一队船就是一个紧密的团体，在这里每个人都对危险警觉，准备随团队需要而行动。用比利·麦克基利斯的话说："保持警觉，保持害怕，甚至你获得了自信与技术时，也不要想着危险已经过去。这并不是说在险象面前应该畏缩不前，而是说在某种情况下，你自己应保持一种潜意识的害怕，要清楚地知道你正在做的事情是危险的！"

第五节　如何"读河"

有经验的桨手每到河流的转弯处或险滩的面前，总会盯住河面仔细观察，这就叫做"读河"。在险滩的地方，水急浪大，礁石众多。"读河"就是要找出那些隐藏的陷阱，并找出一条穿越险滩的最佳通道。要弄明白险滩是怎样形成的，对行船有什么危险，首先要搞清楚水流的几个基本形态。

险滩的舌部——当河床向下倾斜，平静的水面出现白色的浪花时，激流通常是在中心部分河床最深流速最快的地方。在两岸靠边和稍浅的地方，河水受阻而降低流速，这样便形成了中间水流较快的现象。并且，中心较快的水流力量较大，进一步冲走了石块泥沙，清除了阻力和障碍，并形成一个"V"字形的舌部，"V"字的顶端通常指向最少障碍、最小阻力的通道。

倒卷浪——完全露出水面的礁石容易被发现，但有些藏在水下的礁石就暗藏玄机。当水流过礁石的顶部，汇入礁石后面的憩流（止水）时。河水形成反向的流动（向上游方向流动）。这种现象称作倒卷浪，常出现在半隐半现礁石的下游处。当礁石恰好处在水面之下时，由于看不到水花，从上游方向就很难发觉。要注意激流中较平静的地方，因为水下的礁石会使激流分流，而且水流过礁石表面时是平行不起浪花的。如果上岸观察，就可以从下游的方向来看，这时倒卷浪非常明显。有些礁石被激浪所覆盖，必须持续全神贯注地观察才能看得出来。如果要是较大的潜藏较深的礁石，在其下游会有较大的倒卷浪，通常叫做"洞"。这种"洞"往往力量很大，可以轻易地把船掀翻。有些"洞"像抽水马桶一样，一旦误入其中，好像被引力吸住，如陀螺般旋转，很长时间陷在里面。因此，要不遗余力地避开(图 9-8)。

直立浪——河水在陡峭下降的河床中流速较快，而在较平缓的河床中流速就较慢。当流速快的水流遇到流速慢的水流，水流量无法及时排走，浪就会相叠起来，形成高高的直立浪。直立浪的大小与水量和落差有关。一般的直立浪都不会造成问题。如果直立浪很高但坡度平缓，最好的办法就是船头对准浪尖，直接骑过去。这种浪气势磅礴，在惊涛骇浪中穿行，感觉非常过瘾。如果直立浪看起来很陡

图 9-8 漂流之三

峭，这是很可能翻船的，应该选择从浪的边缘部分通过，因为边缘部分往往角度较缓，高度也低些。但首先应该确认是直立浪还是水下礁石。水下礁石在激流冲过时也会激起冲天大浪。只不过礁石激起的浪散乱不齐，而直立浪则显得非常有规律。

转弯——通常最深和最快的水流在转弯处的外道。河水的趋势是把船推向转弯的外道，正是礁石和其他危险情况较多的地方。一般要求在转弯时要把船调整在45°角，并保持在里道的位置上。一旦有必要，利用河水的力量可以较容易地划到外道上去。但如果想从外道往里道划则很困难，因为要克服河水的全部阻力。

洄水——在礁石后面或两岸突出部分后面，河水的流向与主流相反，向上游方向流动，这称之为洄水。河流转弯处里道的憩流也称为洄水，尽管此处的水不流向上游方向，在主流和洄水交错的地方有条洄水线，也称为洄水栅。这条洄水栅非常霸道，没有经验的新手看不出来，不会利用两股水流力量的话，有可能被困上数小时而划不出来，在洄水中打转转。另外，需要特别注意的是，在洄水线处有两股不同方向的水流在"打架"，遇到强劲的洄水线，万一不慎也会平"地"翻船。洄水对行船是非常有用的，可以利用洄水停船上岸、侦察激流险滩、建立营救点、等待落后的同伴，等等，但那些旋转涡流状的洄水应该注意避开。

"读河"不是一门科学，没有精确的定理公式。要把"读河"作为一门艺术来看待。在礁石与巨浪，涡流与"洞"组成的布满陷阱的险滩上也没有太明显的标志。桨手只能凭经验在激流险滩中划出一条想象中的通道，并力争沿这条通道穿过险区。另外，激流险滩从水平面看时与从岸上看是不一样的。因此，有经验的桨手在"读河"时已确立了备用方案，以便在无法进入原定路线时不致手忙脚乱。

"读河"如读书,不在乎字面,真正的意思要在字里行间去揣摩。"读河"意不在河,在河之外。

第六节　河流的解析

一条河有多种状态:平静得像池塘一样的水面、滔天巨浪、蜿蜒的平稳流动的河水、涡流、在石块丛中沸腾的水花……虽然研究的重点是放在激流上,但"平稳和平静的水流是和湍流一样的河流的组成部分,河流可看作是一个永不停止变动的流体,经常地从一种平静的状态转为兴奋的状态,再转为平静……"激流在大小和形状方面各不相同。一些是短的、突然出现的一大股水,而另一些是半英里长的一泄而下的水。在河流的某些地段,水面由于错综复杂分布的巨石的影响而扩宽成缓慢流动的水面;在狭窄的悬崖缝中,则挤压而下。有些通道是直的;另一些通道则狭长扭曲,使主流与崖壁碰撞;一些有着一般的斜度但不被确定为上游河水;另一些则有着和上游河水完全不同的巨大的落差,以至于像一条地平线一样横跨在河中。"不同之处不可尽数,但形成这些不同的原因却只有几个。"以下四点是这些激流的影响因素:

斜度——河床顺流而下的斜度;

平整度——受石块、边缘形状以及砾石形状影响的河床表观;

构造——河床的宽窄度;

体积——顺流而下的水量(通常以立方英尺/秒、CFS来计算)。

激流的应付难易程度是由躲开障碍物的难易程度决定的。这受水速、障碍物类型、湍流、通道宽度、拐弯处形状等影响,而且,对于一股特定的流水来说,这些影响也是随其经过位置的水平面高低变化而不同的。但是,一个河流探险者不可能"记住"一条河流,他必须在遇到每一股潮流时分析其特性。

激流的一般组成部分为:

(1)舌状潮水。在许多激流的开头,是平稳而快速流动的水,其形状呈倒"V"字形,这个"V"字形标志着潮流的通道。

(2)通道。顺流而下的河水通常以不同的大小沿多条通道通行。而潮流和通道很少与河岸平行,并且在流动过程中经常分开。对一个漂流者来说,理解这些潮流和横跨河面的潮流对船的影响以及如何最有效地利用它们是很必要的。

(3)形如干草堆的排浪。当快速流动的潮水趋向变缓时,将形成一系列大的持续的波浪(叫做干草堆),平直排列的持续的干草堆排浪通常表示着最深的通道。

(4)漩涡。一个漩涡就是河水在该处不能停止也不能逆流而上的地方,是由于石块存在于潮流的中部或河岸对河水一排持续的波浪的反射,或是一个较急的河流转弯……顺流而下的潮水和漩涡的分界线以打漩的水和水泡为标志。这是由顺流而下的主潮水和逆流而上的漩涡中的水之间的摩擦引起的。

(5)河道弯曲。在较急的河道拐弯处，潮水被离心力牵引，在外环线堆积。内环线则存在着流速较慢的水(可能是漩涡)，并且较浅，因此最深的通道和最快的流速是沿着外环线的。

(6)逆流。逆流是这样一个地方，即河水流摆向上或波浪，又回到原处，形成一个泡沫状的、猛烈的水流。其作为最危险的河流特征之一，有以下几种情况：孔、阻塞物、水力(阻力)、看守人、卷曲、侧面卷曲、激流尾部和滚浪。最常见的形式是孔，当水流过巨石的表面时形成的。水流过岩石上面再注入河底，在水面形成一个间隙，这个间隙被往回的逆流填满。从逆流看，这些水孔后面是大量的平整的泡沫状的小水坑。另一种典型的逆流发生在垂直下落的瀑布底部，这种水力现象的形式与孔很相似，但更强，因为这些水以巨大的势能涌向瀑布底，它们也更危险，因为底部这个泡沫状的逆流有可能抓住游泳者和木筏。第三种逆流是间断连续的波浪，这种波浪与间断的海洋波浪非常相似，也有足够的力量打击木筏。

第十章

潜　水

第一节　潜水的定义及发展

潜水，英语叫做 Diving。潜水的原意是，为进行水下勘查、打捞、修理和水下工程等作业而在携带或不携带专业工具的情况下进入水面以下的活动。后来潜水逐渐发展成为一项以在水下活动为主要内容，从而达到锻炼身体、休闲娱乐目的的休闲运动。这项运动深受人民大众所喜爱。

神游海底是人们由来已久的愿望，早在 2 800 年前，米索不达文化全盛时期，阿兹里亚帝国的军队用羊皮袋充气，由水路攻击敌军，这也许就是潜水的老祖宗了。距今 1 700 年前的中国史书《魏志·倭人传》中，就已经有了海边渔夫在海里潜水捕鱼的场面描写。到了 1720 年，一个英国人利用一只定做的木桶潜到水下 20m 深的地方成功地进行海底打捞活动。潜水活动有着悠久的历史，在我国潜水至今已有 2 000 多年的历史。从古代的赤体“扎猛子”到今天使用各种器械的现代潜水，潜水运动、旅游、休闲等活动已在全世界范围内蓬勃发展起来。

而今天职业潜水的前身，则要算 160 年前英国的郭蒙贝西发明的从水上接帮浦运送空气的机械潜水，也就是头盔式潜水。这种潜水于 1854 年首次在日本出现。1924 年开始使用玻璃做潜水镜，并利用帮浦从水面上吸取空气的“面罩式潜水器”，这是水肺潜水器材的前身。就在这一年日本人使用面罩式潜水器潜入地中海底 70m，成功地捞起沉船八阪号内的金块，震惊了全世界。在第二次世界大战期间，开发了一种军事上特殊用途的“空气罩潜水器”，采用的是密闭循环式，并有空气瓶的装置。二战末期，法国开发了开放式“空气潜水器”，1945 年前后这种潜水器在欧美非常流行。近几年来由于潜水器材的进步，带动了潜水运动的蓬勃发展，投身于潜水和喜欢潜水运动的人也越来越多。

任何运动都存在着不同程度的风险性，坦率地说，潜水运动的风险性一直被绝大多数人所高估。事实上，潜水是一项高度“纪律性”的运动，如果你受到过真正专业的培训而又自律地按照规则行事的话，你所面临的风险是十分有限的。以人们常恐惧的“鲨鱼”为例，其实在潜水中遇到鲨鱼的机会是很小的，而且大多数鲨鱼是不会主动攻击人类的。

潜水时，人在水上或潜浸水中，身体受水支撑着，让你感到轻飘飘的；你所见到的是一个新的世界、一种新的感受，就这样你成为一个探险家亲身投入大自然的怀抱。你也可以抑制你的呼吸潜入清澈透明的水中，也可以随你的意识在水中朝着你想前往的任何方向移动，就如同在空中飞翔享受无重力拘束自由解放的感受。尘嚣繁杂琐事早已在不知不觉中消失于脑后，心烦压力也不复存在了。

潜水也就是人没入水中的活动。人虽然不能生存在水中，但为了觅食、寻宝、打捞、军事以及近几十年来的休闲运动等等，猎奇的人总喜欢去体验一些异于日常生活的活动，因此潜水活动也随着现代科技的进步和需求，依潜水的目的而发展成多样化的形式。以下分别介绍各种不同的潜水方式。

潜水活动可分为浮潜和给气潜水两大类。我们可将前者细分为浮游和屏气潜水，只浮在水面不潜入水中的活动称为“浮游”，而在憋住呼吸期间潜入水中的潜水活动称为“屏气潜水”。所谓“给气潜水”，就是潜水者在潜水期间能得到气体的供应。其也可细分为两类：一是“自给气潜水”，二是“供气潜水”。前者是指潜水者自己携带氧气瓶潜入水中的活动，一般称为“水肺潜水”。供气潜水是指潜水者在水下活动期间，依靠一条送气管从水面将空气输送给潜水者使用，故也称作“水面供气潜水”。近年来世界各个著名的度假海岸区域，都专门设有这种水面供气潜水活动，供游客体验水中世界。

第二节 潜水装备及操作

1. 基本个人装备

面镜：与游泳用的防水镜不同，潜水面镜有用于平衡压力的鼻囊，并可防止水进入鼻腔。

呼吸管：可以使人在浮潜时不用把头抬离水面也能呼吸。在水肺潜水活动中，潜水者通常通过呼吸管来进行水下作业（如观察水下环境等）。

蛙鞋：提供水下的推动力。与游泳不同，水肺潜水只是依靠腿部的运动来实现移动，而双手通常用来做其他的事情（如水下摄影，操纵其他设备、仪器等）。

潜水服：即使是在热带地区最热的日子里潜水，最好也要穿上相适合的潜水衣，因为深水中的温度比较低，而潜水活动在通常情况下并不像游泳那样激烈，寒冷可能会造成疲倦、反应迟钝、肌肉抽筋等症状，因此一套合身、厚度适宜的潜水服是绝对必要的。

浮力调整器(BC)：是控制浮力的装置。在水面上时可使潜水者轻易地浮在水面上；在水下时可通过微调 BC 内的空气来实现最佳的浮力状态（中性浮力）。

气瓶：里面通常装的是高压的空气或混合气体，供潜水者水下呼吸用。气瓶需要定期送专业机构检验，对一般潜水爱好者来说，通常只是向潜水店租用，不需自己购买气瓶。

空气压力调节器：人不可以直接吸入气瓶里的高压气体，这就需要通过空气压力调节器来进行压力调节。调节器由一级头和二级头组成，一级头用来连接 BC，二级头是用来呼吸的，许多潜水者都配有一个备用的二级头。

潜水仪表：必备的潜水仪表有压力表、深度表、罗盘、潜水计时表等。

配重和配重带：配重是为了平衡潜水者本身、潜水服、各种潜水设备等所产生的浮力，通常配重是铅制的，由配重带拴在潜水者的腰上。如遇有某些紧急情况需要立即上升时，潜水者可以迅速解开配重带，抛弃配重。这里要强调的是，在深水中快速上浮至水面是很危险的。

2. 辅助潜水装备

潜水电脑：可以记录潜水活动的各项数据，并可以直接给潜水者提示减压时间等重要参数。

潜水刀：用途很多，主要是防止潜水者被鱼线、渔网或海藻缠住时用的。

潜水浮标：潜水时必须在水面放置浮标，以告知水面船只避开。

潜水日记：用来记录你的潜水经历，并且最好由该次潜水活动的潜水长签署以证明。

药品箱：用来存放一些常用药，如创可贴、晕船药、感冒药、止泻药等。

水下记录板：用来和潜伴在水下进行充分的沟通。

水下电筒：夜潜的必备工具。

装备袋：专门用来放置潜水用品、设备，当然贵重的东西最好随身携带，如潜水电脑等。

3. 专业潜水设备

潜水摄影、摄像机：有特别的防水外壳，用于水下摄影、摄像。现在许多摄影器材生产厂家纷纷推出与自己的摄影器材相匹配的防水外壳，也推出一些专用的水下摄影器材。

第三节　潜水技术

1. 技术要领

下海前的必要学习：包括呼吸管和调节器的使用方法、水面休息方法、紧急情况处理等。入水前的准备工作非常重要！自己亲自检查装备功能是否正常，同伴间再相互检查一遍。

入水的姿势:正面直立跳水时,水深需在1.5m以上,双脚前后开立,一手按住面罩,一手按空气筒背带。背向坐姿入水时,面向里坐于船帮上,向后仰面入水。正面坐姿入水,可供初学者使用。侧身入水,在橡皮艇上浮卧滚身入水。

潜降:采用BC(浮力调解器)法时,用浮力调节器,配合配重带,头上脚下地潜降。不用BC时,头下脚上。

上升:将上升速度控制在每分钟18m以内,简单地说,就是不要超过自己呼出的气泡的上升速度;不要停止呼吸;上升时抬头看水面,可以伸出右手指定方向。注意背后,身体缓缓自转。

下列病患者不适合潜水:感冒、神经过敏病、耳鼻疾病、心脏病、高(低)血压、醉酒后、糖尿病。

浮潜和水肺潜水的差别:水肺潜水(Scuba Diving)是指潜水者背负氧气筒,借筒内氧气呼吸,长时间潜水的方法。浮潜(Skin Diving)是在潜水者能屏息的时间里潜泳,直到无法再憋气时浮出水面的方法。

2.水肺潜水的原则

两人同行原则:两人从入水到上岸都必须在一起;教练不得允许同伴自行上岸;两人应经常保持联系。

落单时的应对原则:保持镇静,浮上几米,寻找同伴;找不到时,就浮出水面;注意观察气泡。超过10分钟,仍无同伴的踪迹,应回到入水地点。若无必要,请不要猎杀水中动物。每10m检查残压计余量。

第四节　潜水手语

几种通用的手势如下。

我现在情况良好——“OK”;

注意(物体)方向——“食指指示方向”;

上浮——“右手握拳,拇指向上”;

下潜——“右手握拳,拇指向下”。

调节耳压对于初次潜水或潜水时间不长的人非常重要,水的压力会使人的耳道感到不适,甚至疼痛。此时应用手捏住鼻子,用力向鼻腔内鼓气,从而使耳道内气压升高,抵消水的压力,再向下潜。若耳内疼痛难忍,应立刻上浮,别逞强。

第十一章

滑翔伞飞行运动

第一节　滑翔伞的起源和发展

一、滑翔伞的起源

滑翔伞，英文译为“Para - glider”，是一种柔性翼悬挂滑翔飞行器，是降落伞与滑翔翼的结合体，它具有高升阻比气动性能、优良的滑翔能力、良好的稳定性和操纵性，并能像传统的降落伞一样方便地折叠包装，体积小、重量轻，便于携带搬运，在坡度和风向适宜的山坡上即能起飞进行滑翔飞行，升空后还可以借助热气流或动力气流，向上盘升至几百米到上千米的高空，像鸟儿一般自由翱翔。

滑翔伞的起源是伴随着登山运动发展而来的，它最初起源于阿尔卑斯山区登山者的突发奇想。20 世纪 70 年代末 80 年代初，阿尔卑斯山区的一些登山者厌倦了登山后再疲惫地下山，开始设法寻找一种快速的下山途径。1978 年，法国登山家贝登用一顶方形降落伞从山腰起飞(图 11 - 1)，并成功地飞到山下，一项新奇的运动从此诞生。这引起许多登山家们纷纷效仿，并对降落伞进行进一步的改进，将降落伞与滑翔翼相结合，制造出了利用山坡地形起飞，能够在空中自由翱翔的滑翔伞。尽管如此，它还只是流行在少数登山者之间的冒险行动。直到 1984 年，法国登山家菲隆(Roter Fillon)从阿尔卑斯山的勃朗峰上成功地飞出，才使滑翔伞在一夜之间名声大噪，迅速在世界各地风行起来。

二、滑翔伞的发展

最初的滑翔伞是借鉴于飞机跳伞使用的翼型方伞，它主要以下降为主，下降速度快，安全性能好，但是滑翔比小，滑翔距离短。经过将近 30 年的发展和演变，现代的滑翔伞改进成圆弧翼形(图 11 - 2)，其滑翔性能已与当初有了天壤之别，在山坡上即能起飞，完成盘旋、滑翔、爬升、越野、滞空等飞行动作，可以留空 10 多个小时，直线航程达到 370km。可以说，现代滑翔伞已经彻底摆脱了降落伞的概念，而成为一种真正的飞行器。它拥有良好的稳定性和操纵性，具有体积小、便于携带搬

图 11－1　早期的方块伞

图 11－2　现代的滑翔伞

运等特点，它的全部装备加在一起只有 20～30kg 左右，装进一个伞包就可以背着它游走于世界各地，能为众多渴望飞翔的人们插上翅膀，实现飞行夙愿，因而颇受航空运动爱好者的喜爱。它体现了一种人与自然的交流与相融，备受崇尚自然者的喜爱。

近几年，西方国家的这项运动发展普及很快，仅在欧洲，滑行伞飞行者就有 300 多万人，瑞士、奥地利、德国、西班牙等发达国家都拥有众多的飞行高手。在亚洲，日本、韩国、中国台湾等经济发达国家和地区的滑翔伞运动十分普及，爱好者达 10 多万人。在众多航空运动项目中，它已成为参加人数最多、普及范围最广的航空体育运动。

我国自 1989 年开展滑翔伞运动以来，全国已成立了 50 多个滑翔（航空）俱乐部，近万名飞行爱好者体验了滑翔伞飞行。截至 2013 年，已有 4 000 多人取得了由中国航空运动协会颁发的滑翔伞飞行员飞行执照和运动证书。每年数次在全国各地举办的各类滑翔伞比赛和飞行表演活动，宣传普及了航空科技知识，同时也扩大了滑翔伞运动的影响，从而吸引了越来越多的飞行爱好者投身到此项具有挑战性、探险性、娱乐性和趣味性的飞行活动中来。

滑翔伞运动不受年龄和体力限制，只要无心脏病、恐高症和高血压，发育良好、思维正常，并且对自己的年龄充满信心，都可一试。国外年龄最大的 80 岁的老人还在飞伞，国内滑翔伞爱好者从 60 岁的老人到十几岁的少年都有。

第二节　滑翔伞飞行装备

滑翔伞飞行需要配置一整套专业的装备器材，方可参与这项运动。整套装备大致可分为：飞行系统装备、飞行防护装备、飞行仪表器材及其他辅助装备。

一、飞行系统装备

1. 伞头

伞头，也叫伞翼（图 11 - 3），它由伞翼面、伞绳、组提带组成。伞翼用双面涂层、抗紫外线辐射、色彩鲜艳而又不透气的抗撕裂涤纶聚酯织物缝制，有上下两个翼面，前缘有进气口以便充气，中间是能相互贯通的翼肋，以便保持伞翼在充气时刚性的平衡。伞翼是滑翔伞飞行运动中唯一能够产生升力并载着飞行员升空飞行的关键装备。根据伞翼的面积大小，可分为 XS（特小）、S（小）、M（中）、L（大）、XL（特大）等几种型号。

图 11 - 3　伞头

根据伞翼的飞行性能，又可分为 1 类、1 - 2 类、2 类、2 - 3 类、3 类等型号。

2. 座袋

座袋上有肩带、胸带和腿带固定住飞行员，在飞行时飞行员能够安全舒适地坐在上面，以方便操纵滑翔伞飞行。座袋背部放置有厚实的泡棉，在遇到撞击时可以保护背部。座袋底部有防刺穿玻璃纤维板，防止降落时被尖锐的物体刺穿底部。另外，有的座袋背部设计有储物袋，可以装一些食品、水及其他小物件。座袋底部设计有副伞仓以放置救生副伞。座袋有几种类型，最常见的有传统坐式座袋、半躺式的船型座袋和轻便的空气座袋等。初级学员建议采用传统坐式座袋（图 11 - 4）。

3. 副伞

副伞，其实就是一具降落伞（图 11 - 5），由抗撕裂的尼龙格子布和尼龙绳缝

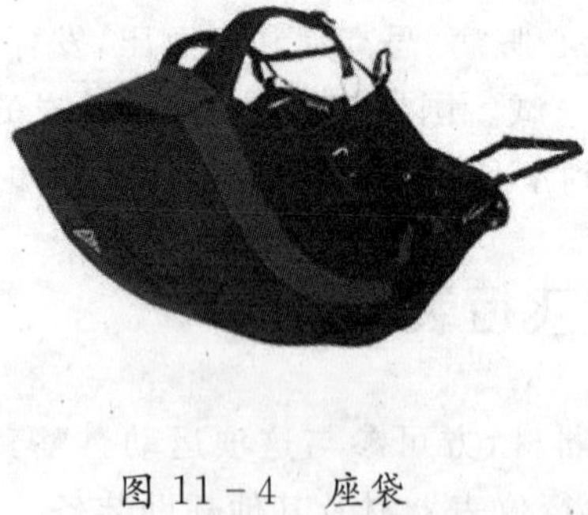

图 11 - 4　座袋

图 11 - 5　副伞

制，折叠后放置于座袋底或座袋侧的副伞仓内，在飞行中碰到伞翼出现大折翼、溃伞、伞绳缠绕伞翼等导致飞行员无法控制滑翔伞继续稳定飞行的紧急情况时，飞行员用手将其从副伞仓内拉出并向外抛出来，飞行员就会像普通飞机跳伞员那样缓缓降落回到地面，避免从空中直接坠落撞击地面导致伤亡事故，从而保证了飞行员的生命安全。副伞是滑翔伞飞行中非常重要的必备装备，也是滑翔伞飞行员在空中遇到紧急情况时唯一的救援设备，由此可见其重要性。但是，副伞使用时必须在距离地面 50m 以上高度抛出，才能完全打开，发挥其救生的作用。

4. 加速杆

加速杆是悬挂在座袋套带下方并且平行的杆子(图 11－6)，透过座袋上的滑轮链接到伞头 A 组提带上，并且由双脚来操控，当用脚将加速杆向外蹬时，滑翔伞伞翼的攻角增加，从而使向前滑翔的速度加快。

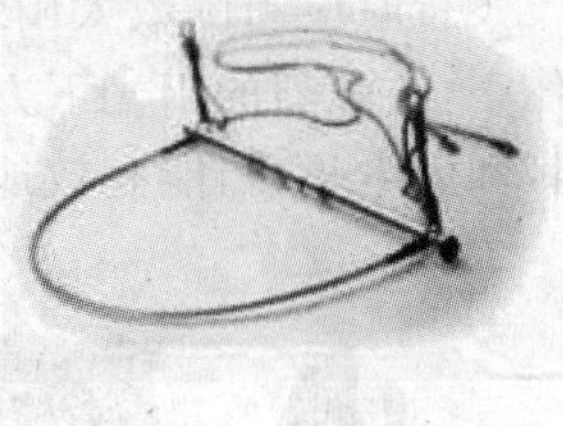

图 11－6 加速杆

二、飞行防护装备

1. 飞行头盔

飞行头盔由碳钢或者克维拉纤维制成，有面罩式(全盔)和半盔式两种，质轻，视野宽广，是飞行员在起飞和降落时预防头部撞击受伤的必备护具。同时，在温度很低的高空中飞行时有一定的防风保暖作用。为了有效地保护头部和面部免受意外撞击受伤，建议采用面罩式头盔(全盔)(图 11－7)。因此，挑选一个合适的头盔很重要，合适的头盔即当你在转动头部时头盔并不会移位，头盔上也不能有突出物，以免与伞绳纠结缠绕。

2. 飞行靴

在起飞和降落时，为了避免扭伤或者猛烈的触地降落对脚掌和脚裸关节带来的伤害，因此有保护脚裸的支撑垫片的飞行靴成为最佳的选择(图 11－8)。为了

图 11－7 飞行头盔

图 11－8 飞行靴

避免与伞绳的缠绕纠结，靴子上也绝对不能有钩状物。

3. 手套、护肘、护膝

飞行手套材料要坚韧耐磨，薄厚适当，以预防因伞绳摩擦所造成的灼伤。戴上后手指活动自如，以便操控伞翼。护肘和护膝要耐冲击，在起飞和降落时能预防肘部和膝部磕碰伤(图 11－9)。

4. 太阳镜

飞行时应当佩戴太阳镜(图 11－10)。原因是：一要防止太阳的紫外线对眼睛的伤害，在强烈的阳光下方便查看飞行的航线情况。二若要是不慎降落于树林中、荆棘和灌木丛中，能有效地防止眼睛被伤害。

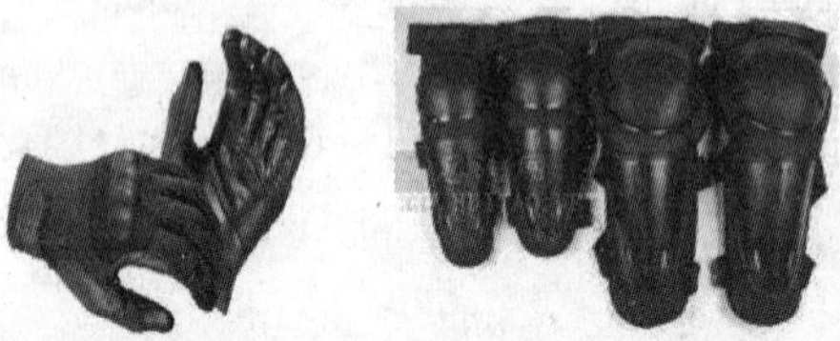

图 11－9　手套、护肘、护膝

图 11－10　太阳镜

5. 飞行服

飞行服是由冬季防风保暖或者夏季轻巧透气的布料制作而成(图 11－11)，设计有许多快速便利的拉链，方便穿着。而它特殊的制作材料也降低了飞行时的风阻力，增加滑翔距离。同时，其鲜艳闪亮的色彩在天空中飞行时容易被识别。

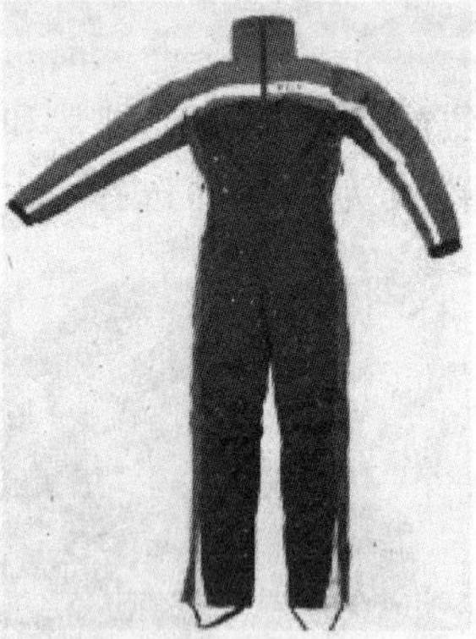

图 11－11　飞行服

图 11－12　对讲机

三、飞行仪表器材及其他辅助装备

1. 对讲机

对讲机是滑翔伞飞行的必备品之一，是飞行员与地面指挥员和其他飞行员之间有效联络沟通的工具(图 11－12)。选购一部高功率、全频段、电池续航时间长、通话性能优越的对讲机，只要使用的频率和在同一个地点的其他飞行员的频率一致即可，确保在需要帮助时，能及时便捷地联系上。

2. 高度表

高度表，也叫高度机、升降仪，是查看飞行高度的仪器(图 11－13)。通过仪器上发出的"滴滴"提示声的频率，可以判断飞行时的升降情况，感知上升及下沉气流区。它是寻找上升气流、动力气流飞行、热气流飞行、长途越野飞行的实用工具。

图 11－13 高度表

图 11－14 GPS

图 11－15 风速计

3. GPS

GPS 是滑翔伞长途越野飞行的必备利器之一(图 11－14)，它可以查阅地图信息，记录飞行路径，了解飞行的高度、速度、方向，查看地理方位经纬度坐标，上传飞行路径信息，等等。

4. 风速计

风速计是用来在起飞场或者降落场测量风速的仪器(图 11－15)，以便了解风速、风力大小是否适合飞行，风速计显示的读数一般用米/秒(m/s)计算。

5. 风向筒

风向筒采用质地柔软、轻薄而颜色鲜艳的尼龙布料缝制而成(图 11－16)，放置于起飞场或降落场，便于飞行员观察判断风向和风力大小，以利于起飞和进场降落。

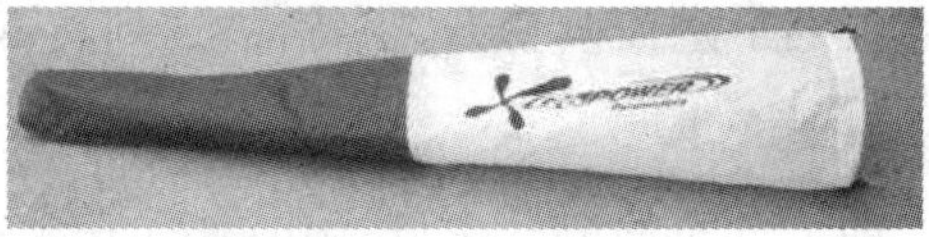

图 11－16 风向筒

第三节　滑翔伞的结构与飞行原理

一、滑翔伞的结构

1. 伞翼

又叫做伞衣，伞衣的翼形、厚薄、展弦，决定了滑翔伞的飞行特性(图 11 - 17)。伞衣可分为上翼面、下翼面，用抗撕裂涤纶聚酯布料制作。

2. 伞绳

又称吊绳，分 A、B、C、D 组，连接到组提带上，采用直径小、强度高、变形小的防弹纤维材料制作，它的内芯为凯芙拉纤维 Kevlar 或 Spectra 材料，外层为聚脂纤维的护套，以防紫外线照射而降低强度并增加耐磨性，别小看这火柴棍粗细的伞绳，每根的拉力可达 40kg 以上。

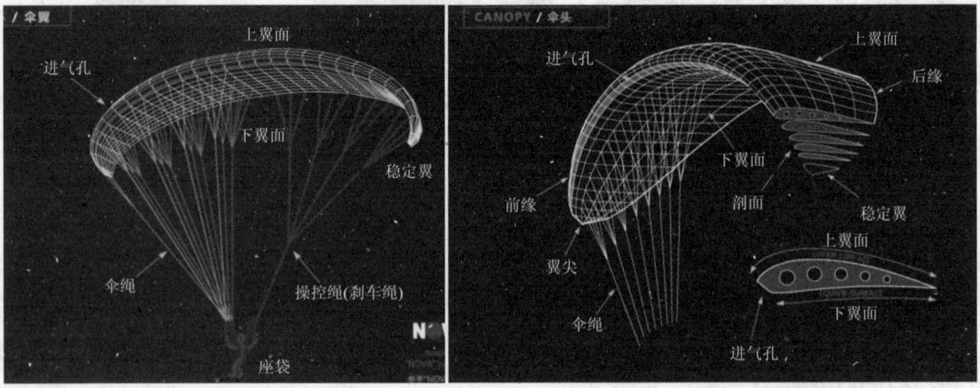

图 11 - 17　滑翔伞的结构

3. 控制绳

又称刹车绳，左右各有一条，其下方各有一个握环，向下拉或向上放，可改变伞翼后缘翼形进而改变升、阻特性，达到转弯与刹车的目的。

4. 进气孔

两个气室形成一个进气孔，气孔在伞衣与伞绳连接处。

5. 气室

每一气室有一个进风口，也有将部分进风口封闭的设计。

6. 隔间通气孔

伞衣内部的通气孔，隔间数直接影响滑翔伞的表面平整度，改善伞的性能，其内部的通气孔起到保持伞内空气压力平衡的作用。

7. 稳定翼

增加伞在不稳定气流中的稳定性，犹如船舵一样的作用，为早期滑翔伞或训练伞、初级伞的设计，但现代的滑翔伞设计已经由伞翼两端弯弯的翼尖来取代了。

8. 组提带

连接伞绳及套带之间加强的部分，也可做一些飞行动作操作，一般常见的有三组、四组之分。

9. 座袋

由肩带、胸带及腿带连结而成舒适的空中坐椅，可支撑飞行员的重量，利用挂钩与组带和伞翼连接。

二、滑翔伞的飞行原理

滑翔伞之所以能飞行，是由于空气动力学原理。如图 11－18 所示：滑翔伞侧剖面的翼形，根据柏努力原理，当气流过翼形的上、下表面时，由于空气流经上表面的距离比下表面长，在同一单位时间内流速较快，产生低压区，下表面相对产生高压区，高压向低压流动因而向上抬举产生升力。通过改变翼形的厚薄、弧度、展弦比等亦可改善升力特性。

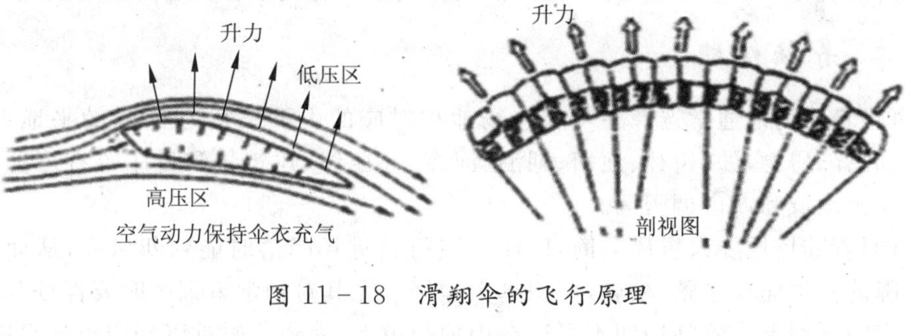

图 11－18　滑翔伞的飞行原理

滑翔伞的构造，在上下两层伞布中间缝有隔间，隔成若干个气室，隔间越多越有利于伞翼的平整度，但是会增加伞的重量；伞翼没有充气前，就像一块杂乱的布料和绳子的结合体，没有实质的形状、结构和翼形，但是当气室迎风充气后，翼形结构形成，飞行员利用操纵绳操控滑翔伞的适当攻角，靠身体重力所产生的速度向前飞行（或者滑行）。

第四节　滑翔伞飞行对场地和气象的要求

选择飞行场地要根据当地的地形、地貌、山体形状、走向以及飞行区域的气象条件等因素加以综合考虑。重点要注意坡度、形状、地面、大小、环境和交通等因素。

一、起飞场地

(1)较为理想的起飞场地的坡度为 20°～30°(最好为 30°左右)。坡度过于陡峭使人难以站稳,对起飞时伞衣充气、起伞和助跑加速都不利。

(2)起飞场地应正对常年风向,前方空域要开阔。地面平整,最好有绿草覆盖,旁边不应有树木等障碍物。尤其在助跑加速段的地面上不能有突起的石块、树根及大的凹坑,以防止钩挂伞具和在助跑时被绊倒或扭伤脚踝。

(3)起飞场要放置风向筒以便飞行员观测风向、风力大小。起飞场宽度应在 20m 以上。起飞助跑段也应有足够的长度,以保证在起飞失败时不致于发生危险,并提供腾空后落地再次加速助跑起飞的机会。

(4)交通要方便。最好能有可供车辆上山的道路和停车场。

(5)供初学者使用的训练场地不宜过高。开始飞行训练时的高度以 50～60m 为好,待技术熟练掌握后再增加起飞点的高度,逐步提升。山坡不应有深的山坳或大的高低起伏,因为在风吹过这些深凹的地面时会产生涡流,这对刚起飞、离地高度不高的滑翔伞在飞越该地域时,因乱流作用极易造成伞衣变形而发生危险。

二、着陆场地

(1)着陆场地通常选择在与起飞场地相对应的山下长宽为 50m 的平地上,应尽量远离障碍物,如:树林、池塘、湖泊、河流、高压线、建筑物和村庄等有可能危及人身安全地域和人口稠密区。

(2)着陆场地要设置风向筒,以便于飞行员进场降落时能判断风向,从而安全逆风降落。地面要平整、松软,面积越大越好。尤其对初学者训练时要保证其降落在选定的场地上。着陆场切不可选在山地斜坡上,因降落时难以判明离地高度,操纵失当会造成冲击力过大或站立不稳而跌倒,易造成损伤。

(3)交通要方便。靠近道路有利于对飞行人员和伞具进行回收。

三、气象条件

山区气象变化通常较复杂,选择场地时应根据地形地貌进行初步分析判断。

前往飞行场地前，最好上网或拨打天气预报热线电话查询当地气象情况，或向本地飞行员咨询、了解当地飞行场地的气象特征。当风速、风向变化较大，尤其在超标时，宁可耐心等待，也切不可冒险飞行。以下的训练、飞行气象条件可供参考：

风速——2～4m/s 较理想，最大不能超过 5m/s。

风向——正对风向最理想，要是侧风，其最大偏侧角度不得超过 30°。

阵风——在 10s 钟内的风速最大变化为 2～2.5m/s（无变化时是最理想状态）。

第五节　滑翔伞飞行技术

一、伞具铺放和检查

1. 铺伞

根据风向把伞包放在下风位置，取出伞衣和背带系统。先把伞衣顺翼展方向向两侧拉开铺平，再将伞绳和组带朝上风方向拉直、理顺。左、右两侧的伞绳和操纵带分别放置在伞衣中心线两侧。铺展伞衣时要注意使伞衣中心线与风向相一致。铺伞时伞衣下翼面朝上，使进气口也朝上并正对风向。

2. 伞具检查

(1)伞头——型号、载重与人体重量是否匹配。检查缝合部有无拉伤或跳针，织物有无撕裂、破洞或擦伤。

(2)伞绳——有无断裂、缠绕、打结或磨损迹象。

(3)操纵带——伞绳与组带的连接部位应完好、牢固。连接扣环应处于拧紧锁闭状态。

(4)座袋——副伞是否放置在副伞仓内，把手锁针是否锁好。

(5)腿带、腰带、胸带扣具是否牢固，将其调整到合适的大小。

对伞具检查发现的问题或故障应及时排除。如在外场难以排除，则应放弃飞行，切不可带故障上天。检查伞具时，应分别抬起各组操纵带并轻轻抖动，各伞绳应相互分离，无缠绕打结现象。若有异常不要硬拉，应用手将它们仔细分离理顺。

二、正起伞或反起伞

1. 正起伞

飞行员背对铺开的伞翼，将伞翼的左右组带分别链接到座袋左右挂钩上，进行起伞练习时，先戴好头盔，穿好护具，而后穿上座袋。通常座式座袋先穿肩带，后将腿带、腰带和胸带系好，并将它们调节到合体、松紧适度。准备起伞时，学员正对风向站好，双脚呈前后弓箭步，从后操纵带上将操纵棒的绳圈取下，握在手中，双手再分别握住左右 A 组组带，上举与肩平，目视前方做好伞衣充气和起飞准备(图 11－19)。听到教练员下达“起伞”指令后，此时应上体前倾，双臂同时用力拉动前操纵带，伞衣在风力作用下会迅速充气张满升起，伞衣上升时双手会感到抵抗力(阻力)。当伞升起与身体垂直角度在 75°～85°时，松开 A 组组带，向下捎带刹车棒，控制伞翼速度，同时应抬起头观察一下伞翼状况，若伞翼状态良好，即压低重心大步向前跑动。随着奔跑速度的加快，会有伞翼升力将人体向上提升的感觉，这时就要同时稍微下拉两操纵绳刹车，使伞翼减速并适当加快奔跑速度，将伞翼保持在头顶上方位置，继续加速，直到伞翼的升力将飞行员带离地面，拔地而起升入空中。

图 11－19 正起伞

2.反起伞

飞行员正面对铺开的伞翼，将伞翼的左右组带交叉连接到座袋挂钩上，左手握住左右 A 组提带，右手操控刹车绳，将伞翼逆风拉起来控制在头顶上方，最后转身迎风并控制伞翼，准备向前助跑起飞(图 11－20)。反起伞和正起伞一样，都是为了将伞翼拉起，并维持在头顶上方，以利于起飞的技术。除此之外，反起伞比正起伞多了一个转身的动作。相比较于正起伞，反起伞要比正起伞难度小一些，并且有利于飞行员观察伞翼的状况，所以，反起伞已经成为滑翔伞飞行运动采用机会最多、也最实用的起伞方式。但是反起伞也有其局限性，那就是在无风，或者风力比较微弱时不适用，在这个时候，就必须采用正起伞的方式才能将伞翼充气并拉起来。

图 11－20　反起伞

注意：如在起伞助跑过程中，伞翼有向一侧倾倒的趋势，要及时纠正。方法是：拉动相反一侧的操纵绳（即向右倾时拉左操纵绳；向左倾时拉右操纵绳），同时略向侧倒方向跑一点，使伞衣重心恢复到中央位置。纵绳下拉幅度的大小应据伞翼倾斜程度而定。倾角大，下位幅度也应大些。在操纵纠偏的同时应抬头观察伞翼恢复情况，一旦正常就应停止操纵。

三、滑翔伞空中基本操控技术

滑翔伞空中基本操控技术动作是指飞行员在起飞场经过起伞—助跑—被伞翼的升力带离地面后，在空中飞行时对滑翔伞进行的一系列基本操控技术动作。

1. 坐进座袋

飞行员起飞后，可以舒适地坐进座袋内对滑翔伞进行操控飞行。需要注意的是，飞行员在助跑获得升力刚刚起飞离地时，不得立即坐进座袋内，需等飞离山体至少 3～5m，方可坐进座袋内进行操控。其原因是预防起飞时升力不够，飞行员再次触地时便于再次加速向前助跑以获得足够大的升力，从而成功起飞，以避免起飞失败或者跌倒受伤。

2. 左右转弯

飞行员在空中飞行时，为了控制滑翔伞的航向，通过下拉左右刹车棒（也叫操纵棒）来控制滑翔伞的飞行方向的操纵技术。当飞行员将左右刹车棒都上举松开至耳朵位置时，滑翔伞将向前直线滑翔、直线飞行；当飞行员想往左转弯飞行，只要拉下左边的刹车棒到肩部以下位置，1～2 秒之后，滑翔伞就开始往左转弯，转到需要的方向后，慢慢将刹车棒松开到耳朵位置，转弯即完成，滑翔伞将继续朝这个方向往前飞行。当飞行员想向右转弯时，其操纵方法和向左转弯一致，方向相反。

3. 360°盘旋（转弯）

当飞行员处于向上升的热气流中心时，拉下伞翼一侧的刹车棒至肩膀以下位置并维持不放，滑翔伞即朝一个方向做环形飞行，转弯半径的大小和下拉的刹车棒的多少有密切关系，飞行员可以根据飞行实际需要适当调整。在作360°盘旋（转弯）有时高度损失会很大，所以练习时必须在离地150m以上的高度上进行。

4. “S”形消高（转弯）

就是将连续进行的左转弯和右转弯连接在一起，形成一个“S”形的飞行航迹。这个动作是飞行员在快要进入降落场时有高度，为了能够准确地降落在预定的降落场上所走的飞行轨迹，以达到消高的目的，最后以最适合的高度进降落场降落。

5. “8”字消高

这个动作是飞行员在降落场上方时，因为高度太高无法降落时采用的消高方式，其飞行轨迹像一个数字“8”，所以由此得名。需要指出的是，“8”字消高也可以用来在热气流里向上盘升高度。

6. 螺旋下降

这是一种有效快速的降低高度的操纵方法，有点类似于360°盘旋。但与360°盘旋比较所不同的是，其刹车棒下拉的量更大（腰间以下），伞翼以刹车棒下拉的一侧为中心，快速旋转下降高度。建议初级飞行员不要做这一类的动作。

四、进场降落

进场降落是滑翔伞飞行技术中非常重要的一个环节，通过滑翔飞行、左右转弯、消高的操控飞行，最后以合适的高度进入降落场降落。以下为滑翔伞降落时的基本操纵方法步骤，即：对正风向—出座袋—稍带刹车减速—离地1m时刹车棒带到底—触地后向前小跑—转身放倒伞翼（图11-21，图11-22）。

1. 对正风向

滑翔伞降落时，一定要逆风降落，切忌顺风降落，以免高速触地而受伤。故飞行员在进降落场时，要注意观察降落场上的风向筒指示的风向和风力大小，及时调整飞行方向对正逆风方向。

2. 出座袋

进入降落场上方，飞行员在距离地面大概3m左右高度时，要从座袋里直立起身并保持双脚一前一后的站立姿势。

图 11－21　逆风降落

图 11－22　触地后小跑

3. 稍带刹车减速

伞翼载着飞行员继续向前滑翔一段距离的时候，双手缓慢匀速地带刹车至肩部或胸部以下位置减速（根据风力大小而定，风越大越少带，反之亦然），防止伞翼飞行速度过快。

4. 离地 1m 时刹车棒拉到底

继续向前滑翔，飞行员两脚离地面越来越近。当飞行员两脚离地面高度在 1m 时，双手用力将刹车绳向下猛拉到底（臀部以下），飞行员即可两脚一前一后轻盈地降落。

5. 触地后向前小跑

由于向前的惯性作用，触地后飞行员要快速地向前小跑，以消除向前冲的惯性，防止摔倒。

6. 转身放倒伞翼

飞行员向前小跑消掉往前冲的惯性之后，双手刹车棒拉到底，顺势立即转身，将伞翼放倒，避免强风使伞翼将飞行员拖倒在地而受伤。

第六节　滑翔伞飞行的管理、技术等级及飞行守则

一、滑翔伞飞行的管理、技术等级

与所有体育运动项目一样，滑翔伞运动也有专门的管理机构和技术考核标准。国内滑翔伞飞行的管理机构是隶属于国家体育总局的“中国航空运动协会悬挂滑

翔委员会”。

要想参与滑翔伞飞行运动，首先要选择一家有资质、在中国航空运动协会悬挂滑翔委员会申请正式注册的航空运动学校或航空俱乐部，由取得教练资质的专业教练员根据学员的自身情况制定教学大纲和飞行训练计划进行理论和实践的学习，通过理论和实践的考核之后，由学员填写中国航空运动协会悬挂滑翔委员会统一制定印制的申请表，经过教练员签字确认后，向中国航空运动协会悬挂滑翔委员会提交申请，审核合格后，由中国航空运动协会悬挂滑翔委员会颁发“伞翼滑翔飞行员运动证书”和“中国航空运动协会会员证书”。

根据中国航空运动协会悬挂滑翔委员会制定的“伞翼滑翔技术等级标准”的分类，滑翔伞飞行技术等级如下。

1. A级——掠地滑翔

掠地滑翔是指滑翔伞在不高于100m的山坡上飞行。

申领条件：(1)年满16周岁，具有初中以上文化程度；

(2)持有县级以上医院的体检合格证明；

(3)完成训练大纲规定的理论教学部分；

(5)飞行时间不少于5个飞行日，飞行次数不少于20次。

2. B级——高度滑翔

高度滑翔是指滑翔伞在300～400m的山坡上飞行。

申领条件：(1)需已获取A级运动证书。

(2)飞行时间不少于20个飞行日，最少飞行次数不少于40次。

3. C级——动力气流翱翔

动力气流翱翔是指利用山坡形成的动力上升气流，进行留空时间的飞行。

申领条件：(1)需已获取B级运动证书。

(2)总飞行次数不少于100次，总留空时间不少于20小时；有在3个以上不同场地的飞行经历，每个场地最少飞行5次，其中有3次以上留空时间不少于1小时。

4. D级——热气流翱翔

热气流翱翔是指滑翔伞利用热力上升气流进行留空时间飞行。

申领条件：(1)需已获取B级运动证书。

(2)总飞行时间50小时以上，其中有3次不少于2小时留空时间(有在正式比赛中的记录证明)。

5. E级——长途飞行(越野飞行)

长途飞行是指滑翔伞利用上升气流作远离起飞点的越野飞行。

申领条件：(1)需已获取D级运动证书。

(2)在不同的上升气流中至少有3次飞行超过50km(包括正式比赛中的成绩)。

A级至E级，由低级向高级排列，每一级别的晋升最少间隔半年，并以相应的飞行时数和竞赛成绩作为晋升依据。越靠后级别越高，对飞行员的飞行时数、飞行理论知识、飞行实践操作等的要求和经验积累也越来越高。只有通过中国航空运动协会悬挂滑翔委员会统一组织的培训和考核，理论和实践成绩都合格后，方可升级到相应等级的“伞翼滑翔飞行员运动证书”。

二、滑翔伞飞行基本守则

滑翔伞飞行算得上是一种飞行的艺术，它不只是单纯的一项体育运动，它还涉及到很多知识面，如空气动力学、气象学、地理学，等等。对于不了解滑翔伞飞行运动的人来说，会误认为滑翔伞是一项惊险高危的极限运动项目，令人望而却步。其实，滑翔伞是最轻便、最安全的飞行器。如果了解滑翔伞的飞行原理，严格按规范操纵，遵守飞行守则，以科学严谨的态度飞行，就能安全快乐地享受飞行的乐趣。下列是滑翔伞飞行应遵守的基本守则：

(1)不使用和自己体重、技术级别不匹配的滑翔伞飞行。

(2)绝不单独飞行。

(3)绝不疲劳飞行。

(4)饮酒、服药后及生理、心理不适时绝不飞行。

(5)潜水后24小时内绝不飞行。

(6)不戴头盔和护具绝不飞行。

(7)气象条件超标绝不飞行。

(8)场地不合适绝不飞行。

(9)伞具装备不齐全绝不飞行。

(10)伞具佩挂未检查好绝不飞行。

(11)不毫无目的的盲目飞行。

(12)不盲目过分相信自己的飞行知识和飞行技术。

(13)不拒绝别人对自己的飞行提出意见。

(14)不同时尝试两个以上的飞行新科目。

(15)不因家人、朋友、观众或相机摄像机的存在而过于表现自己。

第七节 滑翔伞飞行空中交通规则及其常见竞赛种类

一、滑翔伞飞行空中交通规则

滑翔伞飞行活动中难免会存在同一空域中与其他飞行器一起飞行的情况。为了避免在飞行过程中与其他飞行器发生互相干扰,甚至相撞的意外事故,飞行员们都必须遵守有关的空中交通规定,以维护正常的飞行秩序和自身或他人的安全。空中交通规则也称为“优先通行权规则”,这一规则在世界上是通用的,故每个飞行员都必须熟知,并在飞行中严格遵守,自觉执行。空中交通规则的主要内容有:

(1)速度快的飞行器必须让速度慢的先行;有动力的飞行器必须让无动力的先行。依此原则,各种飞行器的空中优先权依次大致为热气球、滑翔伞、悬挂滑翔机(三角翼悬挂)、滑翔机、动力伞、动力悬挂滑翔机、超轻型和轻型飞机、一般飞机(注:滑翔机在600m以下的高度对悬挂滑翔机有优先权。

(2)两个飞行器迎面相遇时,应各自向右转弯避让。

(3)当两个飞行器交会时,处于右侧的飞行员拥有优先通行权,为此其他飞行员应向左或向右转弯改变航线。

(4)同一方向飞行时,高度高的飞行员应让高度低的先行。在同高度、同方向的情况下,靠右边的一方有优先通行权。(例外情况,如左边是山体,则靠山体的一方有优先通行权)。

(5)超越前方飞行员时,一般应由右边超越,并应随时注意前方飞行员的动态。前方飞行员有先行权。

(6)进行山坡动力气流翱翔时,靠近山坡的飞行员拥有优先权。高度低的飞行员也拥有优先通行权。

(7)在山坡动力气流中改变飞行方向时,始终要朝离开山体的方向转弯,以防止撞山。后方飞行员要超越前方飞行员时,应从山体和前方飞行员之间通过,以防止在超越过程中因前方飞行员突然转弯或改变方向而相撞。

(8)在进行热气流翱翔时,高度低的飞行员拥有优先通行权(因为他一般难以观察上方情况)。同时,先进入热气流盘旋的飞行员拥有优先权,所有在其后进入热气流的飞行员做360°盘旋时的方向也必须与先入者保持一致。

需要指出的是,空中交通规则不仅是所有飞行员空中活动的共同守则,而且也是万一发生空中相撞事故时裁定责任的主要依据,所以,任何人都不可轻视。此外,我们在飞行中部还要注意飞行器之间的相隔距离问题,为保证安全,在空中各飞行器之间最小水平和垂直距离任何时候都不应小于15m。尤其是在空中无法确认对方是否懂得空中交通规则时,更要增大相互间的间隔距离,随时注意其他飞行器的状态，并礼让先行，以防发生相撞事故。

二、滑翔伞常见竞赛种类

无论是在国内还是国外，每一年的不同季节，都会在很多飞行场地举办很多不同种类的滑翔伞飞行竞赛。临近比赛日期时，很多不同地区、不同国籍的滑翔伞飞行爱好者们就会不远千里从四面八方赶来参赛。很多滑翔伞飞行高级场地甚至已经成为当地的重要旅游支柱产业，吸引着世界各地的大批滑翔伞飞行爱好者、观赛的观众以及体验飞行的游客到来。下列为滑翔伞最常见的竞赛种类。

1. 定点着陆赛

为了测试着陆时的精确度，在着陆场设置一个目标点。着陆时要以安全的方式降落，如果有危险的情况，或者降落时除双脚以外的其他身体部位或座袋触地，则以负分计算，而分数以最接近中心点为最高分。

2. 滞空时间赛

从起飞场到降落场之间，计算在空中停留的时间，以时间最长的为优胜者。

3 定时赛

事先设定好从起飞地点到降落地点的滞空时间，以成绩最接近设定时间范围的为优胜者。

4. 折返赛

起飞之后按照事先设计好的数个标杆之间弯曲飞行，最后回到起飞区附近的降落区。通常以完成这个路线所用时间最少为优胜者。

5. 距离标杆赛

从起飞之后，向某一方向设定数个标杆，飞越远近不同的标杆之后，返回降落场降落。以用最短时间飞越最远标杆者为优胜者。

6. 目标赛

起飞后向预定的目标飞行，以最早到达的为优胜者。在这途中必须要设立数个标志杆。

7. 指定路线的自由飞行赛

指定飞行方向，沿此方向尽可能地向远处飞行，以飞行距离最远者为优胜。

8. 开放式自由飞行赛

路线、方向未预先设定，全部由参赛者自行判定的长距离飞行赛。与时间无关，以飞得最远的选手为优胜者。

第十二章

野外自救与求救

第一节　野外自救

野外活动时，受伤和生病都有可能发生，最常见的伤病及处置（急救）方法主要有以下一些类型。

一、出血、止血和包扎

血液是维持生命的重要物质。人体血量约 5 000～6 000ml，约占体重的 7%～8%。血液从损伤的血管流出叫出血。急性出血（大血管破裂）的流血量超过 800～1 000ml 时，如不及时止血，就会引起休克和心跳停止而造成死亡。

出血的种类大体分为外出血和内出血两种。外出血是指血液由皮肤损伤处流出体外。内出血是指血液由破裂的血管流入组织、脏器和体腔中。对内出血的判断，主要是看有没有吐血、咯血、尿血和便血等症状。

外出血的止血方法主要有以下几种：

1. 指压止血法

这是一种简单有效的临时止血法，多数用于头部、颈部及四肢的动脉出血。这种方法是在出血处的近心端，找到动脉行走的部位，用手指将动脉压在骨骼上达到止血的目的，然后扎上止血带。如被蚂蟥叮咬后，往往流血不止，用手指压迫伤口处几分钟，就能止住流血。

2. 止血粉止血法

就是将止血粉直接敷在出血部位，可止住流血。

3. 伤口处理及包扎

伤口较大或较深，不能用水冲洗，以免把表面污物冲入深部，造成感染、化脓。野外往往缺少或没有现成的包扎材料，可利用自己的毛巾、手帕、衣服进行包扎。包扎方法通常有环形、蛇形、螺旋形、“8”字形等。

发现内出血时，要稳定情绪，记住发病时间和症状，及时到医院检查和治疗。

千万不要乱吃药。

二、踝关节扭伤的处置

关节扭伤，实际上就是韧带扭伤，韧带是把骨骼连在一起的柔韧组织，韧带过度扭转或扯开，就会扭伤关节。腕、肘、膝、髋和肩等关节都会扭伤，踝关节则是最易扭伤的关节。步行或跑步时脚部突然扭转，就会扭伤踩关节。关节扭伤时，应立即冷敷，以宽布条或布兜来固定；如要继续走路，绝不能脱掉鞋子，如果脚肿起来无法穿鞋，可踩穿着鞋子(如同穿拖鞋)行走。

关节扭伤的主要症状为关节扭伤部位肿胀、发青发紫，有压痛感，活动时疼痛，有时与骨折难区别，此时应作骨折处置。

三、骨折固定

骨头断裂或折断，称为骨折。骨折可分为外骨折和内骨折(闭合性)，内骨折是指没有刺穿皮肤或裸露在外的病例，触动受伤部位时会很疼痛。外骨折断端锐利，会刺破皮肤或有明显的伤口，容易引起感染和骨髓炎。如刺伤大血管、神经或重要脏器，还会遭致残废或死亡。

伤员骨折时，应立即给予临时固定。正确的固定有利于搬运和转送，并能使骨折部位和肢体免于活动，减轻伤员痛苦。

1. 骨折固定原则

骨折固定的一般原则：

(1)先止血、包扎，然后再固定。如患者处于休克状态，必须先进行抗休克处理。

(2)就地固定。在固定前，不要轻易移动伤员。暴露伤口时，可剪开衣裤，不要脱下衣裤。

(3)临时固定只是为了制动而不是整复，严禁当场整复。

(4)固定时要加衬垫，先固定骨折两端，后固定上下两关节，做到牢固可靠。

(5)固定时松紧要适宜。不可过松，也不可过紧。固定四肢时，要露出指尖，以便观察血液循环。

(6)固定后作好标志，迅速送往医院，注意保暖。

2. 分析固定方法

上臂(肱骨)骨折固定法：进行上臂骨折固定时，应注意两点，一是肘关节屈成直角；二是肩关节不能移动。

(1)夹板固定法。肘关节屈成直角，用两块木板放在伤口两侧，用三角巾固定，再用三角巾作小悬臂吊，固定于胸前。

(2)竹筷固定法。把四根竹筷或树皮、竹片放在内外侧各两根，用绷带或三角巾固定，然后前臂悬吊起来，固定于胸前。

前臂（尺骨）骨折固定法：将受伤的前臂内、外两侧各放一块夹板，然后用三角巾或手帕进行固定，并用三角巾将前臂吊于胸前。

大腿（股骨）骨折固定法：把一块相当于脚跟至腋下窝长的夹板，放在伤腿外侧或后侧，再用七块三角巾固定夹板。同时，应脱去伤肢的鞋袜，以便随时观察血液循环。

小腿（腓骨）骨折固定法：①夹板固定。把一块长度等于大腿中部到脚跟距离的夹板，放在小腿外侧，在关节上垫置棉垫，用五条三角巾固定，在脚部再用"8"字形固定，使脚与小腿成直角。②健肢固定法。在无夹板情况下可利用伤员健侧下肢来作固定，即把健肢移向伤侧并列，在两腿关节处垫置棉垫，用三块三角巾来固定。

3. 伤者搬运法

正确的搬运方法能使伤员迅速脱离现场，减轻痛苦，得到及时治疗。搬运伤员总的要求是快、轻、稳，避免震荡。搬运伤员时要根据伤情的不同，选用适宜的工具并使伤员在担架上采用不同的姿势。

(1)单人搬运。可分为肩负式、背负式、抱负式和腰带抱运等。不可使用自己无法支持的方式，否则一旦失手，会加重病人的伤势。

(2)双人搬运法。最好用担架搬运，既省力又方便。用担架搬运时要注意的是：伤者上担架要平托；伤员头部要放在后面，使后面的救护员能随时观察伤情；抬担架行走要平稳，步子快慢相同，担架高低要保持平衡。

四、扎刺的处置

在野外活动时，手脚和裸露的体部都有可能被刺扎伤，细小的木刺、藤刺、篾刺扎入皮肤后，会感到疼痛和难受。清除的方法一般为，留在皮肤外的小刺可用镊子或用长指甲夹住拔出。如小刺已扎入皮肤，可用缝衣针、大头针挑出。先找到准确的部位，然后将针斜进其边缘皮肤中，慢慢拨出。如果没有钢针，可用尖硬的藤刺替代，也可将竹棒削尖作针使用。

五、割伤的处置

如果被刀、茅叶等一般割伤，可用创可贴、纱布包扎即可。如较严重，首先要用干净布块敷在伤口上止血。创口无流血后，再用纱布蘸微温的肥皂水清洗伤口周围的皮肤，一般从伤口向外揩拭，以防肥皂水流入伤口内，纱布脏后要及时更换。

六、戳伤的处置

戳伤的情况在野外活动中十分常见，主要表现为手足被露出地面的树桩、树枝、竹桩、尖石刺伤，或突然滑倒时被地面上的凸硬物刺伤。

从表面上看，被戳的伤口也许不大，其实伤口可能很深，并把污垢和细菌带到里面，伤口一旦发炎，就会扩散到身体其他部位，引发严重疾病，导致不良后果。

戳伤后，一般先止血，进行适当消炎，包扎好伤口。如果有较大的异物留在伤口内，不要自行拔出，因为刺入物堵住伤口，减少失血，拔出后反而会大量流血。为了避免刺入物压进伤口，可用环形垫盖在伤口上，然后扎上绷带。如无环形垫，可用剪掉上半部的纸杯代替。

七、异物入眼的清除

在野外活动中，沙尘、小虫、枯木朽枝上的粉末、花屑都容易入眼。异物入眼后，可采取以下方法进行清除。

用手轻轻把息眼的眼睑提起，眼球同时上翻，泪腺就会分泌出泪水把异物冲出来，也可咳嗽几声，把灰尘或沙粒咳出来。

取一盆清水，吸一口气，将头浸入水中，反复眨眼，用水漂洗，或用装满清水的杯子罩在眼上，冲洗眼睛，也可以侧卧，用水壶装温水冲洗。

请人翻开上眼皮或下眼皮，一旦发现异物，用棉签或干净的手帕一角将异物轻轻撩掉。若异物在里眼球部位，应让患者转动眼球，让异物移至眼白处再取出。

如果是铁屑类异物入眼，可找一块磁铁洗净擦干，将眼皮翻开贴在磁铁上，然后慢慢转动眼球，有可能将铁屑吸出。

八、小虫入耳的处置

春夏是昆虫活动的时节。在野外活动时，乱飞的小虫会不小心钻进人的耳里，此时，千万不能盲目地用挖耳勺、发夹之类的东西乱掏，因为虫子是头部朝着耳朵里面钻的，乱掏乱挖会使虫子更往里钻。正确的处置方法应当是：

1. 按耳

如果小虫在左耳，就用右手紧按右耳；如果小虫在右耳，就用左手紧按左耳，使小虫自行退出。

2. 滴菜油

身体侧卧，患耳朝上，向耳道内滴几滴菜油（麻油、豆油、玉米油）或白酒，把小虫淹死。然后用夹子夹出或用棉签慢慢粘出，也可用温水轻轻洗耳，使小虫顺水流出。

3. 亮光引诱

小虫一般喜欢光亮，如用手电筒照射，虫可能被引诱出来。

九、常见性身体不适的处置

常见性身体不适的症状很多，如不明原因的脸色发红、发青，腹痛，呕吐，脑袋昏昏沉沉，全身乏力，等等。遇上身体不适时，首先要放松自己，原地休息一段时间，认真想一想自己前不久的饮食情况、病史，仔细查一查原因，然后根据不同的情况采取相应的措施。

1. 感冒发烧

感冒是由普通细菌或病毒引起的上呼吸道感染，主要症状一般为咳嗽、流涕、打喷嚏、头痛、发烧、全身乏力等。一旦感冒发烧，患者应进行适当休息，以恢复体力，增强抵抗力，同时应服用感冒类药物和阿司匹林一类解热镇痛剂，以加速感冒症状的缓解。如果无退热药物，可采取物理降温法，如用温水擦浴，或在头部、颈部两侧、两腋处、大腿胯下放置凉水袋降温，同时要多喝开水，如有条件，每100ml开水中放入葡萄糖(白糖)10g、精盐1g。身体发冷时，要多穿些衣服，多盖被子，把汗闷出来也能缓解感冒症状。

2. 腹泻

腹泻通常由于肠道感染、消化机能障碍而引起。在野外，因不习惯喝生水、吃野味、食野果，都会导致细菌随口而入或肠胃消化不良引起腹泻。腹泻的症状一般表现为排便次数增多，大便稀薄或呈水状，有时带脓血，常兼有腹痛。

发生腹泻症状时，要立即服用止泻药，以尽快起到止泻收敛作用和减少肠蠕动作用。同时，要少吃油腻食物，多吃清淡食物，并适量地补充水分，以防发生脱水。

十、冻伤的处置

天气寒冷时，鼻、耳、面颊、下巴等露出的部位容易被冻伤。有时戴手套、穿鞋袜的手足也会发生冻伤。冻伤的症状，一般表现为冻伤的部位冰冷、僵硬、麻木、皮肤变硬、变色等。

一旦出现冻伤，要尽量把伤者移到室内避寒，并将冻伤的肢体放入自己的腋窝下、胸前、腹部处慢慢加温，使其逐渐自然解冻。千万不要用柴火或辐射热对伤处进行解冻复温。如有条件，可将伤肢放在与体温差不多(38～40℃)的温水中浸泡，每次浸泡4～5分钟取出，直到冻伤部位恢复正常体温为止。对全身性冻伤患者可进行全身浸泡，一般15～30分钟，体温接近正常即可，不宜过久。冻伤部位恢复正常体温后，应裹上毛巾或其他衣物保护。如果是手脚冻伤，可对冻伤部位的上部进行轻轻按摩，使血液循环好转，但不可直接按摩皮肤变色部分，以防弄破血泡。

十一、中暑的急救

在烈日或高温环境中活动，身体产生的热能不能向外散发，积聚到一定程度时就会出现中暑。中暑时，一般先表现为头痛、眩晕、心悸、恶心等，随即出汗停止，体温上升，导致昏迷。

一旦发现自己有中暑症状，应立即离开高热的地方，到树阴下、凉棚内等通风较好的阴凉处休息。休息时，要解开衣服，放松裤带，平躺仰卧，可用扇风、冷敷、喝盐开水驱暑解热。也可服十滴水、人丹、风油精之类的解暑药物。如发现同伴昏迷，可掐人中穴、合谷穴，使其苏醒；重度中暑者，应紧急送医院救治。

十二、溺水的急救

在野外穿越河流、溪涧、湖泊、池塘、水库等地方时，如不小心就可能遇溺。衣着整齐的人在水里挣扎，容易被人察觉；如游泳时突然抽筋或气力不继，就很难被人发现。

发现遇溺者时，应尽快用打捞工具，或者用较长的竹竿、木棍、绳索、树枝或解下腰带、衣裤连接成长条扔给溺水者，待其抓住后，用力拖上岸。如会游泳，应迅速跳入水中救助。

溺水者自水中救出时常呈呼吸浅速、不规律、呼吸困难、咳嗽，甚至呼吸、心跳停止症状。急救溺水者，现场复苏最为重要，应将溺水者救出后立即清除口腔鼻咽腔的呕吐物和泥沙等异物。保持呼吸道通畅，并将其舌头拉出，以免后翻堵塞呼吸道。可将溺水者腹部垫高，胸及头部下垂，或抱其双腿、腹部放在急救者肩部走动或跳动以“倒水”。如呼吸困难或停止，应立即进行口对口或口对鼻的人工呼吸。如果心跳停止，应同时进行胸外按摩。清醒后，可让其饮用少量姜汤、咖啡、浓茶等温热饮料。

十三、蛇伤的处置

在我国约 50 种毒蛇中，分布较广、毒性较强、确实能伤害人和家畜的有 10 多种，如眼镜蛇、眼镜王蛇、蝮蛇、蝰蛇、金环蛇、银环蛇、五步蛇、竹叶青、烙铁头等。被毒蛇咬伤后的症状一般为，局部疼痛、肿胀、恶心、呕吐、视觉模糊、呼吸因难、抽搐麻木等。

1. 判断是否为毒蛇咬伤

处置蛇伤，首先要区别毒蛇与无毒蛇。过去人们主要从头部和尾部来辨认，但有时也不一定准确。如一般毒蛇头部较大，呈三角形，但金环蛇、银环蛇却例外。

从活动时间看，毒蛇一般都在晨昏和夜间活动，但眼镜王蛇在白天也常出来活动。比较科学的区别方法还是看蛇咬伤后所遗留下的牙痕。从被咬伤的皮肤上，能看到2个较深而大的牙痕，是毒蛇留下的。而被无毒蛇咬伤后，在皮肤上只留有4行细小而均匀的牙痕。若无法区别，应当作毒蛇咬伤处置。

2. 毒蛇咬伤的处置

被毒蛇咬伤后，千万不要惊慌失措和奔跑。

第一步，以最快速度挤血。毒蛇咬人后，其毒液在伤口中央大约可集中4～5秒钟，之后就随着时间及血管分布状况向四周扩散。如果先从捆扎、开刀、清洗至吸血，就会相隔过长时间，导致蛇毒蔓延。因此，当确认被毒蛇咬伤后，要先迅速进行挤血。可随手捡些石片或木片，将伤口四周的血刮聚到伤口中央，用力挤出。然后用吸乳器从创口处吸出血液和毒液。也可直接用嘴吸吮伤口排毒，边吸边吐，每次都要用清水或白酒漱口。如果口腔破溃、龋齿，就不能用口吸，以免中毒。

第二步，应立刻用橡皮带、绳子、布条、手绢，或就近拾取适用的植物茎、藤结扎伤口的上方，减少毒液的扩散。结扎的速度越快越好，争取在咬伤后1～3分钟内完成。结扎方法：如果咬伤的是手指，要结扎在伤指的根部；如果咬伤的是小腿，要在膝盖上方结扎；如果咬伤前臂，就结扎在肘关节以上。结扎要紧，结扎后每隔15～20分钟放松2～3分钟，以免长时间阻止血液循环，造成局部组织坏死。

第三步，结扎伤口上部后，立即用盐水、肥皂水或清水对伤口进行清洗，冲掉伤口周围的残余蛇毒和脏东西。冲洗后应立刻进行扩创、排毒。扩创的方法是：先以伤口为中心，用小刀切开一个“十”字，然后围绕这个十字，再切开几个小十字（也可用小刀挑开如米粒大小破口）。这样可使毒液外流，防止创口闭塞，但不要切得太深，以免伤及血管。扩创后继续将余毒排出。

第四步，现场用药。如果有蛇药，可按说明书使用，包括内服和外用。

第五步，立刻送医院救治。送治途中一般不去掉结扎带，但要随时进行检查，如能将打死的毒蛇一起带上，医院就能更有针对性地进行治疗，以提高治疗效果。

除以上步骤外，特殊情况下也可断指保命。

十四、毒虫咬伤的处置

被蝎子、蚂蚁、野蜂等有毒动物叮咬后，轻则肿胀疼痛、过敏反应，重则恶心呕吐、呼吸因难、不省人事，甚至危及生命。因此，被毒虫叮咬后，也不能掉以轻心，要采取必要的方法进行处置。

1. 蜂蛰伤

被蜂蛰伤后，如蜂刺留在皮肤内，可用镊子或经过火消毒的针把蜂刺除去；如伤口红肿疼痛，可用肥皂水、淡石灰水外敷；也可用红花油、风油精、花露水外擦伤处或用火罐拔毒。民间常用的方法是用暖酒淋洗或挠头垢涂抹，或用泡过的茶叶贴在痛处，均能达到止痛效果。有的地方还用黄土直接涂抹在伤处，以减轻疼痛。如伤者出现过敏休克，应让伤者仰卧，解开伤者颈部衣扣，松开腰带，以保持呼吸畅通。如被群蜂蛰刺伤势严重，应迅速送往医院救治。

2.蝎子蛰伤

蝎子通过其尾部的钩刺入人体的毒液伤人。被蝎子蛰伤后，应立即拔出毒刺，并在近心端结扎带子，注意每15分钟放松一次，再用20%肥皂水或10%苏打液冲洗。局部可进行冷敷，或用蛇药片调成糊状敷于伤口3cm处。也可用细盐与水调后敷在患处，并用布包好，再放入热水中浸泡，很快就能消除疼痛。同时多喝水，以利排毒。

3.蜈蚣咬伤

被蜈蚣咬伤后，伤口局部会出现痒、红肿、疼痛等症状，应立即用20%肥皂水或5%～10%碳酸氢钠溶液（小苏打）来冲洗伤口，然后用中草药鱼腥草、蒲公英等捣烂后外敷。民间常用的解毒方法是，点燃红蜡烛，用其灰涂于伤口；咬破大雄鸡的冠，滴血于伤口；用指甲磨凉水或用大蒜的汁液敷伤口。症状严重时，应送到医院诊治。

4.蜘蛛咬伤

毒蜘蛛咬伤后，被咬者会出现局部苍白、发红、麻疹，重者可发生局部组织坏死或全身性症状。被毒蜘蛛咬伤后，应立即冲洗伤口，吸吮排毒，在近心端进行包扎，其处置方法与蛇伤相同。

5.毒毛虫蛰伤

毒毛虫一般是指鳞翅目昆虫体上长有毒毛的幼虫，常见的毒毛虫有刺蛾幼虫，也称洋辣子，其毒毛与人体接触后，会使人感到火辣辣的痛；松毛虫有上万根毒毛，并与毒腺相通，刺入人体后毒液外溢，使皮肤发痒、红肿；桑毛虫在腹部有32个毒毛瘤，约200万根毒毛，皮肤一旦与其接触，会产生红肿、奇痒。被毒毛虫蛰伤后，应尽快用胶布（胶带纸、伤湿膏）贴在患处，然后迅速揭起粘出毒毛，反复多次，直至把所有毒毛除掉，然后用氨水、肥皂水等碱性液体涂在患处，也可用清凉油、风油精、止痒剂、龙紫胆（紫药水）涂擦。中草药白花蛇舌草、七叶一枝花洗净捣烂敷在发炎处，也会产生较好效果。如果症状较为严重，可口服扑尔敏，每次4mg，每日3次。

第二节　野外求救

在野外生存环境非常恶劣，各种灾难会不期而至。对野外生存者来说，及时了解自己所面临的困境，通知别人，求得救援是非常重要的。当你在野外处于求生困境时，你首先要考虑的问题就是如何与救援队联系，作为一个求生者，必须能够使用一种方式发出信息，使救援队伍容易接收。

选择何种求救方式，与所处的环境有很大关系。在不同的环境下应使用不同的求救方式。

1.火

在黑暗中火是最有效的求救手段。国际通用的求救信号为点燃三堆火，使三个火堆成三角形；或者排成一条直线，每堆火之间的距离大约 23m。如果形势允许，应尽快将火堆生好，并小心看护避免火堆熄灭。如果是孤身一人，或者木材等燃料稀缺时，应保护好一堆火。

2.烟

国际通用的受困信号是三柱烟。当你在野外受困，点燃烟柱求救时，应注意尽量使烟雾的颜色和周围的背景颜色有区别：如果背景是浅色的，应使用黑烟，反之亦然。在火堆中加入一些绿色的树叶、绿草、苔藓或者潮湿的绿色植物都会产生白烟；如果在火中加一些橡胶、汽油或浸过油的碎布就容易产生黑烟。

3.光

在晴朗的白天，光线是很好的求救信号。可以利用镜子或者磨光的水杯、金属物反射阳光，将反光集中在一个点，以便于救援人员发现。

4.国际通用救援信号

SOS：是国际通用的紧急求救讯号。实际上在无线电通讯中表示“紧急求救”的信号是三短三长三短，由于在莫斯电码中三短代表 S，三长代表 O，所以紧急求救信号就被简称为 SOS。由于这个信号简单明了，因此被世界各国所采用。

FILL：这些字母是国际通用的紧急求救信号。单个一根木棒“1”，是最为重要、制作也最简单的一个。尺寸是每个信号长 10m，宽 3m，每个信号间隔 3m。当搜索飞机较近时，可用体示信号表达遇险者的意思。

第三节　野外遇难案例分析

由于野外生存的特殊性，野外生存中遇难的情况不胜枚举，下面我们举 10 例野外生存遇难案例进行分析。

[案例 1]　女“驴友”露营被山洪卷走，众驴友遭巨额索赔

2006 年 7 月，21 岁的年轻女子骆某参加一次大明山赵江露营活动时，不幸被山洪冲走死亡。为此，骆某的父母将组织者及一同出游的梁某、陈某、覃某等 12 名“驴友”一起告上了法院，请求法院依法判令被告支付给原告人身损害赔偿费 152 854 元；赔偿原告精神抚慰金 20 万元；以上被告负连带赔偿责任。

2006 年 6 月底，被告武鸣县人梁某在时空网上发布召集组团到武鸣县境内的大明山赵江进行露营活动的消息，被告陈某得知此消息后，便邀请原告的女儿骆某一起参加此次户外露营活动。7 月 8 日，在被告梁某的召集下共有 13 名成员前往武鸣县两江镇赵江露营地。参加队员按被告梁某的要求向其交纳了 60 元的费用。当晚该团队在赵江河床裸露的石块上扎帐篷露营。

2006 年 7 月 8 日晚至 9 日凌晨，该团队露营一带连下几场大暴雨，9 日清晨 7 时许赵江山洪暴发，此时原告的女儿骆某与陈某同住一个帐篷内，骆某尚在熟睡，在毫无防备的情况下，被山洪冲走。险情发生后，在当地政府组织的搜救队的搜寻下，在下游离事发地约 3km 的河床找到骆某的遗体。

原告认为，此次出游的组织者兼领队被告梁某未持有任何经营旅游业的合法证照，亦未考虑 7 月正值雨季等气候灾害等因素，且未安排人员守营，被告陈某是一个具有较丰富经验的户外活动者，此次邀请骆某同团出游理应对骆某的随队出游负安全防范义务，其未提醒和要求骆某撤离危险地带，最终导致悲剧发生。作为同行的其他被告，由于同一团队，他们之间应形成一个相互关照、相互救助的义务关系。然而，他们竟无一人告知骆某紧急撤离。为此，此次出游的组织者兼领队被告梁某以及其他参团成员负有不可推卸的责任。

总结——营地的选择不仅要关注地形地貌，还要关注天气及其他自然情况，良好的营地选择及建设才能保证队伍的安全和休息。

[案例 2]　自发组织连平漂流，深圳“驴友”遇难 2 死 1 失踪

2006 年 8 月 5 日，深圳 9 名“驴友”参加由一位网名叫“独啸山林”的头驴组织的连平漂流活动时，不幸被卷入漩涡，导致 3 人身亡。

这 9 名“驴友”所参加的漂流活动，地点在河源市连平县内港镇一条源自连山的河流。连日的大雨让河水暴涨，9 名“驴友”总共带去 5 条橡皮艇，在 8 月 5 日下午 4 时左右，当驴友漂流到连平县内港镇一处有水坝的地方时，遇到了漩涡。强大

的漩涡水流使得3艘筏艇很快翻了,6名队员落入水中,其中包括两名遇难者“孤叶”、“海湾”以及头驴“独啸山林”。据其中的“驴友”回忆说,“独啸山林”、“孤叶”、“海湾”三人的个人能力都相当强。筏艇翻了之后,他们三人都没有自顾逃生,而是奋力搭救另外3名落水的驴友。之后陷入漩涡中的3名落水者都被救上了岸,头驴“独啸山林”、驴友“孤叶”及“海湾”却死亡。一名被救的女驴友回忆说,翻船的地方是一个死角,漩涡很大,船绕过时一定会翻。她落水后,几经挣扎,自己都想放弃生命了,最终还是让“独啸山林”、“孤叶”和“海湾”把她托出水面。

总结——组织活动时,一定要预先考察活动地点,向专业人士咨询意见,保证活动的安全性。

[案例3] 因个人身体因素死亡

2005年5月4日凌晨2点左右,一名女驴友在穿越库布齐沙漠过程中发病,经过多方努力后医治未果,不幸遇难,时年27岁。

据悉,这位遇难的女驴友年仅27岁,五一期间参加了由绿野网站发起的穿沙自助游。5月3日下午3点左右这支不足20人的队伍在行进途中,该女驴友突然出现中暑的症状,而周边当时没有医疗经验的人员只能临时采取人工呼吸维持其生命。在接到求救信息后,正在带领户盟穿沙B队的内蒙古起点户外的一名有一定医疗经验的驴友及一名司机迅速驾驶沙地摩托车赶赴事发地进行了友情救援。在3日下午22时17分赶到了现场,他们带了常规药品快到事发地后发现还需要强心针,即刻返回再取。在回去的路上,沙地摩托车翻车2次,把司机压伤。在距离事发地还有5km的时候电瓶没电了,只能原地等待七星湖景区的工作人员送来电瓶。景区工作人员到达的时候已经是凌晨4点多。此时,该女驴友已经死亡了2个多小时。

总结——掌握一定的野外急救和自救知识,能够保证自己及队友的安全。

[案例4] 上海驴友风雪太白山遇难

2006年5月1日上海游客华峥嵘只身前往太白山登山探险旅游,在从南麓攀登太白山顶峰时,遭遇暴风雪失踪。经西安市300余警民全力搜救,其遗体于5月12日在海拔3 600多米的第四纪冰川遗迹石海北梁顶被发现。

总结——中高强度和风险的户外运动尽量不要单人进行,暑寒是导致死亡的重要因素,单人行动时向导尤为重要。

[案例5] 一人遇难三人失踪,宁波市民自驾游西藏发生车祸

2006年7月16日上午9时许,4位自行在网上组织自驾车游西藏的宁波市民,驾驶的一辆北京现代越野车从西藏巴宿县然乌镇出发驶往拉萨途中,在经过318国道西藏林芝地区波密段一拐弯处时,车辆不幸坠入雅鲁藏布江的支流帕隆藏布江中。车上4人,除1人已经死亡外,其余3人至今下落不明。西藏波密县交

警大队大队长文永林说:“帕隆藏布江水流非常急,搜救工作难度很大,失踪人员生还的可能性很小。”

总结——最好能有几辆车组队而行,并找一个熟悉当地环境的向导带路,新手千万不要贸然前往。此外,青藏高原气候对人的身体条件要求很高,想到西藏自驾旅行的游客一定要做好充足的准备。危险路段最好跟车队行进,出外自驾旅游,开车人的身体状况也是我们要考虑的安全因素之一。

[案例6] “狂风怒海”在清凉峰死亡

2005年1月18日晚上,13个酷爱登山的年轻小伙子共同相约,从杭州出发去海拔1 787.2m的清凉峰,但是回到杭州的却只剩下12人。一网名叫“狂风怒海”的驴友在20日晚与队友失去联系后死亡。

据一驴友叙述,他们几个爱好户外旅行的驴友一起相约去爬清凉峰。晚上9点左右到达临安的马啸乡浙川村,并在那里的小学操场上扎营。第二天一早6点钟,在当地向导的带领下向清凉峰进发。在野猪塘叉路口休整准备冲顶的时候,领队要求把背包暂留原地,但“狂风怒海”强烈要求看日出,结果和领队的意见有分歧,执意背包冲顶,冲顶后又一人留在山顶,等待与另一组户外旅行队朋友会合。于是他们12人先下山,次日早上回到杭州。因为那边的手机、对讲机都没有信号,等回到杭州后与其家人取得联系,才知道“狂风怒海”还未回家。

12天后村民发现了“狂风怒海”摔下山崖的遗体。

总结——中高强度和风险的户外运动尽量不要单人进行,队伍中良好的纪律性是保证全队安全的首要条件。

[案例7] “驴友”探险被困千米深谷,1名“驴友”遇难

郑州19名驴友,在嵩山探险旅游时遭遇不测。一名组织者掉下悬崖,6名驴友被困在深山中。登封市有关部门组织营救队伍,经过数小时的生死大营救,于次日下午将被困的6名驴友救出,但掉入悬崖的组织者不幸遇难。

2006年3月11日下午5点50分,登封市市长热线电话铃声骤响,一个自称叫王枫的郑州游客紧急求助,就在大约两个小时前,他们一行19名驴友在少室山三皇寨探险时,山上突降大雪,他们在途经一个叫“大寨”的地方时,一位网名叫“生姜”的组织者不慎滑下山坡,跌到约20m深的悬崖,生死不明,请求帮助救援。

下午6点05分,20多名消防官兵,赶往现场进行营救。武警消防大队10名官兵,带上云梯、担架、绳索、急救包、救助药品、氧气袋等营救工具,与120急救中心的两名医护人员,全部身着夜光阻燃服,头戴白色头盔,按报警人王枫指引的上山路线,直上少室山。

山上驴友的手机短信,说他们已经能跟营救人员对上话了,可是山上月色朦胧,轻雾弥漫,他们只能听见呼喊他们的人声此起彼伏,就是看不见人。山上风很

大，寒气逼人，他们冻得骨头生疼。后来才搞清楚他们所处的位置不是“大寨”，而是一处还没有被开发的风景区，人迹罕至。营救人员借助照明灯，攀着绝壁，几经周折才发现这几个驴友，跟在后面的女护士已经冻得走不动了。报警时说落崖的高度不过 20 多米，又是一个斜坡，因为雾气很重，消防队员几乎看不清楚被困人员的具体位置，但就对话的声音推测，距离应该远于 20m。

但是，第五梯队向山下指挥部反馈的消息，“险谷”距离上面的位置不少于 1 000m。营救人员准备好约 1 000m 的绳索。指挥部建议借助山势将绳索蜿蜒盘下，先由营救人员沿绳索下到谷底，帮助驴友沿绳索攀缘到崖台上。

被困在“险谷”中的驴友用手机短信告诉山下指挥部，又冷又饿，他们现在已经支持不住了，随时都有生命危险。

3 月 12 日下午 1 时 30 分，山上传来消息，经过一个多小时的艰难营救，6 名驴友在营救人员的帮助下，攀着绳索从谷底上到了崖台上，现在已全部成功地转移到安全地带，6 名驴友，只有 1 名受了轻伤。

3 月 12 日上午，经下到谷底的消防队员仔细勘验，确认“生姜”已经遇难。指挥部决定 13 日早晨 6 时出发，进入“险谷”，把“生姜”的遗体运出来。

总结——在悬崖等危险地区活动，保护性的安全措施是必需的，只有先保护好自己，你才有能力保护好队友。

[案例 8] 武义驴友遇难

2006 年 6 月 4 日，金华户外驴友“豆妈”在同另外 14 名驴友穿越武义三笋坑的时候，由于天气恶劣，在峡谷中被大水冲走，不幸遇难。

遇难的驴友网名“豆妈”，女，43 岁，是长期在武义生活工作的金华人。丈夫“大叔”(网名)，也是一名户外运动爱好者。“豆妈”走了，留下了一个 11 岁的孩子。6 月 4 日上午，这 15 位驴友在武义南部深山的户外活动中遭遇大雨，与外界失去联系，另一组 3 人也在深山迷了路，后被救援人员成功救下。

“来一次清爽之旅吧——拥抱三笋坑的山山水水，当清凉的水花让你笑逐颜开，当舒爽的山风轻轻地吹过，你一定会体验一个无比刺激、舒畅的春夏日周末！”这是驴友们出发前发在网站上的活动通告。没有人会想到，就是这次看似轻松的旅行，会变成一次死亡之旅。

这次活动以 20 多岁的年轻人为主，也有三四个 40 来岁的男女，大家有说有笑，对即将到来的活动充满期待。“企鹅”已经连续 3 个周末从金华赶过来参加活动了，他告诉记者，驴友们彼此都不知道名字，也不会互相问职业，大家因为共同的爱好聚到一起，就是求个开心。快出发的时候，40 来岁的“豆妈”才匆匆赶到。因为她的小孩子叫豆豆，驴友们才叫她这个名字。因为是第一次见面，记者跟她打了个招呼。“豆妈”把衣领拉了一下，说：“今天天气这么好，我把游泳衣都穿里面了。”

6月3日早上9点左右，他们到达三笋坑，当时天气很好，他们还在水里游泳。下午三四点左右，天下起雨来，而且越下越大，因为山上没有一点信号，他们这才有点着急起来。在山上宿了一夜后，他们准备下山。此时峡谷里的水深已是头天的两倍，非常湍急，中间夹杂着树枝等物。9点多的时候，他们准备趟过一处湍急的水流。一个男驴友先过，在水面上架上两根木头，让驴友扶着过。当时"豆妈"走在最前头，考虑到"豆妈"经验不足，其他人让她先等一下，多几个人过去可以保护她，但她说自己"能行"。

"走到中间的时候，她脚踏空了。她紧紧抓住木头，包背在身上卸不下来。几个人下水，让她把手松一下把包拿开，她可能害怕了，手反而抓得更紧，包根本解不开。驴友冒险下水，抓住她，可是太重，抓了近20分钟，都抓不上来。'豆妈'没力气了，我们眼睁睁看着她被水冲走。""豆妈"被冲走后，"企鹅"等3个驴友马上下水，想把她捞回来，可是水太急，3个人自己差点被水冲走。连忙抓旁边的藤，好不容易爬上了岸，其中1个被水冲出十多米，幸好被两块石头拦住才停顿下来，从水底游了回来。

总结——在有危险的地区活动时的原则是：有经验和体力的人走在前面，其他人在中间偏后活动，后面应当有一定的人保护。

[案例9] 西南交通大学大二女生坠崖身亡

2006年7月14日消息：9日，西南交通大学的两女一男3名学生徒步从毕棚沟穿越四姑娘山长坪沟时发生意外，其中一名叫邢楠（音）的大二女生从卡子山坠落到70多米深的悬崖，不幸遇难。

据了解，当日结伴出行的两位女生一位姓邢，一位姓李，男生姓崔，均是西南交通大学的学生。他们原计划从毕棚沟反向穿越四姑娘山长坪沟，在翻越卡子山时出现了意外。

当日，3人在理县毕棚沟出发，在当地请了一个向导带领他们穿越。该向导将其带到毕棚沟与四姑娘山分界的卡子山垭口后，给他们指了大概的方向就返回了。当时大约中午11点，天空下着绵绵细雨，并有山雾升起，3人就这样自行下山了。不料在下山过程中走错了路，不知不觉间3人已经身陷绝壁。无奈之下，崔姓男生便先从悬崖上往下面的河坝下撤，两名女生也用同样的方式跟随。意外在下撤的过程中发生，邢楠一不小心摔下悬崖。

慌了手脚的崔姓男生赶紧到山下的日隆镇派出所报警求救。随后赶到的景区工作人员和公安干警将另一女生安全地救到了四姑娘山木骡子，同时展开了对邢楠的搜救工作……

13日下午3点刚过，该女生的遗体在卡子沟被发现。

7～9月正是四姑娘山地区的雨季，沟内路面湿滑，增加了徒步行走的难度，加上几名驴友对当地地形和环境不熟悉，误行至绝壁悬崖，导致意外发生。

总结——雨季在危险地区行动，可按实际情况适当改变计划，或要加强特别安全防护；对新人而言向导应当是必需的。

[案例 10] 四川省宜宾市两驴友漂流遇难

2006 年 5 月 6 日，伟哥等一行八人，从云南盐津县分乘两条 4 人艇沿关河顺流而下，于当天下午 6 点左右安全到达水富县两碗后上岸住宿。

5 月 7 日上午 8 点左右从两碗乡起程，9 点左右到达两碗乡境内杨柳滩水电站（正在修建中）施工现场。当时段王爷和庆哥上岸观察，并找到一个张姓工头询问河道情况，张姓工头告之这段河可以行船。又见河道口及岸边无任何禁止船只通行的标识，于是继续顺水而下。当时第一条橡皮船上坐有 4 人（伟哥、庆哥、段王爷、锐姐），在通过电站闸口时忽然翻船，全船人员均落水，虽然都穿了救生衣，但由于电站冲沙槽形成的特殊水流，反复将落水人员卷入水中。段王爷被幸运冲出激流后，大声呼喊："不要来了，出事了！"这时，第二条船与前船相距约 40m 远，船上 4 人（要哥、新涛、旦旦、宾哥）听到呼叫后，新涛当即说："遭了，出事了，快去救人！"（当时后船与出事地点相距四五十米远，马上靠岸就可以安全脱离险境）。4 人不顾一切将船朝闸口划去救人，因漩涡太大，激流剧烈冲撞，旦旦、新涛等 4 人均落水。经过一番与恶水奋力搏斗，其余人员挣扎出漩涡后，不顾一切奋力营救，将旦旦、新涛 2 人拖上岸边，边进行心脏挤压及口对口人工呼吸，边向水富县人民医院的急救中心请求救援，很快，水富县人民医院 120 急救中心医护人员赶到现场，采取措施全力抢救，终因抢救无效，新涛、旦旦不幸遇难。

总结——没有经验的人在没有准备好营救装备的情况下，不应主动参与到危及自己生命的救援活动中去。

第十三章

户外运动的风险管理

第一节　登山户外运动中风险管理的重要性

登山探险和户外运动是在复杂和潜藏各种危险因素的自然环境中进行的，在这种条件下，随时都有可能发生对人体的危害，发生不同种类和不同程度的伤亡事件。客观存在的山间危险是这类伤害发生的基础因素，登山者主观的准备和处置不当则往往是伤害发生的直接原因。在大多数情况下，伤害的发生是由于客观危险和主观失误同时存在而引起的。为了更好地开展登山户外运动，加强风险管理的重要性则显得非常重要。

为了叙述方便，我们把这种登山与登山户外中发生的重大灾难性事件和事故统一简称为山难。其中最严重和典型的山难则是造成人员死亡一类。从死亡事件入手，对山难发生的情况、规律和风险管理的方法进行探讨，为规避、减少和防止山难的发生提出了科学的建议。

一、中国山难史的第一阶段

1955 年我国现代登山运动开始起步，1957 年国家登山队在攀登贡嘎山时发生了我国首次山难，6 名队员登顶成功，但在下撤途中 3 名队员滑坠遇难，另 1 人遇雪崩死亡，共 4 人遇难。自此一直到 2000 年，我国的山难基本上限于发生在高山探险中。在这期间我国的户外运动开展得很少，这是中国山难的第一阶段。在此期间所发生的山难见表 13－1。

关于中国高山探险人员遇难发生率的统计不是很准确，因为早期中国登山都是大兵团作战，其中包括了不少各类工作人员。工作人员和登山队有时也难以截然分清，这可能是统计结果中的发生率较低的原因之一，国外的统计就相对准确一些。

有材料表明，每年在阿尔卑斯山区登山者有 300～500 人遇难。据英国喜马拉雅山基金会主席沃德先生统计，累计从首次试登到首次成功登上世界 10 座 8 000m以上高峰的所有登山活动中的死亡事件，总死亡人数为 64 人，其中搬运工

41人,登山队员23人。登山队员的死亡率约为6%～7%。这个死亡发生率是比较高的,其原因可能有以下几点:

表13－1　1955—2000年中国登山者遇难人数汇总表(共计33人)

人　数	山　名	时　间	性　别
4人	贡嘎山	1957年6月	4男
1人	慕士塔格峰	1959年7月	1男
2人	珠穆朗玛峰	1960年5月	2男
5人	公格尔九别峰	1961年6月	4男1女
1人	珠穆朗玛峰	1966年春	1男
1人	珠穆朗玛峰	1975年5月	1男
1人	珠穆朗玛峰	1978年4月	1男
3人	珠穆朗玛峰	1979年10月	3男
6人	梅里雪山	1991年2月	6男
2人	阿尼玛卿峰	1994年8月	2男
1人	雪宝鼎峰	1999年	1女
3人	玉珠峰	2000年5月	2男1女
2人	玉珠峰	2000年5月	2男
1人	珠穆朗玛峰	2000年10月	1男

(1)早期登山时各种条件和装备缺乏、简陋。

(2)统计的全部是首次试登到首次成功地攀登8 000m以上山峰的活动。首次攀登遇到的困难要比再登大得多。

(3)仅计算了登山者的死亡发生率,不包括随同的其他工作人员。

日本的统计显示,日本登山者在1959—1971年的13年间共有2 495人在登山中遇难(包括失踪),死亡人数逐年有所增加。但是由于登山者的数量逐年增加更多,所以死亡率都是下降的。平均每年死亡为192人(118～243人)。日本研究登山专家山森欣一先生统计,日本登山队在喜马拉雅山区攀登6 000m以上山峰时,从1952年到1982年共有126人遇难,占其队员总数的2.8%。

二、中国山难的第二阶段

自 2001 年起，即进入 21 世纪以来，是中国山难史的第二阶段。在这个时期中，我国的登山运动和山地户外运动得到了迅速发展。高山探险从平民不可企及的殿堂走出来，进入了普通民众的生活，由于广大民众的参与，使户外运动蓬勃发展，每年有数以百万计的百姓参与各种户外运动。山地户外运动已由国家体育总局 2005 年列为我国正式开展的体育项目。

随着中国山地户外运动的兴起，山难发生的特点又有了新的变化。

2001 年底共查访到 229 家各种形式的俱乐部，它们分布于除安徽、内蒙古、宁夏等以外的 28 个省市自治区。通过对其中一半以上的俱乐部进行走访或信访，并对 45 家资料基本完整的俱乐部的有关数据进行了统计分析。从 1989 年成立了我国第一家开展户外运动的民间社团开始，1989—1998 年间共成立了 8 家，占样本的 17.8％。其余 37 家均成立于 1999—2001 年，占样本的 82.2％。三年间每年共拥有会员分别为 6 925 人、14 386 人和 30 197 人，参加组织活动的分别为 17 098 人次、39 626 人次和 105 759 人次。1999—2001 年的三年间每年翻一番以上。男女人数大致相等，这是女性参与最多的体育项目之一。年龄结构以 25～40 岁居多，占 80％以上。登山户外运动在群众最喜爱的全民健身运动前 10 名中名列前茅，已成为全民健身中一个重要的运动项目。

户外运动俱乐部的组织形式和法律地位。俱乐部共有四种类型：社团法人；企业法人；隶属于政府部门或企事业单位；自由结社。在 45 家俱乐部中，具有企业法人或社团法人地位的有 29 家，占样本的 64％；有 3 家为隶属于企事业的群众团体；另外 13 家不具有法人资格，没有可以承担法律责任和行政责任的负责人，占 27％。

户外运动的兴起带动了一个新的产业链的形成。山地户外运动在快速蓬勃发展，参与人数也在不断增加，近年来已占据了山难中的很大比例，这是新时期山难的特点之一。相反，登山探险的遇难人数保持稳定，探究其原因有以下几点：

(1)登山人口的基数小，纵然发生率相对于高一些，但总数不多，保持在相对稳定的水平上。

(2)登山技术、登山装备、登山经验的显著提高及登山路线的成熟使遇难的可能性减少。

(3)对登山中的危险性重视程度提高，准备较充足，应对措施较为完整。

以上三点也正是在山地户外运动中仍存在问题较多的地方，即参与人数多，而又缺乏规范的组织管理；个人能力良莠不齐，生手多，常犯一些低级错误，如在山洪通道上露营等；风险意识差，准备不足；基本知识和技术不够，经验缺乏，等等。

三、山难的规避和预防的历史经验

由自然灾害引起的山难通常是不可预防的，但并不是说我们只能被动地无奈接受，而是应该采取积极面对的态度，积极规避，避免灾难落到自己头上。而由主观失误造成或加重的山难应该是可以预防的。对各种危险的规避和预防方案及遇险救援的方案，组成了完整的山地户外运动风险管理体系。

对于风险的认识也在发展变化中。传统的风险概念即是客观存在的危险，现代意义上对风险概念的理解是多元化的，简单可概括为"失去或获得某种有价值事物的可能性"。一方面风险不仅仅是客观存在的危险，而是与人类的决策和行动的后果联系更加密切；另一方面风险带来的不只是消极的后果，还应有积极的后果。被动的风险认识，只考虑可能导致的损失和伤害；积极的风险认识，在考虑风险导致损失和伤害的同时，也考虑到直面挑战、闯过风险后的成功，也就是风险可以产生收益和积极影响。

风险管理的核心内容之一就是度的把握，要通过对风险的认识和掌握，把风险控制在可以接受的程度上，使其为我所用。对大多数户外运动参与者来说，这个"度"就是在正常情况下不会造成致残性或致命性的伤害。

在登山户外运动中，不同的人群有不同的要求，对风险指数的选择也会不同，各种选择只要符合科学，适合自己就应该得到尊重。应该告诉大家的是：各种户外运动具有什么样的和多大的风险，其发生发展的规律，如何避免、减少和防止风险产生的危害，如何通过风险关口达到成功的彼岸。当然，你首先要恰当地选择好你自己能承受的风险度，并应做好能进能退的思想准备和技术装备。

山间危险是不能预防和消除的，但可以规避和减轻其造成的灾害；自然灾害是难以控制的，但人为过错和不当是可以避免的。不管是通过规避的方法免除自然危险的侵害，还是杜绝人为过失所引发的伤害，都可以归结为加强风险管理，防范山难的发生或减少山难的伤害。在开展登山户外运动时，必须强调安全第一的原则，并做好以下几方面的工作。

1. 加强安全教育工作

为了减少登山户外运动中的遇险、遇难人数，在传授各种技术，推广各种新式装备前，首先要做好这项最简单也是最基本的安全保障工作，即安全教育工作，使每位户外运动者都知道户外运动有危险，必须强调安全。

安全教育要取得好的效果，就要注重广泛性和持续性，因为每年都会有新手进入户外运动，也有很多老手要去尝试更高更难的新挑战。安全教育还要发挥各方面的积极性，政府和权威部门要制定相关的管理办法、安全标准、指导手册等。媒体是最重要的宣传教育窗口，尤其是电视和行业性的报刊。从业机构可以办各种形式的培训和讲座。学校里要向学生传授安全观念和安全知识。总之,社会各方面都应该为安全教育承担责任、尽到义务。

风险和安全教育还可以起到正确的舆论导向作用,让全社会正确认识和理解登山户外运动中的危险和山难的发生,提高社会的承受能力。

2.加强从业机构的规范建设,倡导有组织的户外活动

严密的组织和科学的战术是保证安全的大前提。在队员选拔训练、资讯准备、物资的准备和运输、适应性行军、安全登山路线选择、营地设置、天气时机的运用、待机安排、接应组织、克服难点、突击顶峰等方面都要做好精心、充足、严密的准备和组织,实行有效严格的指挥。反之,一支组织涣散、指挥不灵、队员各行其是、缺乏合作的登山队,或是队员之间互不相识、互不关心拼凑起来的乌合之众,是极易发生问题的。而且一旦发生问题,就会像雪崩一样越滚越大,局面难以收拾。如2000年的玉珠峰山难中,就发生了这种典型的局面。严密的组织是一次户外运动成功和安全的保证,规范有资质的从业机构在组织活动上有可信的能力和不断积累的经验,不断加强这些机构的规范建设,从全局上对户外运动的健康发展是不可缺少的。在经济发达的国家,这些有风险的活动都是专业化的公司和社团组织的。

3.出发前应进行认真的学习和准备

户外运动是一组综合性运动,涉及诸多方面,需要掌握各方面的知识、技术和技能,需要积累和学习大量的经验。出发上路前要扎扎实实地做好思想、组织、知识、体能、技术、装备和急救物资的充分准备。这些要求在很多手册、教材中都讲述得很全面,这里只提一个大纲。

(1)知识学习:包括地理学、气象学、冰川学、医学、运动学等方面的知识。要详细了解活动地区和路线的有关情况。

(2)技术和技能:要掌握识图和定向定位、攀登技术、安全保护技术、野外生存技能(包括走路、涉水、露营等)、天气观测、装备器材的选择和正确使用、野外急救常识。

4.提高风险管理的科学水平,科学求实、有效地进行风险控制

20世纪的风险对策,主要体现在关注严密组织、后勤保障、技术、战术、装备、救援措施等具体问题上。21世纪的风险管理已形成了一个完整的系统,引入了风险的新概念和风险管理等更精密的方法。现代风险管理主要分为以下五个部分。

(1)危险因素识别。危险管理的第一步是进行危险因素的识别,即分析整个活动的环境、人与装备可能造成的危害、事故和损失等危险及潜在危险,并进行排列。

(2)风险分析。进行危险列表的分析,并主要从以下几个方面进行:危险、事故可能发生的机制和原因、什么地段发生、什么情况下发生、什么人最容易发生。特

别要分析主要动态因素。

(3)安全控制手段。根据风险分析确定风险的可能伤害程度,对风险的防范和应对手段,选择低风险和最小损失方法,并准备预案。重点从领队的角度提高安全控制能力。

(4)风险评估。对危险因素识别、风险分析和安全控制进行检查、评估,检验风险管理的合理性、有效性、预测性和低风险及最小损失方法,并针对实际发生状况进行对比和为以后风险对策积累经验。

(5)风险对策。根据实际发生状况的记录和管理评估,回顾并修改今后安全控制手段和提高风险管理水平。在实际操作中,风险管理表格只体现危险因素识别、风险分析和安全控制。其中危险因素识别和风险分析可以进一步细化。

最后我们概括一下:①客观危险是客观存在无法预防的,但我们可以认识其存在和变化的一般规律,并可以采取有效手段规避客观危险引发的山难,努力避免和减少损失。②人为失误和能力不足是引发山难的主观危险因素,往往在山难发生中起很大或主要的作用,这是能够而且应该努力避免的。当然每个人都不可能一生不犯一点错误,要在学习中不断进步,尤其在生命攸关的问题上必须努力学习不断提高。③通过科学的风险管理手段把风险控制到预定可以接受的程度。④合理利用风险管理,发挥户外运动的更大效益。

第二节　现代的户外运动风险管理

一、现代风险管理的基本概念

1. 危险的含义

危险是导致事故发生的各种因素。客观危险和主观危险均可单独引发山难,前者是灾害或意外,后者是人为失误的事故。实际上,绝大多数山难是由综合因素造成的。有关文献中曾对 11 例事故进行了详细分析,结果表明导致每例事故发生的危险因素达到 25 个以上。尤其要强调的是,大多数事故发生中都有主观上的认识不足和错误。

2. 风险的含义

传统意义中的风险等同于危险,被理解为客观的危险,如山间危险、天气危险等。现代的风险概念则是指“失去或获得某种有价值事物的可能性”。而且风险的存在,不仅仅是因为有客观危险,而且与人类的决策和行动的后果有密切的联系,所以有的学者提出:任何事情本身都不是风险,世界上本无风险,但是在另一方面,任何事情都能成为风险。这句话有些玄妙，仔细揣摩也有一定的道理。这取决于人们如何分析其中的利弊，如何对待其带来的得失。

总之，风险不完全是消极的因素和安全的敌人。风险不仅可以带来损失，而且也是产生收益的激发因素。认识和应对风险的态度，可以是消极被动的，也可以是积极主动的，后一种态度恰恰是登山户外探险活动的特点和本质内涵。如在户外活动中，发生险情和山难的可能与得到探险体验、自我提升及团队建设等收获同时存在。

3. 风险类型

从风险的存在形态来分，可分为实在风险、潜在风险和意外风险三个类型。

(1)实在风险：必然发生的危险、事故和损失。

(2)潜在风险：可能发生，也可能不发生的危险、事故和损失。

(3)意外风险：不可抗力因素造成的意外危险、事故和损失。

4. 导致户外风险的因素和安全控制

(1)风险因素。导致风险的因素主要来自环境、人、活动及装备(图 13－1)。

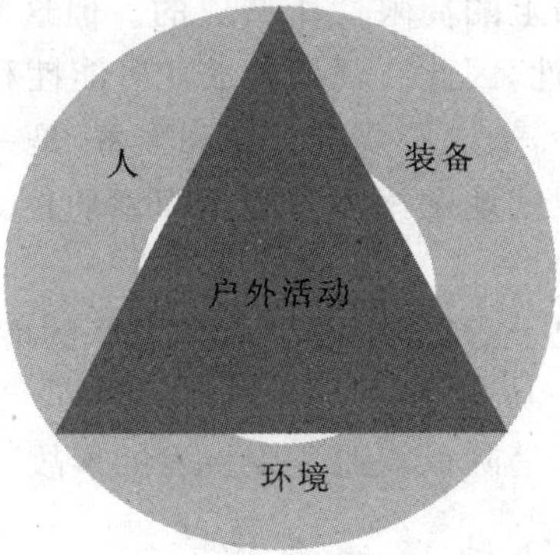

图 13－1　风险的危险成分因素

人的因素包括身体状况、知识经验、技术体能、心理和沟通交流等。活动类型及其所使用装备是风险大小的另外一个重要因素。这些因素不是孤立的，而是综合在一起使风险的级别呈动态几何放大。我们可以通过下面图形来理解(图 13－2)。

环境因素主要指地形和天气两大因素。在评估环境危险因素时应考虑三个方面对其产生的影响，即活动内容(静态内容和动态变化)、活动地点和气候(季节)。

(2)安全控制因素。对于环境因素，我们是无法进行控制的；但对于活动，我们可以通过计划安排、组织领导、经验判断等来进行安全控制。

图 13－2　导致风险的因素

危险因素和安全控制因素是一对矛盾体。我们可以用活塞原理来解释，把整个活动比作一个活塞桶。危险因素所决定的初始风险的大小是一定的，但在危险因素的动态作用下，风险可能会呈几何放大，就好比活塞，安全控制因素是活塞杆，控制着风险水平。一般而言，风险与安全控制可以达到一种平衡，安全控制力越强，风险水平上升的可能性就越小；反之亦然。

5. 其他相关概念

(1)探险：结果不能完全确定的探索和体验，结果不确定性是由于重要信息的缺失、不足、模糊以及能力上的局限性所造成的。但这种活动应是有目的、可以自主选择的，有一定的可控性，因此有预期的成功可能性和希望。

(2)冒险：盲目的探险，缺乏必要的认识和准备，是一种侥幸、盲动的行为。

(3)极度体验：更大限度地发挥体力和全面素质能力，感觉到潜能迸发是得到兴奋感和成就感时的体验。

(4)挑战：在危险情况下，充分发挥个人和团队的能力，克服困难，解决结果的不可确定性。

(5)安全：通过控制来消除或规避危险引发的事故。

二、户外运动风险管理的原理

1. 户外运动中的风险与快乐及创新并存

户外探险活动之所以很吸引人，就是因为它使人们有机会体验风险，挑战探险中的困难和不确定性因素，参与这类活动可满足他们对于难忘的经历和情感的渴望。户外探险活动会非常积极有效地激发和提升人的创造性、自信心等。其特殊价值不言自明，因此，人们常试图反复参加这类活动。

户外活动能给人带来如此激动人心、快乐无比的时光，他们很快会迷上这种全新的体验。探险经历有助于参与者获得以下感受：

(1)增强自尊心；

(2)增强自信心；

(3)体验克服困难或迎接挑战的兴奋感；

(4)体验成就感和幸福感。

探险体验教育基于那些带来挑战及刺激的活动，那些能使参与者经历各种风险因素的活动。各种不同的群体征服了难以想象的困难，并完成了看似无法完成的任务，突破了很多对自身能力的自我认识的局限性，最终通过体验教育得到了提高。因此，探险体验教育已成为实现个人成长与发展的有效途径。

户外活动领队会通过有意识地增加风险，促使活动参与者离开他们舒适的生存空间。但也有一些从事户外活动的专业人士一直对这样做的价值表示怀疑，他们建议，通过确保情感的安全性和项目的稳定性，来增强参与者实现积极变化的内在动力。他们发现，这种方法尤其适用于新手、承受过屈辱的人，还有那些易于焦虑烦乱的人。这些专业人士认为，在一个舒适、安全和得到认可的空间里，人们的变化与成长的效果可能更好一些。因此，安全和舒适是参加探险的理想基础。这会使人们重新关注与身体安全相关的情感安全。这种看法倒可以解释，为什么会有不少“腐败”性的户外活动。

2.社会对户外风险的容忍和接受程度

社会对于风险的宽容度和户外领队道德上的责任要求可以总结为：有意识地让自己“冒险”是“正确”的，但是让别人冒险却是“错误”的。

人们在日常生活中时常面对被社会容忍的风险，如交通事故、自然灾害等，并且容忍这些风险随时出现。但是对普通认为不应该发生的风险，特别是在知道情况的制度框架下(比如，学校、探险旅游业或户外团体)发生的风险会产生强烈的反应。因此这些组织有责任确定它们的设施和项目符合高水准的公共安全。社会有可能对于失败带来的后果反应非常激烈，对失败所造成后果的批评非常苛刻。

社会的反应在以下情况中会变得更为严重：

(1)团队活动不熟悉；

(2)参与者在非专业团体或领队的带领下；

(3)专业水准低下；

(4)未告知参与者有可能发生的危险；

(5)团体不愿意承担应有的风险和责任。

在探险活动中完全消除灾祸或严重的使人致残的伤害是不现实的。而客观上，在有效控制下的户外运动中的事故发生率实际上是很低的。因此，控制和减少在户外活动中致命性和致残性伤害的发生率，使它们保持在一个适度的水平，这一点至关重要。只有得到了社会的认可和容忍，户外运动事业才能不断发展。为了达到这个目的，既要加强风险管理，也要普及安全教育，不断提高人们的风险意识，以及提高社会的容忍度和承受力。

3. 对风险水平的认识和承受

现代探险者希望在户外活动中获得探险和挑战的经历而不会受伤，希望户外领队保护他们免受伤害。但不论是否有领队，探险者们都有责任保护自己的安全。

为了提供高质量的户外体验，就要求户外领队了解和掌握可能存在的各种风险，如心理上、情绪上、体能上、文化上、社会上以及其他方面的风险。如果一个参与者不愿意或不能完成一项活动，那就要首先考虑这项活动对他来说是否安全。

户外领队在法律和道德上有责任有效管理在户外活动中有可能出现的风险。从法律意义上来说，也要求户外领队提供某一水准的保护，以保证参与者在活动中能够得到最好的体验。

领队不仅要管理风险，而且还要管理体验。当管理风险的任务符合客观情况时，开展风险/利益管理会更有效。要依据目标结果评估来进行风险评估，按挑战机会来制定风险管理策略。

根据对主观危险水平的评估、对风险控制手段的运用程度、以往遭遇风险获得的经验等，可以从以下三个层面来确定面对的风险水平，并据此决定应对风险的对策。

(1)绝对风险：即在缺乏安全控制措施的环境中，风险发生的最大限度。换句话说，可能出现最糟糕的情况。

(2)剩余风险：即绝对风险得到安全调控之后存在的风险程度。风险得到控制，但仍可能发生。剩余风险很难准确确定，精明的户外活动领队都会努力确保将剩余风险降低到可接受的范围内。

(3)感知风险：感知风险是任何人对可能随时出现的剩余风险大小的主观评估。与户外活动的领队或经验丰富的探险者相比，新参与户外活动的人对风险水平会有不同的认识。人们的认识往往会受到以往经验和个性特征的影响(例如，他们是胆大的人，还是胆怯的人)。感知风险通常因人而异，人们对风险的感知会涵盖从绝对风险到零风险的各个水平(图 13-3)。

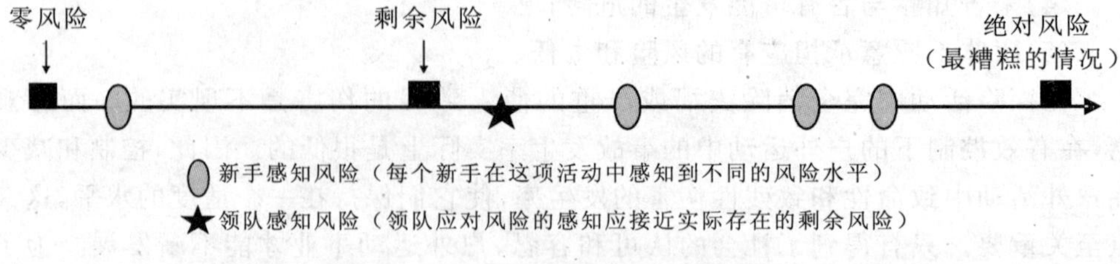

图 13-3　风险水平连续图

户外活动领队应该认识到，一个群体内不同个体的风险认识会存在重大差异，一个人看来是危险的事情对另一个人来说可能未必如此。人们对危险的感知会受到下列因素的影响：经验水平；疲劳程度；对设备的熟悉程度；心理要素；位置；对其他人的认知；自身认识的局限性；领队使用的方法；对情况的认识；情绪；安全感；焦虑程度。

剩余风险与感知风险的协调关系见图 13－4。

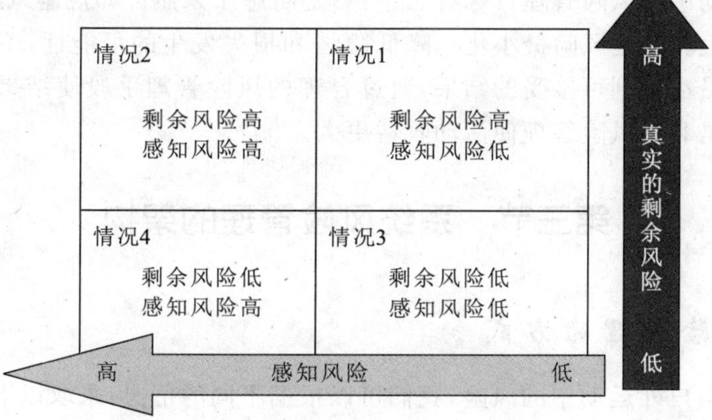

图 13－4　剩余风险与感知风险的协调

4. 户外运动的风险管理

虽说在户外活动中的体验有诸多好处，但如果出现问题，就可能造成严重的损失。因此必须建立系统化的风险管理制度。目前，在大多数风险管理的著作中，风险管理中的“风险”基本上是指发生损失的可能性。应用风险管理的原理、程序和策略，把在实现某个项目的使命和目标时可能发生的损失控制在可以接受的范围内，最终也自然会获得最理想的收益。在以下的描述中，我们也是这样使用风险这个词的，以使大家全面理解风险的概念，在分清风险与危险不同的基础上去理解风险管理中风险的含义。

例如，在一个项目中，参与者仅限于使用小刀和毛毯去搜寻食物和住处，这与使用帐篷、火炉，每天每人带上 1kg 食物的自助旅行课程相比，能带给参与者更多的风险。人们不愿承受与前一项活动有关的风险，那是因为对于缺乏适当培训的初学者而言，在没有指导老师的情况下，让初学者参与其中某门课程安排的旅行可能会风险太大。培训和指导是风险管理中的重要组成部分，通过风险管理，可以更好地培养学生独立旅行和野外生存的能力。

风险管理的目标并不是追求绝对的安全，无论如何减少危险因素和提高安全控制，在登山户外探险活动中风险总是存在的。但通过影响危险因素中的动态因素，我们可以从安全控制的训练、积累经验、合理计划、提高判断力等方面不断提高活动组织能力和有效的风险管理能力。

在登山户外探险活动中，我们既要认识风险的特性，又要发挥风险的激发作用，同时也要设法尽量规避、消除和减少风险伤害，即进行风险管理。风险管理中首先要认识到风险的存在，要考虑到参与者对风险的应对能力和承受能力。如果你必须要一座雄伟的高山屈服，那么你就应该重新估量自己内心中真实的渴望。登山户外运动中的风险管理目标有三个：一是防患于未然。即规避风险，避免险情和损失的发生。二是风险最小化。降低险情和损失发生的可能性，不可避免的风险使其损失最小化到可接受的结果，通过合理的风险管理手段使结果可以被理解和接受。三是利用风险管理使活动收益更大。

第三节　系统风险管理的架构

一、风险管理的方式

面对登山户外运动中的风险，我们可以根据不同的情况，采取以下不同的对策方式，把风险和损失控制在可接受的程度内，并完成既定的活动计划。

(1)规避/防范风险：规避客观危险，防止主观因素造成的事故。

(2)降低风险：使风险指数降低，达到可接受的程度。

(3)转移风险：分散风险、共担风险，如购买保险和雇用专业人员。

(4)保持风险：追求理想(最大)收益，接受高风险挑战。

二、风险管理的主要组成部分

1.法规准备

(1)法律要求是由国家制定的强制性的要求。目前我国在登山户外运动管理上的法规仍很缺乏，有待行政主管部门尽快制定法规、政策和国家标准。

(2)行业标准和指导方针。这是一种强烈推荐的通常基于在业内已得到认可的最佳经验的总结。

(3)从业机构要建立自身的严格、严密的安全管理制度。这些制度要具体细致、便于执行。制度执行的状态和效果要与相关责任人的利害结合起来。

2.做好信息资料的收集

(1)活动目的的资料。关于活动目的地的自然环境和交通、医疗条件、救援力量等方面的资料，在出发之前一定要进行详细的了解。有关自然环境方面，要着重了解地理、地形、气候、季节、水文、自然灾害等方面的资料，努力做到知己知彼。

(2)全国的资料。中国登山协会于2007年底发布了中国内地首次登山户外运动事故报告书，针对我国户外事故发生的状态、原因、地区分布、防范措施等进行了详尽的统计和分析，具有很强的指导作用。

(3)其他国家的资料。目前几乎没有国际户外事故资料的比较，收集到的资料常与事实本身相冲突，因为资料收集方法不一致，也不完整。国家资料之间的比较有助于突出单个国家的事故发生的特点和趋势，这种比较也能够证实一个国家的事故资料是否适用于另一个国家。

(4)工业安全生产的资料。事故发生率研究表明，造成严重伤害的事故只是冰山一角。工业事故分析发现，每发生一个严重伤害或死亡的事故，同时至少有10个轻微伤害的事故、30个造成财产损失的事故、600个造成潜在伤害的事故(比率为1∶10∶30∶600)(图13-5)。

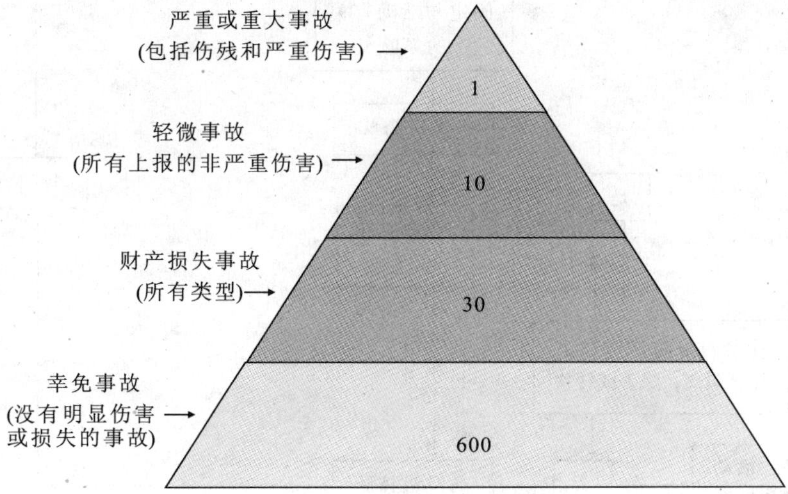

图13-5　事故发生率研究

研究表明，未造成伤害的事故比造成严重伤害的事故多，但决不应该只重视少数的严重事故，因为从潜在的无伤害事故中，我们会发现许多问题。

3.从业人员(领队)的选择、培养和提高

领队是风险管理执行中的核心人物，他的领导和协调能力、技术能力、经历和经验，他对风险形势的判断和决策等在风险管理和处理险情中起着实质性的关键作用，这一点是毋庸置疑的。因此从业机构在选择领队时一定要详细考察、慎重取舍。

个人的全面情况：技术、执行力、经验、全面素质等。

持证上岗：领队要有通过认证的资格。

同时，由于领队所处的重要地位，从业机构不能只单方面地增加他承担的责任，也要给予关怀和支持，安排再学习的机会，不断总结和学习提高。

4. 制定风险管理方案

风险管理计划，或称之为安全管理计划（图 13－6）。

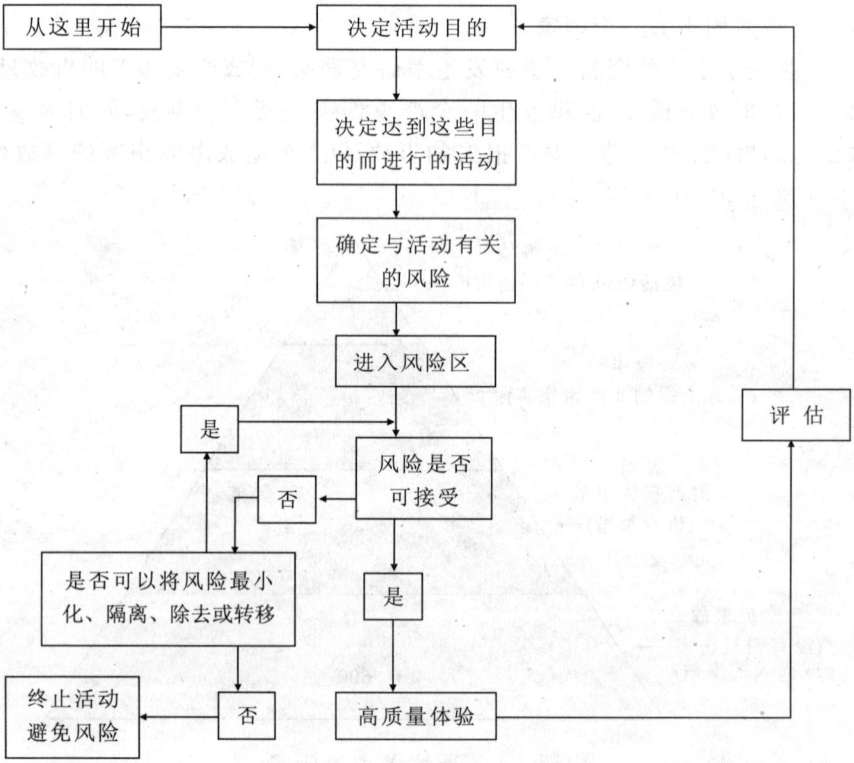

图 13－6 安全管理计划

制定风险管理计划，首先要确定活动的目的，并为实现预期目的而选择适当的活动项目和内容。然后确定风险管理的策略，包括风险识别、风险分析、风险评估、风险控制手段等（表 13－2）。最后通过风险全程监控的记录，对风险管理计划在实施中的效能和问题进行总结评估，指出哪些风险已被有效化解，哪些风险未被识别或未使用正确有效的方法去控制和化解。为今后风险管理水平的提高，提出完善、改进的意见，使之更加全面、有效。

表 13－2　风险管理表格

风险识别		风险分析			风险评估			选择管理手段	
种类	原　因	风险控制方法	结果	几　率	结果值	可能性值	风险值	可能带来的其他风险	收　益
晕车	自身体质	调整座位	小	可　能	10	0.3	3	无	减轻晕车
		用晕车药	最小	可　能	1	0.3	0.3	无	
	颠　簸	走较平的高速路	小	可　能	10	0.3	3	无	
车祸	司机驾驶不当及车辆本身问题	事先提醒司机安全驾驶、检修车辆	小	不太可能	10	0.2	2	无	安全到达
	疲劳驾驶	严禁疲劳驾驶							
冻伤	天气寒冷，防寒措施不够	备好防护用品	小	不太可能	10	0.2	2	无	避免冻伤
		备用药品	小	不太可能	10	0.2	2	无	减轻冻伤
种类	原　因	风险控制方法	结果	几　率	结果值	可能性值	风险值	可能带来的其他风险	收　益
滑倒、跌倒	路滑、拥挤	提醒注意，合理安排赛道及分批出发	中等	可　能	100	0.3	30	无	比赛顺利进行
	自行车操作不当，速度过快	赛前在相似场地练习	中等	可　能	100	0.3	30	无	知识与技能
队员间或其他车辆碰撞	有过往车辆、拥挤	疏散交通	中等	可　能	100	0.3	30	无	比赛顺利进行
		较拥挤，安排人员管理							
滑坠	技术及操作不当	赛前讲解、示范正确技术动作	中等	可　能	100	0.3	30	无	知识与技能
	坡面较滑	危险路段设保护绳网	中等	可　能	100	0.3	30	无	清楚风险
	精神紧张	缓解精神压力	中等	可　能	100	0.3	30	无	自信心
绳索器械擦伤	技术、操作不当	赛前讲解、示范正确技术动作	小	不太可能	1	0.2	0.2	无	知识与技能
	精神紧张	缓解精神压力	小	不太可能	1	0.2	0.2	无	自信心
溜索擦伤	绳索或器械断裂	严格按照要求对器械及绳索进行检查	中等	极　少	100	0.1	10	无	保证安全
	技术不当	赛前讲解、示范正确技术动作	中等	极　少	100	0.1	10	无	知识与技能
突发急病	自身体质	赛前进行体检	中等	极　少	100	0.1	10	无	消除隐患
		赛中有急救车跟随	中等	极　少	100	0.1	10	无	及时救治

第十四章

户外运动的计划与准备

第一节　活动计划的制定与准备

俗话说：好的计划是成功的一半。制定周密的户外运动计划有助于提高活动质量。计划制定、组织实施和团队信息是实现活动目标和避免事故发生的基础。

好的户外活动的组织者一定会花很多时间来制定计划并做好充分的前期准备。一个户外活动计划通常包括活动参与人群分析、活动目标设定、活动资源测评、活动计划评估和计划实施准备五个主要部分，称为计划制定的五步法。

一、活动参与人群分析

活动参与人群分析是设定目标的第一步，是活动是否能安全和顺利开展的基础。例如，高强度的多日徒步活动，不适合体力较差、负重能力弱的人参加；参加漂流、皮划艇等活动的人一定要会游泳。

活动参与人群分析应从三个方面入手，即分析目标人群的需求、类型特征和技能水平。每一个户外运动爱好者都有自己的需求，能否满足自己的需求是他们选择活动的主要因素。一个从未登过雪山的人，他的需求也许只是体验一下高海拔攀登的乐趣；而对于已经具有雪山攀登经验的人而言，高度、难度、技术含量可能是他关注的重点。所以，一项活动适合什么人参加是领队必须考虑的问题。

参与者的年龄、性别、身体状况以及团队规模等群体结构特征是能否实现活动目标的影响因素，领队可以根据这些因素来设定合理的活动目标，以免因难度过大等因素完不成计划或出现意外情况。设置一些具有挑战性的户外活动内容可以激发参与者的热情和动力，但一定要适合人群的结构特征。如果让一个以女性占多数的队伍负重 20kg 完成 30km 徒步显然不合适，所以活动目标的确定必须适合团队绝大多数人。

有些活动的规模可以很大，比如露营，可以组织一两百人或者更多的人参加；有些活动则只能小规模进行，比如漂流、攀岩、高山探险，如果规模过大会增加安全隐患。一味地追求规模和利益而大大超出自身的承受能力将是极不明智的举动。

二、活动目标的设定

活动目标是决定活动结果的首要因素，有了目标，我们才知道努力的方向，才可以根据目标来安排活动内容，才可以使队伍得到最大的收获。

具体目标设定有一个 SMART 方法可以借鉴。

(1)S:Specific，目标明确，即目标不能虚泛。例如，一次培训活动的目标是通过知识和技能的学习使学员了解并掌握操作要领(还可进一步分解具体涉及的方面)，树立安全理念。所以，不能简单地将目标描述为树立安全理念。

(2)M:Measurable，可以度量，即设定目标有量化或程度的区别。例如，预计多少人能登顶？参与者需要掌握哪些技能？到什么程度？目标不同会对整个活动安排产生影响。

(3)A:Attainable，可以达到，即参与者要能够达到设定的目标，不能设置那些无法完成的任务和内容，否则会对参与者的自信心造成较大的影响，从而降低活动质量。

(4)R:Realistic，符合实际，即目标必须符合领队、参与者、具体活动环境的实际情况。例如不能把四姑娘大峰(海拔 5 025m)的攀登活动目标设定为了解高山探险运动的特点，因为大峰较少完整发育的冰川，其山峰特点不足以体现高海拔山峰的主要特点。

(5)T:Time Frame，时间合理，即在合理的时间范围内完成既定目标。在长距离的行军中，剩余路程往往是参与者特别关心的问题，所以应尽可能给出准确、合理的时间。

活动目标是活动计划的重要组成部分。现在很多计划不太注重目标描述，但实际上每一个领队都会考虑这个问题，并基本按照自己设定的目标来开展活动。其实，准确描述活动目标可以使领队对整个活动有一个更加清晰的认识，更便于活动的评估。

实际上，预先设定的活动目标与参与者个人目标之间会产生一些差异，这些差异有时会造成队员与队员、队员与领队之间的矛盾和冲突。如何使个人目标与活动目标统一起来是领队需要考虑的问题。

三、活动资源测评

活动资源测评是对活动开展条件的测评，是户外活动计划中另一个重要方面，包括物理条件、团队管理及其分工以及资金预算。

(一)物理条件

物理条件包括户外活动环境、场地设施和装备等方面。了解一次徒步活动的物理条件要考虑以下几方面内容。

1. 背景资料

(1)搜集当地的山区资料和地图。

(2)与当地负责人取得联系并获得有用的信息(如了解是否需要许可证,季节气候如何、有无其他特殊情况等)。

(3)与去过此地区的人取得联系并获得有用的信息(如他们的行军路线及遇到的意外情况等)。

2. 合法性

(1)是否需要许可,如何获得,获得许可是否需要花费。

(2)对队伍规模有无限制。

(3)露营地点有无相关规定,如靠近水库、居住区是否需要经过许可审批。

(4)途中有无保护区、禁行区等,如动植物保护区、军事禁区、宗教区域。

3. 路线情况

(1)活动路线的长度。

(2)活动路线的难度。

(3)活动路线的走向。

(4)活动路线的出入口条件(位置、车辆的通过性)。

(5)活动的时间:可按照以下公式粗略估算活动时间。

徒步时间=行军距离/行军速度+上升高度/上升速度+(以上用时×每小时5分钟休息时间)。

(6)危险识别和分析。地理方面,如河流、陡坡、碎石坡等;天气方面,如洪水、雷电等;生物方面,如有无野兽、伤人动物等。

(7)有无水源及其具体位置。

(8)是否露营。

(9)路线中有无特别的地方(观光景点、历史文化遗迹等)。

4. 季节与天气

(1)活动地点的白天时长,日出、日落时间和温差。

(2)季节对天气的影响,如沙尘暴、雷雨等。

(3)天气对活动的影响,如对队伍的威胁有多大。

(4)活动中海拔有无变化。

5. 准备方面

保证所带装备、食品能够满足本次活动的需求,确定中途补给的方式。

6.紧急预案

遇到紧急情况时的解决办法，最近的医院位置、求救电话等。

(二)团队管理及其分工

在开展户外运动前，首先要确定领队、协助人员与参加者的比例。不同类型的户外运动参加人员比例是不同的。例如，隔夜徒步露营活动，领队与参加者比例为1∶8～1∶12；而一日徒步活动，则二者的比例可达到1∶20；攀岩、攀冰体验，通常不超过1∶6；若是多段攀登，一个领队则最多只能带两名队员。同时，根据户外活动的风险大小可以适当地增减领队和协助人员的数量。当然，高端商业活动可能需要配备更多的领队和工作人员，以保证服务和活动质量。

一个好的活动一定需要合理、有效的人员分工与协作。一个完善的活动要从计划制定前期准备、组织与实施、总结与评估、意见反馈与追踪服务等各个阶段与环节明确工作人员的职责，并确保进行有效的沟通与合作，即建立一个高效的工作团队。当计划有所调整或发生较大变化时，高效的工作团队显得尤其重要。

(三)资金预算

资金是完成活动计划的重要保障。在交通、食宿、宣传等方面做好资金的准确预算、落实和成本控制对于保证户外运动成功开展至关重要。户外运动的质量不仅体现在活动目标的实现、参与者的收获及其满意度上，而且体现在资金的使用与控制上。以合理的开支获得较大的收益是活动(尤其是商业活动)追求的目标之一。

开展户外运动必须进行以上方面的测评，任何一方面的条件不具备将导致活动无法开展。

四、活动计划评估

修订、确认计划中涉及的各项事务是户外运动计划评估的主要任务。根据活动参与人群分析、目标设定、资源评估等方面制定计划后，对计划的评估时必不可少的环节。经由其他人(非计划制定者)来进行活动计划评估，效果会更好，会更容易发现计划中的问题。

五、计划实施准备

制定一份实施计划是一个很好的方法。在计划实施准备过程中，事务分类列表是很多户外运动组织机构常用的方法，可划分为事先准备和活动前确认两大部分来进行具体的流程控制。

1.做好时刻出发的准备

(1)平时就要做好随时带队活动的准备，包括足够的体能储备。

(2)经常进行技术、技能的训练,不要做超过自己能力的活动。如果只有难度等级为 5.9 的攀岩能力,就不要带 5.10 的路线。

(3)对自身的综合实力有正确的评估,千万不要因为虚荣而把自己逼上绝路。

(4)养成妥善维护、保养和存放装备的良好习惯,随时处于待发状态。按照装备清单有条理地存放不同装备。

(5)计划实施前应全面了解所有参与者,对患有不宜参加户外运动疾患的队员和高风险活动特别激进的队员要婉言拒绝其参加。充分了解并发挥队员的潜能,可动员他们在交通、食品、装备、地图等方面提供协助。

(6)提前与活动地有关单位取得联系,加强沟通,建立起尊重、互助、和谐的关系可以保证活动的顺利进行。

(7)妥善安排活动的各个环节,对活动进行全方位调查,使计划更加合理、可行。

2.明确活动思路

(1)研究整个活动,通过各种渠道收集有用信息。

(2)把握活动目标,完善活动计划,包括交通、食宿、时间管理、装备、人员配备、经费预算的落实与控制、医疗急救计划等。

(3)保持一定灵活性,使活动计划具有调整、改变的余地。

(4)有明确分工,还要有充分的协作,合理配置队员与领队比例。

3.计划再确认

对于领队而言,出发前的计划再确认是必须养成的工作习惯。通过再确认环节,能够帮助自己在临行前避免疏漏。

4.制定备份计划

预测可能发生意外的情况,制定一份或多分备份计划,以便应对可能出现的各种意外情况。

第二节　方案范例

计划名称:青春记忆之一——冲向梦想之巅(鳌山-太白山东西极度穿越)

1.计划的目标

希望通过此次活动达到以下目的:

(1)体验高海拔(陕西最高的山)、高强度、连续负重行走的感觉,挑战 5 日的无人之境;

(2)提高队员户外活动的能力,包括定向、户外救援、攀爬、野外宿营等;

(3)宣扬梦想、青春和挑战的精神,希望更多的人特别是年轻人参与到户外活动中,促进户外运动的蓬勃发展,让我们的户外梦想从年轻和挑战开始;

(4)以文字、照片和影像的形式记录活动的全过程,所形成的完整资料提交当地环保部门以供参考,因为西北生态环境比较脆弱,这是一条受“驴子”保护的线路,为了保护太白生态环境,保持沿线的良性发展和利用,拒绝所有参与队员写“攻略”(备注:此前所有“鳌穿太驴友”都自觉地遵守这个不成文的约定);

(5)宣传绿色环保和爱心公益,让我们的爱心和环保从现在做起,从一点一滴做起。

2.进行此次活动的理由

(1)挑战自我,放飞梦想,向我们的青春和生命宣言。

(2)用我们的青春和行动去宣传户外运动的精神,展现户外运动的魅力,宣扬户外运动的文化,希望更多的人参与到户外活动的空间。

(3)个人原因:在我(这里是指“大脚丫子户外联盟”创始人)回到西安之前,一直在北京的一家大学工作,工作期间接触了众多高校大学生,他们中好多人因为对学习和生活失去兴趣和热情而沉迷于网游和玩乐的生活中,也许学校教育、家庭教育、社会教育没有达到预期目标,甚至某些教育制度仍存在某些缺陷,但他们还年轻。一方面因为他们是大学生了,我们除了平时可以对他们说教,不知道还有什么方法可以让他们重新振作起来。加之现在青少年社会问题,以及大学生就业问题非常严重,现实生活的挫折,导致生活的迷茫。另一方面,我们也找不到一个合适的途径去解决他们所面临的各种现实问题。我想,有时候我们面对的不仅仅是自己的未来,我相信他们也是我们的未来。

后来,我由于对户外活动的痴迷而辞职回到西安,着手建立了一家以高校大学生为服务对象,致力于环保和公益的户外运动网站。但是我却遇到了另一件让人心痛的事情,大学4年的好友和同班级的几个同学毕业后因为找不到工作去做起了传销,而且把好多亲人和朋友都拉下水,后来经过了解和查探,该组织已经把西安多家高校的为数不少的学生都拉下水。更让人遗憾的是,他们中好多人都是法律专业的学生,也许就业问题是一个社会问题。但当我看到户外运动在用挑战和勇气向人们展示无穷魅力的时候,我也希望用这样一种方式去影响和呼吁更多的人,希望他们也能够用勇敢和努力去挑战自己的人生,而不会因为找不到目标而去做一些非法的事情或意志消沉而遗憾终生,他们还很年轻,却失去了应有的活力和冒险精神,我觉得有点可悲可叹。所以我们要用青春的记忆,唤起更多的年轻人能用勇气和努力、挑战和梦想去向自己的青春宣言,去挑战和实现户外的梦想的同时,也能看到生活的希望,在青春飞扬的年华留下美好的回忆。我说的不代表全部但至少是代表了很大一部分我的真实想法。

(4)公益和环保:大学期间,我一直是环保学社的会员,一直很喜欢大自然,喜欢大自然的美丽和美好,西北是一个干旱和多风沙的地方,植被很容易遭到破坏,生态环境很脆弱。例如,太白山上的植被经过踩踏后要很久才能恢复,有的甚至无法恢复。近年来由于户外活动的蓬勃发展,越来越多的原始生态环境被人们发现,也有越来越多的环境被破坏和正在遭受着破坏,我们希望通过我们的活动去宣传一种环保,去告诉更多的人们要保护大自然,让更多的年轻人加入到环保的行列。

我们"大脚丫子户外联盟"创立之初就跟西安儿童村在合作,也是希望更多的人们去关爱那些无家可归和失学的,甚至有其他原因需要帮助的儿童,(备注:西安儿童村在西安市灞桥区狄源寨的白鹿原上,是一个专门救助罪犯无人抚养的未成年子女的民间慈善机构)。年轻是一种希望,年轻也是一种力量,西安是中国的文化教育的中心之一,有着众多的高校和庞大的年轻群体,因为西安独特的地理和人文优势,我想借着户外活动的发展、户外活动的魅力以及上述的多个优势,让爱心更加发扬光大,让环保公益事业更年轻、更大众,也可以更好地宣传户外运动的精神,推进户外活动的发展,让更多的年轻人加入户外运动。除了上述原因,我们也希望通过此次活动为国家的2008年奥运会加油助威(一次人文和绿色之旅)。

3. 实施方式

我们根据前期对队员的考察确定人数;根据个人和GORE-TEX(R)赞助情况落实每个队员的个人装备、饮食情况以及我们组织所需要的装备、器械、材料、出行车辆等;根据前期对线路的了解,确定最后的线路和行程。

【行程安排】西安—23km—鳌山大梁—导航架—药王洞—荞麦梁—飞机梁—金字塔—西塬—太白梁—东塬—东跑马梁—大爷海—拔仙台—南天门—厚畛子—西安。

(备选线路由23km改为太白塘口上到导航架)(另备有临时下撤线路)

【D1日】7:45从省体育场出发,预计12:30抵达太白县,14:30到达23km处,15:30开始进山,19:00扎营小山梁上(第一营地)。

【D2日】6:00早餐,7:00拔营。路线:小山梁—鳌山大梁—导航架—药王洞—荞麦梁垭口(第二营地)。

【D3日】6:30早餐,7:30出发。路线:荞麦梁垭口—飞机梁—梁1峰—梁2峰—梁3峰—金字塔垭口(第三营地)。

【D4日】6:30早餐,7:00出发。路线:金字塔垭口—金字塔—塔1峰—塔2峰羚牛窝扎营(第四营地)。

【D5日】6:30早餐,7:00出发。路线:塔2峰—塔3峰—西塬—太白梁—东塬(第五营地)。

【D6 日】6:30 早餐,7:00 出发。路线:东塬—东跑马梁—大爷海—拔仙台—南天门(第六营地)。

【D7 日】6:30 早餐,7:00 出发。路线:南天门—厚畛子—西安。

【强度系数】★★★★★

【难度系数】★★★★★

【风景系数】★★★★★

4. 经费预算

预算数额如下:

交通费用:100 元/人(包括往返行程:西安—眉县);

交通费用合计:1 500 元;

住宿费用:因所有人员都在山上扎营,故可省去住宿费用;

食品费用:食品统一采购,按人头分配,个人可根据自己习惯自行携带少量食品。主要食品如下:主食有方便面、大饼、压缩饼干;饮水是每人带 1～2 瓶水出发后喝,进山后喝山泉。其他一些高热量和高能量的食品,自己可根据情况携带,如巧克力、糖、牛肉干、奶粉等。大约为 100～150 元/人,合计 1 500～2 250 元;

保险费用:50～100 元/人,合计 750～1 500 元;

全部装备费用:约 100 000 元。

由于路线具有一定的危险性和挑战性,所以要求队员具有较为齐备的个人装备用品及一定的户外运动经验。装备费用主要为个人用装备费用,购置装备大多为徒步穿越和爬山过程中所需要的个人装备和安全装备。剩余公用装备如对讲机、数码相机、DV 等设备,以及食品由队员自行筹措。大致费用如下:

必备装备物品:背包(70L 左右以能装下所有物品为宜)、登山鞋(备用袜子)、帐篷、地席或防潮垫(每两人 1 顶帐篷)、羽绒睡袋、头灯、登山杖、冲锋衣裤、抓绒衣裤、速干衣裤、炊具(每顶帐篷 1 个)、气罐(每人 3 个)、个人卫生用品、雨具、背包罩等。

推荐装备物品:遮阳帽、防晒霜,另准备药品箱(防止感冒、跌打损伤、蛇虫叮咬和肠胃不适的药等)。

期望能够支持队员的活动装备。①希望为队员提供的装备主要有:冲锋衣裤、抓绒衣裤、登山鞋、睡袋、帐篷等必要装备每人 1 套,以保障活动安全,并可做品牌宣传。②提供活动所需要的车费 1 500 元和 2 000 元的活动经费(包括安全材料购置费用)。

另外准备 1 000 元的活动经费(以备意外事故发生或临时之用)。

以上合计总费用:约 107 000 元(赞助装备除外)。

队员自己负担费用:500 元/人。

5.计划的背景

秦岭是中国的国家中央森林公园、中国的南北方分界线、中国长江黄河水系的分水岭、中国的生物基因库。广义的秦岭是横亘于中国中部的东西走向的巨大山脉,西起甘肃省临潭县北部的白石山,以迭山与昆仑山脉分界。向东经天水南部的麦积山进入陕西。在陕西与河南交界处分为三支,北支为崤山,余脉沿黄河南岸向东延伸,通称邙山;中支为熊耳山;南支为伏牛山。山脉南部一小部分由陕西延伸至湖北郧县。秦岭山脉全长 1 600km,南北宽数十千米至二三百千米,面积广大,气势磅礴,蔚为壮观。

狭义的秦岭是秦岭山脉中段,位于陕西省中部的一部分。在汉代即有"秦岭"之名,又因位于关中以南,故名"南山"。

陕西境内的秦岭呈蜂腰状分布,东、西两翼各分出数支山脉。西翼的三支为大散岭(海拔 2 819m)、凤岭(海拔 2 000m)和紫柏山(海拔 2 538m)。东翼分支自北向南依次为华山(海拔 1 997m)、蟒岭山、流岭和新开岭。山岭与盆地相间排列,有许多深切山岭的河流发育。秦岭中段主体为太白山(海拔 3 767m)、鳌山(海拔 3 476m)、首阳山(海拔 2 720m)、终南山(海拔 2 604m)、草链岭(海拔 2 646m)。山体横亘,对东亚季风有明显的屏障作用,是气候上的分界线,又是黄河支流渭河与长江支流嘉陵江、汉江的分水岭。

秦岭南北坡自然景观差异明显。属黄河流域的北坡为暖温带针阔混交林与落叶阔叶林地带。因长期的农业开发,现多为次生林。秦岭山区植物区系成分和动物种属成分具有明显的过渡性、混杂性和复杂多样性。野生动物中有大熊猫、金丝猴、羚羊等珍贵品种,鸟类有国家一类保护对象朱鹮和黑鹳。秦岭现设有国家级太白山自然保护区和佛坪自然保护区。

秦岭南北的人文景观亦各具特色。北面的关中平原史称"八百里秦川",自新石器时代就出现了人类农耕、定居,是中国有名的文物古迹荟萃之地。秦岭间南北向的深切河谷自古就是南北交通要道,其中著名的有宝(鸡)成(都)铁路经过的陈仓道、西安至宁陕的子午道、傍褒水和斜水的褒斜道,以及傥骆道、周洋道。在秦岭北坡及关中平原南缘现存众多的文物古迹及流传着丰富的历史故事。有秦始皇陵及许多帝王陵墓群、周代沣镐遗址、秦阿房宫遗址、楼观台、张良墓、蔡伦墓等古迹。位于西安市南 40km 的终南山自古风景秀丽。《诗经·秦风》有"终南何有,有条有梅"的诗句。唐代官绅在此建有别墅,其中以王维的辋川别墅最负盛名。王维所作的优美山水诗大多是描写此处景色。唐代诗人祖咏的《终南望余雪》有"终南阳岭秀,积雪浮云端,林表明霁色,城中增暮寒"的诗句。附近还有翠华山、南五台、骊山等秀丽山峰,山中分布有明清以来建造的太乙宫、老君庵等大小庙宇 40 余处,是关中游览避暑的良好场所。

在秦岭山脉西段有麦积山石窟，山体悬崖壁立，状若积麦。自后秦时期开始凿刻，至今保留有雕刻194窟、佛像7 000余尊、壁画1 300m²，是古代雕塑艺术的宝库。

太白山是秦岭最高的山峰，位于陕西省太白、眉县、周至三县交界处，面积563.25km²。1965年经陕西省人民政府批准建立，1986年晋升为国家级森林公园，主要保护对象为森林生态系统和自然历史遗迹。拔仙绝顶又名八仙台，本次穿越所到的最高点海拔为3 767.2m，雄踞于秦岭群峰之上，为太白山绝顶，恰似一个不规则三角形锥体，孤高峥嵘，参天入云，三面陡峭，雄险无比，台顶宽阔平坦，向西南倾斜，西宽东窄，面积约0.084km²。台上有封神台、雷神殿，登顶远眺，顿有"一览众山小"之感。早观日出，晚看夕阳，流光溢彩，霞光万丈，令人心旷神怡。

6.探险计划的理由与条件

(1)作为此次活动的发起人，我亲身参与了2006年国庆期间"秦岭高山协作"的鳌山东西穿越太白活动，并顺利完成行程。除了自己亲身参与所积累的实际经验外，活动结束后我也一直在关注此条路线的情况，收集了比较丰富的资料，通过与完成穿越的各地驴友的交流，进一步丰富了我对鳌山和太白山的穿越中可能遇到的问题的了解。对线路情况的全面了解，是成功完成探险计划的前提保证。

(2)我作为西安两家户外俱乐部的领队，在多次的户外出行中积累了丰富的户外知识和经验，为组织和准备工作提供了很好的前提条件。

(3)我们有一支年轻富有活力、富有挑战精神的、而且有组织的团队。队员是完成计划的关键，所以此次活动对队员的资历及体能状况都有比较明确的要求，并通过组织一次体能和户外技能测验和两次大的拉练，以便从中发现问题，尽早解决。为了保证此次活动顺利进行，除了在体能、组织、装备、宣传等方面进行准备外，我还在前次的基础上仔细查阅了有关鳌山—太白穿越的最新资料，认真制定了此次穿越活动的行程计划。另外我们还在2007年2月21日—24日进行了为期4日的鳌山往返活动，这也为我们的后期活动提供了更加充分和翔实的资料。

采取提前适应的方法让队员提前感受到当地的状况，并保持良好状态直到活动结束；在做计划的时候我预留出了一定的时间，以应对随时可能的天气变化以及地质变化；合理制定了每天的行程表，以及每天的膳食计划(参考性质的)；着重对活动过程中危险路段做了一些预防措施，这些都将有助于此次活动的顺利完成。

(4)太白山是秦岭最高的山峰，曾是国家登山队的训练基地，这里的地形地貌复杂，气候变幻无常，是探险家们乐此不疲的胜地。常规的太白山穿越活动全部是南北方向，而这次是对太白山进行东西穿越——鳌山穿越太白，此线路是全国众多驴友心中向往的胜地，强度和难度在国内都是首屈一指的，不亚于国内任何一条穿越线路。它主要有两方面的特点：一是要长时间地穿越无人区且得不到补给，需翻越10多座海拔在3 400m以上的高山，所以此次穿越的生活用品以及活动装备必须一次购齐带足，并由队员自己来背负；二是气候多变，常有恶劣天气。全年大部分时间被浓雾笼罩，难见鳌山真面目，线路复杂，整个穿越行程很可能经历四个季节的变化，适宜穿越的时间比较短，“五一”和“十一”是最佳活动时间。

(5)当然除了上述条件外，活动的顺利完成还需要其他方面的条件：一是要有一个较为良好的天气条件。虽然该地区“五一”是一个穿越的合适时间，但每年五月份会有间歇性的大雨，大量的降雨不仅会对队员的生活和装备造成一定的影响，而且会对行程造成不良影响。因为鳌山-太白中途有很多的石头山，下雨会增加登山的难度，而且有多处在悬崖处，所以增加了危险性。雨具为必备用品。二是因为该地地处西北，山里气候多变，有时候过度的干旱也会使以往的一些水源地暂时性地消失，这样也会对队员的生活带来不便。（备注：此次穿越不可能带太多的水，进山以后全部要靠山里的水源地来提供，在我以往鳌山—太白的穿越中遇到过水源地消失的情况，不过这个问题只有在穿越过程中根据实际情况来解决，在有水的地方提醒大家多预备点。）

7.必备装备物品和其他友情提示

【个人装备】背包（70L 以能装下个人的所有物品为宜）；

登山鞋（防水的）、备用袜子（4 双）；

帐篷、地席（每两人 1 顶帐篷）；

羽绒睡袋（抵抗温度－15℃左右）、防潮垫（晚上温度 0～ －10℃左右）；

冲锋衣裤、抓绒衣裤、炊具（每顶帐篷 1 个）、气罐（每人 3～4 个）；

个人卫生用品（备选）、羽绒衣裤（备选）、雪套 1 副、冰爪、冰镐（备选）。

【推荐装备物品】遮阳帽、雪镜、太阳镜、防晒霜、头灯、登山杖、雨披、雨衣、背包罩。

特别提醒：户外装备短缺的队员可提前与“版主吝惜”或我联系，价格合理，质量保证。

【食品计划】高热量食品推荐：VC 片、奶粉、茶、糖果、巧克力、干果、压缩饼干、鸡蛋、黄瓜、西红柿、蔬菜等。

建议：准备各种饼、馍、面条、腊肉、咸菜、汤料、玉米棒子、奶粉、压缩饼干等。

【药品准备】推荐感冒药、止泻药、创可贴、退烧药、止痛片等。

【特别提示】高海拔地区生态脆弱，注意环保，爱护自然。

【活动说明】一是人数限制：15～20 人。食品自理，有团体保险，（太平保险户外险在大脚丫子户外联盟网站、大脚论坛、户外常识有介绍）其他保险自办。二是领队根据情况，有权临时改变线路。

【备注】

(1)报名人必须提供以下资料：报名人/网名（无网名亦可）/性别/年龄/真实姓

名/身份证号/本人联系电话/备用联系电话/装备情况。

（2）不按规定报名者，视为无效报名。

【注意事项】

（1）户外活动有风险，请酌情参加。

（2）听从指挥，无条件听从领队及协作人员的安排；否则由此产生的一切后果自负。发扬团队协作精神，倡导自助与互助的户外理念。

（3）活动中不乱丢垃圾，不破坏植被，不捕杀野生动物；鼓励拾捡垃圾，提倡绿色环保。

（4）尊重当地民族风俗和宗教习惯；切忌跟当地老乡发生任何冲突。如发生矛盾，请尽量忍让克制，尤其不要说脏话。

（5）本活动为户外特别行程，不接受关于吃、住、行方面的投诉，但我们会尽量安排好这方面的事项。

（6）报名参加活动前，请咨询医生，如有不适合参加活动的病史或身体不适症状，请勿报名。如隐瞒不报，后果自负！

（7）中途若因个人原因（如体力、疾病等）退出，应和其他队员承担相同的费用。

（8）如果报名者要取消活动，请在出行前一天通知我们。

（9）如因外力因素取消活动，将于出行前一天通知大家。因户外活动中不可控因素较多，领队有权根据实际情况临时修改活动计划。

【免责声明】

（1）大脚丫子户外联盟属大众化群众性登山健身活动，因户外登山活动的不确定性，请酌情参团。有不适合参加活动的病史或身体不适症状，请勿报名。如隐瞒不报，后果自负！

（2）户外活动有风险，本活动为大脚丫子户外联盟、驴友自发参与的活动，严禁擅自脱团活动或做出有损他人安全和公众利益的行为，违者责任自负。

（3）活动中要听从领队的安排指挥，参加人员必须要有户外精神，要求做到勇敢、团结、互助、宽容、环保等。

（4）大脚丫子户外联盟遵循环保登山，活动中可降解和不可降解的垃圾必须带回，不破坏植被，倡导鼓励捡拾不可降解垃圾。

第十五章

户外运动的营养

竞技体育运动训练对运动员在体能和生理负荷等方面要求极高，在山地户外运动比赛中也是如此。运动时人体经常处于生理应激状态，并可达到生理的极限负荷，此时运动员体内会发生一系列变化。例如，能量大量消耗；体内储备糖原消耗严重；体液大量流失；神经和精神活动紧张等，这些变化会直接导致运动员体内的营养素代谢和需要量发生变化。竞技过程中合理的营养补充可提高运动员运动时的身体机能，并促进运动后的恢复。

运动竞技能力受训练、遗传、健康状态、心理等多种因素的影响，合理营养是其中的一个重要因素，营养不能取代训练或遗传，但是将合理营养和科学训练结合起来，有利于运动竞技能力的提高。与运动能力下降有关的营养因素有：能源物质的耗损、脱水、酸性代谢产物堆积、电解质丢失、免疫机能、维生素和微量元素不足或缺乏。

合理营养对运动能力和运动后恢复有以下影响：

(1)合理营养能保证运动中能源物质的良好利用；

(2)肌纤维中能源物质(糖原)的水平与运动外伤的发生有直接关系；

(3)合理营养有助于剧烈运动后的恢复；

(4)合理营养可延缓运动性疲劳的发生或减轻其程度；

(5)合理营养有利于解决运动训练中的一些特殊医学问题。

山地户外运动赛事作为一种新型的比赛赛事，受到了越来越多人的关注和参与，山地户外运动比赛中，运动员通常会持续 2～3 天的高强度比赛，在如此紧张、连续、高密度、高强度的比赛过程中，运动员急需补充营养。但目前国内在运动营养方面关注甚微，相反欧美等发达国家已经形成了一套系统、合理、成熟的营养补充方案。不能合理补充营养成为制约国内山地户外运动员取得良好成绩的一大因素。

第一节　运动员合理营养的基本要求

运动员食物的数量应满足运动训练或比赛能量消耗的需要，使运动员能保持适宜的体重和体脂；在质量方面应保证全面营养需要和适宜的配比。运动员食物中能源物质、蛋白质、脂肪和碳水化合物的比例应适合不同项目运动训练的需要。

运动员的食物应包括谷类食物(如米、面和适量的粗杂粮和薯类)、蔬菜水果、奶和奶制品、肉、鱼、豆和豆制品等高蛋白食品以及纯能量食物。

运动员一天内进食的食物总重量不宜超过 2.5kg,体积过大的食物会影响运动能力,尤其是有合理冲撞的运动项目训练更需要注意食物的体积,因此应尽量为运动员提供浓缩的、体积重量较小的食物。

运动员每日的进食中,每餐食物能量的分配应根据运动训练的强度或比赛的任务来安排,原则上以保证运动员能量消耗与能量摄入保持平衡,当运动员训练任务过重时也应考虑加餐,平时应遵循“早餐吃饱,午餐吃好,晚餐吃少”的原则来安排运动进食。

运动员的进食时间应考虑消化机能和运动员的饮食习惯,大运动量训练或比赛前的一餐一般应在 3 小时以前完成,运动结束后至少需要休息 40 分钟方可进食。

第二节　运动员比赛期间的营养安排

比赛期间运动员的饮食营养原则和具体措施如下:

(1)食物应满足能量和体液平衡的需要,食物的体积和重量要小,要容易消化和吸收。饮食应包括高碳水化合物、低脂肪、适量的蛋白质和充足的水分,并含有丰富的无机盐和维生素。

(2)选择食物应以运动员的个体喜好为主,在饮食的安排和选择上除要符合生理要求外,还应充分考虑运动员的心理需要。

(3)比赛期间饮食应避免高脂肪、干豆类、含纤维过多的粗杂粮、韭菜等容易产气或延缓胃肠排空时间的食物。

(4)保证饮食中有足够的糖,以维持运动员血糖水平,保证运动中有足够的糖原供能。

(5)饮食内容应针对比赛项目特殊需要做好准备。以山地户外运动比赛为例,比赛期间应多选择一些含碳水化合物丰富的食物,如馒头、面包、饼干、蜂蜜、果冻、蛋糕等,以提高肌肉和肝脏的糖原储备量,饮料应以富含电解质和糖为主。

第三节　比赛前期的饮食营养安排

应保持适宜的体重和体脂。运动员在赛前均有不同程度的减少运动量,饮食中的热能摄取量,应适应于运动量的变化而减少。赛前的饮食和营养应以保证运动员获得最佳竞赛能力的体重和体脂水平为基本原则。

食物多样化。比赛前期，运动员的饮食应保证营养平衡，保证食物中无机盐和维生素的含量。

减少蛋白质和脂肪等酸性食物。因为蛋白质和脂肪的代谢产物是酸性的，会使体液偏酸，促使疲劳提前发生或加重疲劳度，赛前切忌大量补充氨基酸。

增加碱储备。赛前运动员应加强体内的碱储备，可采取多吃蔬菜、水果等碱性食物。

纠正体内维生素缺乏。过量地补充维生素对人体运动和比赛能力无作用，但体内如果存在维生素缺乏，纠正缺乏状态将有利于运动员比赛能力的发挥。运动员的维生素营养状况受膳食供应、运动强度等多方面的影响。因此，运动员应注意食用富含各种维生素的食物，从中摄取需要的维生素。

赛前补糖和糖负荷。体内的糖储备包括肌糖原、肝糖原和血糖三部分，体内糖储备耗竭时可影响比赛能力，特别是耐久力。比赛前和比赛中适量补充糖可维持血糖水平并可提高竞赛能力，延缓疲劳的发生。

增加体内的抗氧化酶活力。抗氧化酶是指超氧化物歧化酶(SOD)、谷脱甘肽过氧化酶(GPX)、过氧化氢酶(CAT)等。这些抗氧化酶有清除体内自由基损伤的作用。增加食物的抗氧化成分，应进食适量的瘦肉类食物，增加新鲜蔬菜和水果，减少食物中的脂肪含量，保持膳食平衡。

第四节　各个阶段的营养补充

1.赛前一餐的饮食营养原则和措施

(1)赛前一餐的食物体积要小，重量要轻，能提供2.09～4.18MJ的能量。

(2)赛前一餐应在比赛开始的3小时以前完成。赛前30分钟进餐，不论是固体，还是液体均会产生胃肠部胀满感。

(3)比赛当日不宜换食新的食物或改变饮食习惯，运动员宜食用适口的并且是富含营养的食品，切勿强吃不爱吃的食物。

(4)大量出汗的比赛项目及在高温环境下比赛时，应在赛前补液500～700ml。

(5)赛前一般不宜服用咖啡或浓茶以免引起比赛中的利尿作用，赛前还应禁止服用含有酒精的饮料。

(6)耐力性项目比赛前应进行赛前补糖，为避免胰岛素效应，补糖的时间应在赛前15～30分钟内进行。常用的补糖种类包括葡萄糖、蔗糖、果糖和低聚糖，虽然不同的糖对比赛能力或血糖水平无明显的差异，但以低聚糖的效果为佳，低聚糖的渗透压约为葡萄糖的1/4，吸收较快，因此可通过补充低聚糖使运动员获得较多的糖，补糖量应控制在每小时50g，或每千克体重不大于1g。

2. 比赛途中的饮食营养措施

运动员在剧烈的比赛中大量出汗会使体液处于相对高渗状态，途中或比赛中饮料应是低张和低渗的(即含糖和含盐量低的)。在能量消耗较大的项目中，可在途中摄取一些容易消化吸收的液体型或质地柔软的半流食物，食物体积要小，以免影响呼吸，运动员可根据饥饿感觉选用。

比赛中每隔 15～30 分钟应补液 100～300ml，每小时补液量不大于 800ml 为宜。比赛中运动员饮用的饮料应以补水为主，温度较低、含一定量的低聚糖和钠盐的饮料最佳。

3. 赛后的饮食营养

赛后的饮食仍应以含高糖、低脂肪、适量蛋白质和容易消化的食物为主，为促进赛后的恢复，补液极其重要，赛后的补液以富含电解质的运动饮料为主，液体的补充量应满足体重恢复到赛前的水平。因大强度、大运动量运动后的即刻糖原合成酶活性最高，因此应及早补充糖类食物或含糖饮料，以保证运动员体内能量储备物质的恢复。

第五节　户外运动食品准备的基本原则

1. 少量

由于户外运动的特殊性、高强度、高密度等特性，参加户外运动的运动员或户外爱好者在活动结束后会有一定的厌食症，为了保证身体的迅速恢复和能量的补充，必须保证食物摄入量，每天最少保证 600g。

2. 保证能量

户外运动中会消耗大量的能量，所以户外食品必须能够补充所需的能量，准备的食物必须富含高蛋白、碳水化合物、维生素、低脂肪等。

3. 便于携带贮存

户外食品必须以体积小、保鲜、不易变质为原则进行挑选。

4. 食品多样化

在高消耗下，为了迅速恢复体能，保证食欲，户外携带的食品品种要多样化，多带水果、蔬菜类制品，便于恢复体力。

5. 食用方便快捷

由于户外运动所处的特殊环境中，烹煮变得非常困难，户外食品准备时应充分考虑到方便快捷、开袋即食的原则。携带生冷食品是非常不明智的。

附录一

中国登山协会山地户外运动竞赛规则

（2013－03－11）

1　总则

1.1　定义

户外运动是指在自然场地进行的一组集体运动项目群。包括山地运动、峡谷运动、野外生存(含露营)以及荒漠运动。户外运动竞赛是指参赛运动队依靠集体合作,发扬团队精神,以最短时间完成三个以上山地竞赛项目的竞赛。

山地户外运动竞赛形式分为两种:

1.1.1　分日赛

指整个赛程需要进行多天(一般2～5天)完成,但比赛只在白天进行,晚上所有运动员在指定的地点统一休息。而每天的比赛都是一个整体的赛程,多个项目连续不间断进行。

1.1.2　连续赛

指整个比赛所有赛段、项目是连续不间断的。无论白天/黑夜,运动员没有通过最后终点以前,都是在比赛中,比赛计时持续运行,包括运动员休息时间。运动员需要自行安排休息时间和地点。

注:本规则是根据分日赛特点制定,适用于分日赛。

1.2　宗旨

山地户外运动跟其他的体育项目不同,山地户外运动没有一套国际通用的竞赛规则。本赛事支持富有团队创意的队伍,山地户外运动竞赛强调公平竞争。当团队创意和公平之间发生冲突,赛事规则将以维护公平为主。中国登山协会作为该项目在中国的唯一管理机构,订立以下比赛规则。

1.2.1　赛事组委会,有自主的权力去制定与执行赛事规则及惩罚违反规则的方法。赛会若出现各种特殊原因,对此规则可能随时补充或修改。

1.2.2　本赛事规则的解释及执行,在任何情况下都将会遵从以下的基本原则:任何参赛队伍所做的行为,其结果使自己的队伍占有不公平的优势或对其他队伍产生不公平的劣势,都会被裁定为违反规则,而作出此种行为的队伍将会受罚。

1.2.3 赛事规则的执行会尽量让多些队伍能够完成每一段赛程。

1.2.4 赛事组委会有权对违反赛事规则或对赛事造成不利的队伍判罚加时或取消参赛资格。赛事仲裁委员会的一切决定均为最终裁决。

1.2.5 判罚加时的方法,可能是把罚时加在完成比赛的时间上,也可能是把犯规队伍扣留在赛道上或交替站中,以达到罚时之效。

1.3 目的

中国登山协会制定本规则的目的是:

1.3.1 创造一种公平、公正并体现良好体育道德的竞赛环境;

1.3.2 提供安全保卫和保护措施;

1.3.3 强调独创性和技巧性,不过分限制队伍和运动员自由发挥的空间;

1.3.4 对非法获利的运动员及队伍给予处罚;

1.3.5 明确一项原则:山地户外运动是集体项目,鼓励队伍中运动员之间的配合和帮助。

2 队伍及运动员行为

2.1 总则

山地户外运动竞赛是由多个户外运动项目组成的集体体育运动,比赛的战术、策略只是队伍之间相互竞争的一方面,运动员还必须做到:

2.1.1 始终奉行和遵守良好的体育道德风尚;

2.1.2 对自己和他人的安全负责任;

2.1.3 理解中国登山协会山地户外运动竞赛规则;

2.1.4 遵守比赛当地的交通规则,听从裁判员的指挥;

2.1.5 对待其他运动员、裁判员、官员、志愿者和观众要尊重和有礼貌;

2.1.6 不使用不文明语言;

2.1.7 故意违反规则的运动员,如有必要裁判员可责令其队伍立即退出比赛;

2.1.8 运动员商业行为不得影响赛事及运动员安全;

2.1.9 运动员退出比赛,必须并有义务通知比赛当执裁判员;

2.1.10 所有参赛运动员及领队必须遵守国家的一切法律法规。

2.2 兴奋剂

中国登山协会严禁参赛者使用任何目前被IAAF、UCI或者ITU禁止的药品。

2.3 身体条件

山地户外运动竞赛是高强度的体能类运动项目。要参加此类运动项目的比赛,运动员必须要具备良好的身体条件和体能状况,运动员的健康与安全至关重要。每次比赛各赛段及全程的关门时间将由赛事技术组决定。这些关门时间写在赛前相关的资料内。

2.4 参赛资格

2.4.1 基本参赛资格

●比赛以队伍的形式进行,每队由 4 名参赛队员(其中必须至少有 1 名异性)和 1 名教练兼领队组成;

●参赛队员在比赛期间年龄必须在 18 周岁至 50 周岁之间;

●参赛队员必须掌握各比赛项目技术、具备良好的水性和体能;

●被国际或国内任何单项组织停赛的运动员没有资格参加中国登山协会(登山中心)主办/审批的任何比赛。

2.4.2 体检

每名参赛队员必须交体检表,并附心电图。

2.4.3 参赛服装

各队伍的队员在比赛场地时必须穿着相似或相同的队服,包括上衣及长或短裤(每天赛事的队服都应该是同一种设计的)。

3 计时与成绩

3.1 总则

每个比赛赛段的名次将以每个队伍完成该赛段的时间决定,而整个赛事的最终成绩则以所有比赛赛段成绩相加。赛事的计时器会在每天比赛的发令枪响起之后开始计时,在每队最后一名队员通过比赛终点线时停止计时。赛事组委会可能会在个别赛段让各队伍先后间隔或分批出发。

3.2 交替站规定

在赛道中,项目间的交换处设有交替站。运动员及队伍须按下面规定执行:

3.2.1 某些赛程中设有强制休息站,每名运动员必须在休息站内休息至少 15 分钟,休息时间超过 15 分钟后计入比赛时间。最多不得超过 25 分钟。除非其中有队员在等待或接受赛事组委会医疗人员治疗。

3.2.2 队伍可以停留在任何交替站的最长时间是 25 分钟,任何队伍停留在一个交替站/休息站多于 25 分钟或在休息站停留少于 15 分钟,将按多出或不足时间的 3 倍给予罚时。

3.2.3 队伍需按上述两条规则自行负责计划在交替站内花费的时间。

3.2.4 山地车在交替站内不许骑行,须推出交替站后方可骑行。

3.2.5 不得有意或无意使用及损坏其他队伍任何器材装备。

3.2.6 在交替站和补给站内除运动员和必要的工作人员外,其他人员不得入内;

3.2.7 每支队伍必须 4 名队员同时进入和离开交替站和补给站。

3.3 完赛、替补和退出

3.3.1 完赛

完赛是指队伍按开始指定的参赛运动员在规定时间内完成所有赛段的比赛。

完赛的队伍都有正式的排名。

3.3.2 替补

在每个队伍中有一名教练兼领队,他/她可作为替补参加比赛,须按以下规定执行:

●队伍中有一名队员因伤病不能参加下一天的比赛,可在比赛前一天向赛事组委会递交书面替补申请材料,经赛事组委会和医疗组同意后领队或教练可作为替补继续参加比赛;

●替补后的队伍中仍有一名异性。比赛成绩在所有未使用替补队伍之后排名。

3.3.3 退出

●如有队员或整个队伍要退出赛事,该队伍必须马上在最近的检查站/交替站通知赛道工作人员。任何队伍未能及时和清楚地通知赛道工作人员而退出赛事,将被取消比赛资格。需要退出比赛的运动员的队友需负责协助该名要退出比赛的运动员到达附近的检查站或交替站,以便工作人员能安排交通工具和医疗服务。如运动员需要退出比赛而同队队员没有提供协助,该队伍将被取消比赛资格。

●队伍中如有一名或两名队员退出了赛事,该队伍余下的队员仍可完成余下的赛事,但没有赛事的正式名次,在比赛中不得影响其他参赛队伍正常比赛。而当队伍只余下一人时就不能继续参加比赛。

●根据赛事制定的关门时间,如队伍在关门时间之前未通过指定地点,赛事组委会将强制该队退出比赛。

●由于健康、时间及其他以外原因,医生和裁判有责任提出强制运动员退出比赛的建议,由裁判长决定并通知运动员。

4 装备

4.1 赛事组委会提供的设备

根据比赛的需要赛事组委会将为队伍提供必要设备,每名运动员都不得故意破坏赛事组委会提供的装备。

4.2 装备的基本规则

4.2.1 装备规则的设定是以安全性、公平性和简单参与的几个目标为基础。

4.2.2 根据赛事运动员需按通知要求自带个人装备。

4.2.3 队伍在全程比赛中携带指北针。

4.2.4 队伍在比赛中不得使用全球定位系统(GPS)。

4.2.5 运动员在全程比赛中必须戴头盔,在交替站内可以摘下头盔。

4.2.6 如在比赛中队伍山地车出现故障,队伍自行修理。

4.2.7 个人装备检查:

比赛前将进行装备检查,工作人员将会对赛事所需自带装备仔细检测,包括检查运动员对装备的使用情况。对于缺少或不合格装备不得参加相应项目比赛,不会使用装备的运动员也将不得参加相应项目比赛。

4.2.8 器材箱

赛事组委会将把指定的器材箱运送到指定的交替站内。参赛队伍需自己负责:

●根据赛事资料提供的器材箱计划和时间表正确地将器材放进器材箱;

●队伍在交替站需自行取放装备,领队不得进行帮助;

●没能把所需要的设备放到指定的器材箱里的队伍,将会由于没有所需装备而不能继续进行比赛;

●队伍必须将所有用过或没用的器材装备在离开交替站前放回本队的器材箱,盖好箱子;任何队伍把装备放到器材箱外或器材箱盖子未盖好,将被处罚。

5 赛道

5.1 赛道标记

赛道上将会有路标、方向指示牌、丝带、粉笔字、浮标及其他装置作记认。各队伍需:

5.1.1 沿正确赛道比赛;

5.1.2 慢速度以留意赛道标记及指示;

5.1.3 对赛道的方向作出合理的推断及决定;

5.1.4 对危险路段按指示牌所示减速前进,并不得超越前方队伍。

5.2 赛道规定

通常赛道都有显著的路标。除了定点穿越、划船等个别项目。

5.2.1 所有参赛队伍必须在指定的赛道上进行比赛,任何不小心离开赛道的队伍,需在离开赛道的地点重新返回赛道,否则将被判罚加时。任何队伍故意离开赛道,将被取消比赛资格。

5.2.2 在可以同时看到两个标记的情况下,队伍必须选择最近的一个标记前进;队伍必须沿合逻辑的赛道前进,除非赛事标记有特别指示;队伍在之字形赛道上走捷径将被当作故意缩短赛道，每次违规罚加时最少 1 个小时。

5.2.3　比赛路线可能会因天气情况或安全因素而临时更改。若比赛路线在比赛进行时有更改，赛事组委会有权因各队所完成的路线的差异来调整时间。

5.2.4　任何队伍作出任何破坏或损害比赛场地的生态环境的行为，包括乱抛或弃置任何废物、垃圾或用品在赛道上，将受到判罚加时最少 10 分钟或被取消比赛资格。

6　起点与终点

6.1　起点

6.1.1　每天比赛出发前 20 分钟进行检录，如果队伍三次检录未到将按退出比赛处理；

6.1.2　每天出发前裁判将分别在离出发前 5 分钟、3 分钟、1 分钟时给予提示；

6.1.3　如比赛出发时间有变动，赛事组委会将会及时发出通知；

6.1.4　队伍首日出发站位顺序将按号码的排位顺序进行，以后每日出发站位顺序按累计成绩的顺序进行。例：5 号队累计成绩 6 小时 30 分，3 号队累计成绩 6 小时 32 分，那么 5 号队站在 3 号队前面出发。

6.2　终点

6.2.1　队伍中最后一名队员通过终点时停止计时；

6.2.2　运动员到达终点后不得妨碍裁判人员工作，如：不准围着计时裁判询问成绩等。

7　团队配合

山地户外竞赛的比赛策略是一个完整比赛的重要部分。队员可以在以下的条件下进行配合：

7.1　必须在每个赛段 4 名队员同时出发；

7.2　4 名队员必须一起完成赛程；

7.3　4 名队员必须一起进入及离开交替站；

7.4　在越野跑、登山、定点穿越项目中队员之间最大距离不得超过 50m；

7.5　在山地车项目中队员之间最大距离不得超过 100m；

7.6　所有形式的团队合作，包括推、拉和运送队员都是允许的，但不得帮助其他队伍或接受其他队伍的帮助。

8 各项目规则

8.1 越野跑

8.1.1 指不借助任何代步工具，在各种自然场地（非水域）进行的徒步运动。包括跑步、登山、丛林/戈壁/沼泽穿越等。

8.1.2 运动员可以跑，可以走，也可以爬行；

8.1.3 运动员不可借助任何交通工具。

8.1.4 在峡谷穿越项目中，运动员需注意看路标，沿着河道行进。在个别路段必须按现场裁判的要求连接绳索保护，否则将取消比赛资格。

8.2 山地车

8.2.1 赛事指示牌显示危险路段需减速慢行，不可超车；

8.2.2 运动员或队伍必须同山地车一起通过山地车赛段，不准扔下山地车及其部件；

8.2.3 如山地车在比赛中损坏，自行修理；

8.2.4 必须佩带头盔。

8.3 划船

包括团队划船、双人皮艇、竹筏、自制船只等。

8.3.1 规定路线划行，不准离开河道或湖面抬船行进；

8.3.2 不准下水游泳；

8.3.3 在比赛中队员必须穿救生衣等必要装备；

8.3.4 运动员不准丢弃船桨和救生衣。

8.4 山地车/赛跑交替赛

8.4.1 每队4名队员交替使用2辆山地车，1辆自行车不得多人同时使用；

8.4.2 山地车与越野跑的运动员之间不得使用绳索拖拽；

8.4.3 每名参赛运动员必须佩带头盔；

8.4.4 运动员必须按指定的路线进行比赛；

8.4.5 运动员必须靠右侧进行比赛，山地车必须放在道路右侧，在路口和狭窄的路段不得停放山地车。

8.5 越野技能

8.5.1 越野技能包括速降、攀岩、定点穿越、跨越障碍、生存技能等项目。

8.5.2 越野技能项目设置会尽量避免积压等待，如出现队伍等待，赛事组委会坚持先到先得的原则，不给予减时。若因工作人员的原因或不可遇见的因素造成队伍等待，赛事组委会将根据实际情况给予减时。

8.6　直排轮滑

8.6.1　必须使用直排轮滑鞋；

8.6.2　必须佩带头盔；

8.6.3　可以使用登山/滑雪杖；

8.6.4　不可以改造成偏离生产厂家所设计原来的功能。(例如:从五轮的旱冰鞋上撤除其中一个轮子等)。

9　中立援助

队伍可以从任何中立人士那里得到援助。“中立者”来源于比赛官员、比赛工作人员、其他对手(但不得违反 1.2.2)。

例一:队伍在比赛期间可以在当地商店购买食品和饮料。

例二:队伍可以从沿途为队伍加油的观众那里获得自行车修理工具。

例三:队伍在比赛期间任何时候都不允许从领队、家庭、朋友、相识、经理人或者代理商接受食品、饮料及工具等帮助。

例四:除了比赛裁判或者官员以外,队伍不可以计划在比赛途中任何地方放置补给品或者工具。

10　医疗

10.1　赛事医疗人员有权要求询问和检查运动员,被询问或检查的运动员必须停止比赛,配合医疗人员的询问和检查。

10.2　根据医疗人员的检查结果,有权让运动员停止比赛休息或退出比赛。

10.3　参赛运动员如在比赛中需要静脉注射,该运动员将会被移离赛道(该运动员所属队伍将被取消比赛成绩)。

10.4　在比赛期间队伍中任何一名队员要求给予非治疗性的静脉注射或吸氧将会被罚加时。罚则如下:第一公升的静脉注射将罚时 30 分钟,以后的每公升将一律罚时 15 分钟,而罚时将以每名运动员每天作基本单位。

例子:如同一队伍里有 2 名队员接受了各 1 公升的静脉注射,该队将被罚加时 1 小时。另如果一位队员在第一天比赛后接受了 1 公升而第二天比赛后接受了 2 公升的静脉注射,该所属队伍将被罚时 1 小时 15 分钟。

10.5　在遇上医疗紧急事件时,整个队伍必须停止比赛直到适当并且有效的援助到达现场。

11　标志

11.1　整个赛事期间,所有在赛道上的参赛运动员必须按以下规则穿上由赛事组委会提供的比赛号码背心：

11.1.1　号码背心穿在衣服的最外面。背包、救生衣和水袋都必须穿在赛事号码背心内。

11.1.2　参赛者只能在交替站内脱下赛事号码背心。参赛者在赛道上任何地方不得脱下号码背心（除接受赛事组委会医疗人员检查时，要求脱下），先到达运动员在等待其他队员进入交替站时不能脱下背心。

11.1.3　在背心前面的底部中央，可放置一个赞助商的商标，队伍放置标志的赞助商不得与赛事赞助商有行业冲突。上述所允许的标志，必须放置在赛事标志之下，以及不能大于25cm长、15cm宽。

11.2　队伍号码必须恰当地装好和显示在每一辆自行车的前面把横上。

11.3　各队伍均不能更改、涂污或修改大会提供的比赛编号及背心。违例的队伍将会被罚加时或取消比赛资格。

11.4　按照赞助商种类的规则，运动员赞助商的标志可随意放置在比赛衣服和器材上。运动员赞助商的商标必须整齐和稳当地放置在衣服/器材设备上。赛事组委会有权摘除认为是不雅、不恰当或不合标准的商标。

11.5　参赛者的赞助商不可与赛事冠名赞助商产生利益冲突。

11.6　赛事组委会将给领先的队伍提供特别颜色的背心以方便媒体辨认。

11.7　各队伍的队员在比赛场地时必须穿着相似或相同的队服，包括上衣及长、短裤（每天赛事的制服都应该是同一种设计的）。

12　补给站

在每天的赛程中都将设有补给站，运动员必须按以下规定执行：

12.1　运动员不可以把补给站的水瓶或运动饮料容器带离补给站或交替站。队伍必须把垃圾扔到垃圾箱或装在自己背包中，不得把垃圾扔到赛道中。

12.2　队伍需自行带着在每一天各赛段期间需要的所有食品和水。在赛道上的补给站将有装瓶的水，补充水分和营养的产品供应。

13　罚则

违反山地户外竞赛规则的队伍及运动员将受到警告、加罚时间、取消比赛资格、停赛或者禁赛的处罚。相应视情节严重和责任给予参赛单位处罚。下面是对于规则违反的处罚方针。这些仅仅作为一个大纲，仲裁委员会保留最终决策权。

13.1　警告

在对运动员做出严厉的判罚之前，裁判员无须先给予警告。警告的目的只是为了提醒运动员可能会出现犯规行为和表明裁判员的“已关注”态度。

13.1.1　警告的判罚

裁判员给予运动员警告的方式为：

a)吹哨或喇叭；

b)出示黄牌；

c)呼叫运动员的号码。

13.1.2　警告的理由

当出现下列情况时，裁判员可判罚警告：

a)运动员无意犯规；

b)裁判员认为运动员可能要出现犯规行为；

c)运动员没有获利。

13.1.3　判罚警告后的处理

当运动员受到裁判员警告后，需按裁判员的示意正确操作。如果仍然没有理会裁判员的意图，裁判员根据情况给予该队处罚或者停止比赛，待搞清楚裁判员的安全意图后，可继续进行比赛。

13.2　加罚时间

加罚时间是对参赛运动员及队伍犯规行为的相应处罚，根据情节加罚时间。

13.2.1　判罚的理由(加时判罚包括但不限于以下行为)

(1)故意违反行为

a)骚扰另一队的前进或者破坏器材；

b)不立即和恭敬地服从比赛裁判的指令；

c)公然对官方的决定显示出厌恶；

d)移走或改变赛道标记；

e)故意走短程赛道；

f)在自行车/越野跑交替赛项目中两名队员同时骑车；

g)接受非中立的外界援助；

h)拒绝赛事医疗人员询问和检查。

处罚——根据意图的严重性和意向，队伍将被取消参赛资格或最少罚加时 1 小时。

(2)装备违反

a)使用不合要求的器材装备，如山地车、速降装备等；

b)改造装备原来的功能。

处罚——每个项目赛程所出现的装备违反将被罚时 30 分钟。

(3)安全违反

a)没有带上或没扣好头盔；

b)没有穿上或没扣好救生衣；

c)缺少必需的安全装备。

处罚——第一次违反将罚时 15 分钟，随每一次附加违反而升级。

(4)比赛背心使用违反

a)未能够作为最外层的衣服；

b)在比赛过程、赛道上，脱下背心。

处罚——第一次违反将罚时 5 分钟，随每一次附加违反而升级。

(5)无意违反

a)防碍另一队的前进；

b)损坏另一队的装备；

c)离开有标记的赛道；

d)在自行车/越野跑交替赛中把自行车搁在错误的道路的侧面。

处罚——每一次违反将处罚加时 3 分钟。

(6)环境违反

a)对生态环境有害的行为；

b)从交替站或补给站带走饮料容器。

处罚——第一次违反罚时 10 分钟，处罚随每一次附加违反而升级。

13.3 取消比赛资格

13.3.1 概述

取消比赛资格是对运动员及队伍严重犯规行为的相应处罚。

13.3.2 判罚

裁判员判罚取消运动员比赛资格的方式为：

a)吹喇叭或吹哨；

b)挥动红旗或出示红牌；

c)呼叫运动员的号码；

d)完赛后宣布。

13.3.3 判罚取消比赛资格的理由

a)对任何裁判员有不文明用语或举动，或者严重违反体育道德的行为；

b)拒绝听从裁判员的指示；

c)把山地车或者船只丢弃在赛道上；

d)提出欺诈性的抗议；

e)故意扰乱赛场秩序；

f)使用未经批准的装备获利，或对他人构成危险。

13.3.4 判罚取消比赛资格后的处理

运动员被判罚取消比赛资格后，可终止比赛。被取消比赛资格的队伍可根据本规则中有关上诉的条款规定，对此判罚提出上诉。

13.4　停赛

13.4.1　定义

停赛意味着运动员在停赛期间，不能参加中国登山协会主办或国家体育总局登山运动管理中心批准的比赛。

13.4.2　判罚停赛的理由

运动员可能因下列原因被停赛(但不仅限于下列原因)：

a)违反体育道德的行为；

b)欺诈手段，如：谎报姓名或年龄，伪造相关资料，或提供虚假信息；

c)在没有参赛资格的情况下参加比赛；

d)服用兴奋剂；

e)停赛决定由比赛仲裁委员会做出。视运动员犯规情况而定，停赛期可为3个月到4年。

13.5　禁赛

13.5.1　定义

运动员终生不得参加中国登山协会主办及国家体育总局登山运动管理中心批准的比赛。

13.5.2　判罚禁赛的理由

运动员可能因下列原因被禁赛(但不仅限于下列原因)：

a)第二次被查出服用兴奋剂；

b)罕见和粗暴的违反体育道德的行为。

13.5.3　判罚禁赛后的处理

a)被判罚的禁赛的运动员或队伍终身不得参加中国登山协会主办或国家体育总局登山运动管理中心批准的比赛。

b)被判罚运动员所代表单位在一年内不能参加中国登山协会主办或国家体育总局登山运动管理中心批准的比赛。

13.5.4　因服用兴奋剂而被禁赛

如果运动员因服用兴奋剂而被停赛或禁赛，则该运动员不能参加任何被国际奥委会或国际单项体育联合会总会所承认的国际单项体育联合会举办的比赛。

13.5.5　处罚的通知

如果运动员或队伍被停赛或禁赛，则中国登山协会将在30天内以书面方式通知其所属会员协会、俱乐部及高校。

13.5.6　复赛

停赛期满后，运动员及其所在的协会、俱乐部或高校必须向中国登山协会提出恢复参赛的申请。

14 奖品

14.1 奖金

赛事对取得前 8～12 名的队伍颁发奖金或奖品。

14.2 奖杯

对取得前三名的队伍颁发奖杯。

14.3 单项奖项

比赛设道德风尚奖和拼搏奖，颁发奖杯。

对每天取得前三名的队伍颁发奖金。

15 裁判

15.1 总则

15.1.1 裁判

中国登山协会山地户外竞赛中的裁判包括：

a) 仲裁委员会：由中国登山协会指定，负责指导裁判员的资格认证以及对犯规行为做最终裁决。

b) 裁判长：负责分配并监督所有裁判员的工作。

c) 裁判员：负责检录，起点/终点，转换区，各项目及装备控制等部分的工作。每个比赛区域都将分配到足够数量的裁判员，并由他们在各自授权范围内确保比赛规则的实施。

15.1.2 仲裁委员会的职责

对一切抗议和上诉做出裁决。

15.1.3 仲裁的公正

仲裁委员会应遵守以下原则：

a) 公平衡量一切证据和证词。

b) 认识到由于个体观察和记忆不同，诚实的证词也会出现多样性和矛盾性。

c) 接受并获取所有的证据。

d) 在对犯规的判罚得到仲裁委员会认可之前，都认为运动员是无辜的。

16 抗议

16.1 对参赛资格的抗议

对某运动员或队伍参赛资格提出的抗议应在赛前书面提交给仲裁委员会，对抗议的处理决定将在比赛成绩公布之前做出。

16.2 对比赛路线的抗议

对比赛路线安全或不符合规则之处提出的抗议必须在赛前 24 小时书面提交给仲裁委员会。

16.3 由参赛运动员提出的抗议

参赛队伍对其他队伍运动员或裁判提出的抗议，应在其完成比赛后 15 分钟内书面提交给裁判长。

16.4 对计时的抗议

对计时错误的抗议应在裁判长公布非正式比赛成绩后的 30 分钟内提出。对正式比赛成绩的抗议可由俱乐部、协会或高校代表在赛后 3 小时内以书面形式向中国登山协会提出。

16.5 对比赛装备抗议

对某名运动员或队伍不符合规则的器材装备的抗议应在完成比赛后 15 分钟内书面提交给裁判长。

16.6 抗议申诉书

提交抗议申诉书的同时须同时交纳 500 元人民币抗议费，如果抗议成功，此费用将予以退还。抗议申诉书可从裁判长处获得。其内容包括：

a）犯规情况；

b）犯规时间及地点；

c）犯规涉及的人群；

d）相关陈述，如可能可包含图表说明；

e）证人姓名及签名。

16.7 抗议程序

16.7.1 总则

抗议应遵循以下程序：

a）抗议申诉书应由抗议申诉人签字，并在上述条款说明的时间范围内以书面形式提交给裁判长或仲裁。

b）抗议由仲裁委员会研究并做出裁决，必要时可召开听证会。

c）召开听证会的时间与地点应及时通知参加的相关运动员和官员。

d）任何一方当事人缺席听证会，仲裁委员会均有权在该方缺席的情况下做出裁决。

e）经仲裁委员会主任认可，原告或被告可由其代表出席听证会。

f）听证会不公开举行。

g）由仲裁委员会主任宣读抗议申诉书。

h）应给予原告和被告充分的时间陈述本方观点。

i）双方证人各有 3 分钟时间陈词。

j）仲裁委员会将根据各方证词，按相对多数原则作出裁决。

k）裁决立即公布，并以书面形式通知各当事人。

16.7.2　抗议时间限制

由参赛运动员或参赛队代表提出的抗议应在他（她）完成比赛后 15 分钟内提出，上诉应在完成比赛或犯规公布后 15 分钟内提出，以上述两个时间中较晚的为准。

注：如有更改，以补充规则为准。

附录二

漂流旅游安全管理暂行办法

国家旅游局　旅综发[1998]009号

第一条　为加强对漂流旅游的管理，保障漂流旅游者的安全，促进漂流旅游有序发展，制定本办法。

第二条　本办法所称的漂流旅游是指漂流经营企业组织旅游者在特定的水域，乘坐船只、木筏、竹排、橡皮艇等漂流工具进行的各种旅游活动。

第三条　漂流旅游属特种旅游活动，其安全管理工作以保障旅游者人身及财产安全为原则，实行"安全第一，预防为主"的方针。

第四条　国务院旅游行政管理部门负责全国范围内漂流旅游活动的安全监督管理工作。县级以上地方人民政府旅游行政管理部门（以下简称地方旅游行政管理部门）负责本地区内漂流旅游活动的安全监督管理工作。

第五条　省、自治区、直辖市人民政府旅游行政管理部门应根据当地漂流水域状况和使用漂流工具的情况，制定本地区漂流旅游安全和服务标准，并根据安全和服务标准对经营企业和漂流工具进行检查。对符合标准的企业，发给旅游部门认可的证书，并会同有关部门对其使用的漂流工具进行登记管理。

第六条　省、自治区、直辖市人民政府旅游行政管理部门应根据当地漂流水域状况和使用漂流工具的情况，制定本地区漂流旅游安全和服务标准，并根据安全和服务标准对经营企业和漂流工具进行检查。对符合标准的企业，发给旅游部门认可的证书，并会同有关部门对其使用的漂流工具进行登记管理。

第七条　地方旅游行政管理部门应及时了解漂流水域情况，一旦发生影响漂流旅游安全的如洪水、塌方、河道堵塞等情况，应立即通知企业停止漂流旅游活动，并及时协助有关部门做好旅客疏导和安全工作。

第八条　地方旅游行政管理部门应定期对漂流旅游的码头设施和接待设施以及漂流旅游企业的漂流工具进行检查。

第九条　地方旅游行政管理部门应审核检查漂流旅游企业的各项安全管理规章制度；对漂流旅游的从业人员进行安全教育和安全培训。

第十条　经营漂流旅游的企业应根据旅游安全管理的有关规定及有关部门的

规章制度建立健全安全管理规章制度。

第十一条 经营漂流旅游的企业应设置专门的安全管理机构或确定专人负责安全管理工作。

第十二条 经营漂流旅游的企业应对从业人员特别是漂流工具操作人员进行旅游服务和旅游安全培训。

第十三条 经营漂流旅游的企业应保证所提供的漂流旅游服务符合保障旅游者在漂流旅游活动中的人身及财产安全的要求;在码头、漂流工具上应放置足够的救生衣或使用其他救生装备。

第十四条 经营漂流旅游的企业应保证漂流工具安全可靠,严格遵守核定的载客量,严禁违章操作。

第十五条 经营漂流旅游的企业应明确告示患有精神病、心脏病、高血压、痴呆病等病症的患者以及孕妇、老人、小孩和残疾人等不宜参加漂流旅游。

第十六条 开展漂流旅游应在有关部门考察核定的、符合安全标准的水域内进行,经营漂流旅游的企业应配合有关部门,保持漂流水域的畅通及航道标志明显。

第十七条 漂流工具的操作人员必须经当地水运管理部门考试合格后方可上岗。上岗前必须由旅游管理部门或经营企业进行旅游服务和旅游安全培训。

第十八条 漂流工具的操作人员须向旅游者宣讲漂流旅游安全知识,介绍漂流工具上的安全设施及使用方法,说明漂流旅游中的安全注意事项和发生意外事故后的应急办法。

第十九条 由旅游者自行操作漂流工具进行漂流的,经营企业的工作人员应事先将有关注意事项详细告知旅游者,并在易发生事故的危险地段安排专人负责安全监护。

第二十条 投入经营使用的漂流工具必须具备下列条件:

(一)经有关部门检验,持有载明乘客定额、载重量、适航内容的合格证书;

(二)按有关规定选配操作人员;

(三)救生设备齐全。

第二十一条 已领取旅游部门发放认可证的经营企业,其漂流工具的买卖、转让、租赁、抵押、报废等须到当地旅游行政管理部门备案。

第二十二条 凡在漂流过程中发生旅游者伤亡事故或危及旅游者安全的其他事故,均为漂流旅游安全事故。

第二十三条 经营漂流旅游的企业应根据有关规定和当地具体情况制定意外事故处理预案。

第二十四条 一旦发生安全事故,经营漂流旅游的企业应立即采取措施,组织救助，并向当地旅游行政管理部门及其他有关部门报告。

第二十五条　地方旅游行政管理部门在接到事故报告后，应立即将情况向上级旅游行政管理部门报告，并积极配合公安、交通、卫生等部门组织事故调查、伤员的救治和其他善后工作。

第二十六条　事故处理结束后，当地旅游行政管理部门责成漂流旅游的经营者整理出事故处理报告，内容包括：事故发生的时间、地点、事故原因、伤亡情况及财产损失、经验教训、处理结果等。当地旅游行政管理部门在将事故处理报告核定后，报上级旅游行政管理部门备案。

第二十七条　各地旅游行政管理部门可根据本办法及当地实际制定实施细则，报国家旅游局备案。

第二十八条　本办法由国家旅游局负责解释。

第二十九条　本办法自 1998 年 5 月 1 日起施行。

一九九八年四月七日发布

附录三

2009年全国滑雪登山比赛竞赛规则[①]

2009年全国滑雪登山比赛竞赛规则，是根据国际滑雪登山联盟（International Ski Mountaineering Federation，ISMF）制定的国内规则，以公平、公正、有利于项目开展为原则制定的，本规则的最终解释权归竞赛组委会。

一、参赛资格

凡参加亚洲滑雪登山联盟（Asian Ski Mountaineering Federation，ASMF）组织的亚洲滑雪登山竞赛：锦标赛、杯赛、挑战赛、邀请赛、争霸赛等比赛的选手必须符合以下规定：

（1）持有效证件。

（2）参赛单位对代表队选手往返途中的意外负责并提供意外保险。

（3）确保身体情况适合参加滑雪登山竞赛。

（4）选手参赛年龄为16～45周岁。

二、装备

1. 个人装备

（1）在比赛中，要求个人的必备物品为：边缘为90％以上覆盖金属，脚下宽度至少为60mm的滑雪板。男子用滑雪板的最短长度为160cm，女子用滑雪板的最短长度为150cm。在上升和下降运动中，固定器必须保证脚后跟能够活动。前后固定器必须有侧、前安全释放系统。严格禁止使用越野滑雪固定器和越野滑雪鞋以及其附加装备。

（2）雪板及固定器最小重量限制。

男子：最小重量（雪板＋固定器）为1 000g/只（无误差）。

---

① 资料来源：国家体育总局登山运动管理中心，发布时间：2009-02-01

女子：最小重量（雪板＋固定器）为900g/只（无误差）。

(3)滑雪鞋高度必须能覆盖脚踝。

(4)滑雪鞋最小重量限制。

男子：最小重量为900g/只（无误差）。

女子：最小重量为800g/只（无误差）。

(5)一对登山或者越野滑雪杖。

(6)一副止滑条。严禁使用利于提高滑行流畅度的装备。

(7)比赛必须着长衣长裤，建议采用防风防水透气面料的服装。

(8)手套：能覆盖全手至手腕的手套，选手在比赛中全程佩戴。

(9)雪镜。

(10)最小为20L的背包。选手必须在整个比赛中背负自己的背包。

(11)比赛中，必须戴头盔。

2.组委会提供物品

(1)提供比赛选手号码布（一个在背包上，另一个在右腿上），不能被折叠和剪裁。

(2)用来计时和掌控比赛选手情况的电子设备。

三、参赛服装的广告

(1)竞赛委员会只允许将号码布作为广告使用固定在比赛选手的服装上。

(2)参赛单位可以使用比赛选手服装上的空间用于广告。但规格为小于号码布的1/3。

四、号码布

在整个赛事中，由组织方提供的号码布必须佩戴在预留的位置上（背包和右腿上）。编号不能被卷曲、剪裁和覆盖，保证组织方能够在比赛选手穿越终点线的时候识别。

五、比赛路线规则

滑雪登山路线由竞赛委员会提前设定，至少85%的路线必须覆盖雪，最多5%的距离需要徒步（例如，小道、林间小路等），最多10%的山脊路、峡谷路。

1.路线标志

(1)在技术会议上，将告知关于路线标志的精确信息。

(2)裁判长决定止滑条的穿脱地点，而且将根据安全因素使用相应技术（步行、冰爪等)。一般为下降区域锁好固定器摘掉止滑条后下滑,上升区域穿着雪板、佩戴止滑条上升和规定路线的背板行走。

(3)如果路线进入或者横切一个雪坡,这一区域必须用隔离网来分隔比赛选手和其他人员。

(4)如果有高速危险,必须使用一些方法来降低速度。

2. 危险区域

危险区域使用黄色底、黑色叉的方形旗帜。旗帜最小为 40cm×60cm。

3. 特殊区域

起点:

(1)集体起跑:集体起跑比赛必须使用一个障碍开始系统。这意味着排名最高的运动员将有最优先的起跑位置,之后是排名第二的运动员等。

(2)发令员必须在起点位置,这样便于所有的比赛选手听见指令。

(3)在正式比赛开始前 30～45 分钟,检查装备。

(4)比赛开始前 5 分钟召集所有比赛选手到起跑线前,并在比赛开始前 2 分钟和 30 秒时提醒。

(5)发令员给出“预备”的提示,随即给出“跑”的信号或者是一声枪响(对于所有国际比赛选手都用英文表示“Ready”“Go”)。

(6)如果起跑有效,发令员升起绿色旗帜。

(7)如果是一个无效起跑,发令员助理(起跑时站在起跑线前 100m 处),当接到无线电或者红色旗帜信号时,将设置路障,然后由发令员重新安排新的起跑。

(8)裁判团对抢跑的选手处以最少 3 分钟的处罚,直至取消比赛资格。

(9)同一次比赛中,比赛选手两次抢跑即取消资格。

检查点:

检查点:基于比赛和安全因素,比赛选手必须通过检查点,并记录。团体成员必须一起离开检查点。

交换区:

这些区域的负责人不得批准记者、观众、教练等进入区域。只有竞赛委员会成员才能进入所有区域。

终点:

(1)如果有电子计时器:由电子计时器决定到达的顺序和时间。

(2)如果没有电子计时器:根据胸线位置决定到达的时间和顺序。

(3)如果在跨越终点线时摔倒,那么比赛选手的排名将根据他在没有外界帮助的情况下整个身体通过的时间来计算。

六、参赛选手规则

(1)任何被追上的比赛选手必须立刻为说“请让一下”的比赛选手让出赛道。

(2)处于困难情况下的比赛选手,可以自动放弃比赛,或由裁判和赛事医生决定让其停止比赛。

(3)除在极端情形下,自动放弃或者被动终止比赛必须在检查点进行。如果团体中的一员放弃比赛,其他的队员要服从裁判的指示。

(4)所有的比赛选手有责任有义务地去救助处于危险的人,裁判将减免因救助所花费的时间。

(5)任何被报告给裁判长的违规行为,都将依据规定处理。

(6)任何外来的物资援助是被禁止的。例外,更换一个雪杖:不被处罚。更换一对雪杖:处罚5分钟。

(7)获奖选手必须出席颁奖典礼;否则,将进行相应处罚。

(8)随意丢弃垃圾或者任何对环境有害的行为,比赛选手将被增加足够的额外时间作为惩罚。

七、处罚规则

竞赛委员会要求的物品,没有出现在检查点或者终点线(例外,将损坏的雪杖遗留给检查人员)都将受到处罚。

(1)不集体离开检查点的团体,取消比赛资格。

(2)接受外界的帮助,装备、策应、规定区域外的食物、饮料和裁判观察到的其他帮助处罚5分钟。

(3)更换一个滑雪杖不处罚,更换一对滑雪杖处罚5分钟。

(4)随意丢弃物品或垃圾,或者在止滑条上使用胶带处罚5分钟。

(5)不使用滑雪板步行,在平行路径上滑行的处罚3分钟。

(6)无视地面标志的处罚5分钟。

(7)不公平竞赛行为的处罚3分钟。

(8)遗失滑雪板和雪鞋的,取消比赛资格。

(9)对环境造成严重伤害的,取消比赛资格。

(10)没有通过检查点的,取消比赛资格。

(11)没有在检查点遵守安全条款的,取消比赛资格。

(12)比赛安全导致危险或有威胁到安全的行为,取消比赛资格。

(13)任何没有在本文中明确规定的过错行为处罚3分钟。

八、申诉

所有的申诉必须在比赛结果发布 15 分钟内由领队书写并递交给裁判长。裁判团在 1 个小时内给予书面回复。

申诉必须交纳 500 元人民币，如果申诉被驳回，该费用将不予返还。

九、兴奋剂

兴奋剂是被严格禁止的。检查程序和处罚将遵照我国《反兴奋剂条例》和国家体育总局 1 号令执行。

参考文献

陈吉棣.运动营养学[M].北京:北京医科大学出版社,2001

康华.滑雪登山技术漫谈[J].山野,2009,(4):104～107

李舒平,周凯.户外运动的风险管理[M].广州:广东科技出版社,2009

李舒平,董范.户外运动[M].北京:高等教育出版社,2012

刘兆华. 运动营养学[M].北京:北京体育大学出版社,1998

王广兰.营养学[M].北京:北京体育大学出版社,2005

http://wenku.baidu.com/view/2c079efc941ea76e59fa0407.html

http://wenku.baidu.com/view/9e824b3c580216fc700afd0f.html

http://wenku.baidu.com/view/87e6a92fcc17552707220846.html